南京大学国际关系研究院

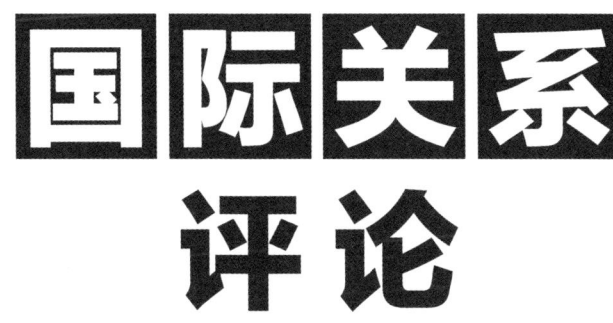

International Relations Review
Volume 2, 2023

2023 年第二辑

谭树林　主编

中国社会科学出版社

图书在版编目（CIP）数据

国际关系评论.2023年.第二辑/谭树林主编.—北京：中国社会科学出版社，2023.12

ISBN 978-7-5227-2945-9

Ⅰ.①国… Ⅱ.①谭… Ⅲ.①国际关系—文集 Ⅳ.①D81-53

中国国家版本馆 CIP 数据核字(2023)第 247496 号

出 版 人	赵剑英	
责任编辑	黄　丹	
责任校对	王佳玉	
责任印制	王　超	

出　　版	中国社会科学出版社	
社　　址	北京鼓楼西大街甲 158 号	
邮　　编	100720	
网　　址	http://www.csspw.cn	
发 行 部	010-84083685	
门 市 部	010-84029450	
经　　销	新华书店及其他书店	

印　　刷	北京明恒达印务有限公司
装　　订	廊坊市广阳区广增装订厂
版　　次	2023 年 12 月第 1 版
印　　次	2023 年 12 月第 1 次印刷

开　　本	710×1000　1/16
印　　张	16.25
插　　页	2
字　　数	235 千字
定　　价	88.00 元

凡购买中国社会科学出版社图书，如有质量问题请与本社营销中心联系调换
电话：010-84083683
版权所有　侵权必究

《国际关系评论》编辑委员会

主办单位：南京大学国际关系研究院
顾　　问：朱瀛泉
主　　编：谭树林
编　　委（按姓氏笔画排序）：
　　　　朱　锋　张　生　郑先武　郑安光
　　　　赵联敏　洪邮生　舒建中　谭树林

目　录

特　稿

拜登政府对台政策 …………………………………… 袁　征（3）

国际关系史研究

大国战略相持及其启示
　　——以英美霸权转移和美苏争霸为例 ……………… 陈文鑫（27）
华德事件与美国对中共外交政策选择（1948—1949）…… 官欣欣（41）
"帝国铁路"与19世纪英国对印地缘政治经济战略
　　初探 ………………………………………………… 杨于森（67）

情报史研究

美国新闻署情报评估职能的确立及其对苏联的早期
　　评估 ………………………………………………… 赵继珂（91）
戈利钦事件与安格尔顿的"猎鼠行动" ………………… 安洪若（106）
1949年美国新闻人劳威尔·托马斯西藏旅行广播报道
　　探析 …………………………………… 程早霞　李芳园（136）

国际战略研究

"一带一路"倡议与"重建更美好世界"计划的
　　比较分析 …………………………………… 罗会钧　蒋杨怡（157）
拜登政府的"中产阶级外交政策":进展、制约
　　与应对 ……………………………………… 江　涛　谭纪婷（175）
俄乌冲突下的美俄信息博弈:动因、特点及影响 ………… 樊文进（198）
尹锡悦政府外交政策探析:目标、进展与
　　特征 ………………………………………… 刘天聪　胡宇恺（218）

书　评

美国最长战争的溃败根源
　　——评《阿富汗文件》 …………………… 肖迅韬　赵联敏（239）

稿约启事

《国际关系评论》稿约启事 ……………………………………（259）

特　稿

拜登政府对台政策

袁 征[*]

摘　要：随着中美战略博弈加剧，美国"以台制华"的趋向更加明显，台海局势的不确定性大幅增加。拜登政府继续以"切香肠"的手法，在政治、经济、军事、外交等层面加大美台勾连的力度，逐步掏空美方的一个中国政策，使美台关系越来越带有官方色彩。拜登政府的台海政策呈现出两面性：一方面，美方不会公开抛弃一个中国政策，也不会轻易放弃在台湾问题上的"战略模糊"政策；另一方面，拜登政府不断推进美台关系的发展，通过不同方式来提升台湾的防卫能力，并拉拢盟友提升威慑作用，阻挠中国的国家统一大业。面对台海极其复杂的局势，我们应坚持贯彻新时代党解决台湾问题的总体方略，坚持一个中国原则和"九二共识"，坚决反对"台独"分裂行径，坚决反对外部势力干涉，牢牢把握两岸关系主导权和主动权，坚定不移推进祖国统一大业。

关键词：中美关系；中美战略博弈；拜登政府；美国对台政策

拜登政府执政后，就对美国对华政策进行了重新评估。随着 2022 年 10 月新版《美国国家安全战略》的发布，拜登政府的对华政策脉络更趋清晰。作为对华政策的重要一环，拜登政府对台政策的趋向已然显现，

---

[*] 袁征，中国社会科学院美国研究所副所长，研究员，博士生导师。

其背后的逻辑也值得我们去认真探讨。

一 拜登政府对台政策的变与不变

随着中美战略博弈加剧，美国加大对台湾问题的介入力度，"以台制华"的趋向更加明显，台海局势的不确定性大幅增加。拜登政府总体上延续了前任特朗普政府的对台政策，即美国政府继续以"切香肠"的手法，逐步掏空美方所谓的一个中国政策，使美台关系越来越带有官方色彩。

时至今日，美国尚难以公开放弃一个中国的政策框架。2021年5月3日，美国国务卿安东尼·布林肯（Antony Blinken）在接受英国《金融时报》访谈时表示，中美在多个领域存在共同利益，美国一直支持一个中国政策。6月11日，布林肯致电杨洁篪表示，美方将继续奉行一个中国政策，遵守中美三个联合公报，这一政策立场没有变化。① 2021年7月，美国国家安全委员会印太事务协调员库尔特·坎贝尔（Kurt Campbell）明确表示，拜登政府不支持台湾"独立"，知道所涉及问题的敏感性。② 美国总统拜登在同习近平主席视频会晤或电话沟通时数次表示，美国政府致力于奉行长期一贯的一个中国政策，不支持"台独"，希望台海地区保持和平稳定。③ 2022年11月14日，中美两国元首在印度尼西亚巴厘岛举行会谈。习近平主席强调，台湾问题是中国核心利益中的核心，是中美关系政治基础中的基础，是中美关系第一条不可跨越的红线。拜登则以"五不四无意"回应：美国尊重中国的体制，不寻求改变中国体制，

---

① 《杨洁篪应约同美国国务卿布林肯通电话》，新华网，2021年6月11日，www.xinhuanet.com/2021-06/11/c_1127556040.htm。

② Ken Moriyasu, "US does not support Taiwan independence: Kurt Campbell", *Nikkei Asia*, July 7, 2021, https://asia.nikkei.com/Politics/International-relations/Biden-s-Asia-policy/US-does-not-support-Taiwan-independence-Kurt-Campbell。

③ 《习近平同美国总统拜登举行视频会晤》，《人民日报》2021年11月17日第1版。

不寻求"新冷战",不寻求通过强化盟友关系反对中国,不支持"台湾独立",也不支持"两个中国""一中一台",无意同中国发生冲突。美方也无意寻求同中国"脱钩",无意阻挠中国经济发展,无意围堵中国。①

不过,美国官方和学界反复强调,美国的一个中国政策和中方的一个中国原则不同。美国的一个中国政策是基于"与台湾关系法"、中美三个联合公报和"六项保证"。而所谓"与台湾关系法"和"六项保证"里面的条款和中美三个联合公报的精神完全背离。即便如此,近年来美方的所作所为正在使其一个中国政策日益空心化。

美台军事合作保持了密切的势头,并日益公开化,挑衅意味浓厚。美国加强美台军事联训,不仅在美国本土培养台军作战技能,还派遣军事教官赴台训练台湾军队。之前很长一段时间,美台通常低调处理军事安全领域的合作,只做不说,甚至秘密运作。但近年来这种情况正在发生改变,美台军事交流日益公开化。2021年10月26日,台当局领导人蔡英文在接受美国有线电视网(CNN)访谈时,指责中国(大陆)的威胁与日俱增,首次证实美军在台湾训练台军。② 这和过去躲躲闪闪的做法形成了鲜明对比,美台显然达成了默契。拜登政府派团赴台评估台湾的战备水平,要求台湾方面增加军费开支,提升自我防卫能力。在美国推动下,蔡英文宣布,将台湾军队的义务役从四个月延展至一年,并将于2024年生效。未来美台还会加强联合军事演习,提高协同作战能力,旨在加强美台军事体系的整合,以便战事爆发时可以很快将美台军事指挥系统整合在一起。在中美战略博弈加剧的大背景下,为落实《2023财年国防授权法》中的涉台条款,深化与台湾军事交流、提升台湾防卫能力,美国有可能派遣近200名军事教官赴台训练台军。与之前的30人左右相比,数量上有了明显的增长。近几年美国的《国防授权法》都有推动美

---

① 《习近平同美国总统拜登在巴厘岛举行会晤》,《人民日报》2022年11月15日第1版。
② Will Ripley, Eric Cheung and Ben Westcott, "Taiwan's President says the threat from China is increasing 'every day' and confirms presence of US military trainers on the island," *CNN*, October 28, 2021, https://edition.cnn.com/2021/10/27/asia/tsai-ingwen-taiwan-china-interview-intl-hnk/index.html.

台勾连的条款，而2022年12月拜登签署的《2023财年国防授权法》更是要在未来五年给予台湾总计100亿美元的军援，并主张加强美台军事联训，意在将台湾打造成带刺的"豪猪"。[①] 2023年2月16日，美国五角大楼专司中国事务的副助理部长蔡斯（Michael Chase）抵达台湾，就美台防务合作进行沟通。

在军事合作上，拜登政府售台武器的节奏正在加快，力度也在逐步加大。特朗普执政四年，11次宣布售台武器。拜登上台两年不到，就已经9次宣布对台出售武器，9次12笔总额35.06亿美元。2022年8月，美国国防部成立一个由高阶官员组成、名为"老虎小组"（tiger team）的特别工作小组，来检视美国对外出售武器长期效率不高的现象。未来美国对台军售会常态化。除了提升售台武器的数量外，美方还要提升武器的质量，以便提升台湾"自我防卫能力"，发展台湾的"不对称战力"。除了直接对台军售外，美国还在考虑通过四种路径武装台湾：其一是直接向台湾转让相关武器技术，提升台湾拥有制造武器的能力。其二是考虑美台联合生产武器，加强对中国的威慑。其三是拜登政府鼓励盟友和合作伙伴向台湾提供安全援助，开始就向台湾提供武器和零部件的问题进行试探。其四，鉴于未来解放军封锁围困台海的可能前景，美国在台湾建立"区域紧急应变储备库"，提前在台湾储备武器弹药。

美国还强化在台海地区的军事存在，不断加大活动力度。美国频繁派侦察机对华近海抵近侦察，严重危害中国国家安全。美国军舰也在台海及其周边地区游弋，还时不时高调通过台湾海峡，挑衅意味十足。自拜登上台执政以来，美国海军平均每月派军舰通过台湾海峡一次。随着中方宣布台湾海峡不是所谓的"国际海域"，中美双方的斗争将更加激烈。美国还多次联合其区域内外的盟友在台海周边地区举行大规模军事

---

① 《2023财年国防授权法》中的涉台条款超过50页，纳入了《台湾政策法》的部分内容，《增强台湾韧性法》（Taiwan Enhanced Resilience Act）和《台湾奖学金法》（Taiwan Fellowship Act）赫然在列。参见"H. R. 7776 - James M. Inhofe National Defense Authorization Act for Fiscal Year 2023", 117th Congress (2021 - 2022), https://www.congress.gov/117/bills/hr7776/BILLS - 117hr7776enr.pdf.

演习，意在提升对华军事威慑力。不仅如此，美国还有意识地将台湾纳入美国印太战略当中，以应对印太区域内美台所面临的共同挑战，比如海事执法、人道救援以及灾害防救等。2021年3月，美台签订了"海巡合作备忘录"。当年8月，美台召开了"美台海巡工作小组"首次视频会议，就海上执法、打击非法渔业活动及联合海上搜救等议题交换意见。美日还强化在冲绳的军事部署，以便未来快速反应。菲律宾小马科斯上台执政后，美菲同盟关系明显提升，美国得以在菲增设4个军事基地供美军使用（其中3个面对台湾），这样美军在菲律宾的军事基地将增加至9个。

拜登上台执政后，美台之间的政治勾连继续加深。长期以来，美方一直有一套"内部规则"，对与台湾进行官方接触持谨慎态度，实施一定程度的自我约束。特朗普执政期间，美台官方交往频繁，层级越来越高，打破了原先的"内部规则"。2021年4月，美国国务院宣布实施"与台湾交往的新准则""深化并扩大美台非官方关系"，放宽美台官员往来的限制。尽管这份新规则比特朗普政府"取消一切美台官员交流的限制"的立场退了一步，但还是明显松动。美国国务院鼓励工作层级的会议可以在联邦政府建筑物内举行，也可以在"驻美'台北经济文化代表处'"举行，从而解除了过去的明文限制。自此之后，美台官员会面、国会议员"访台"呈现常态化、公开化的特点。"台北经济文化代表处"代表萧美琴被邀请参加拜登的总统就职典礼，引起了广泛关注。2021年4月13日，应拜登的要求，美国前参议员克里斯·多德（Chris Dodd）和两位前副国务卿理查德·阿米蒂奇（Richard Armitage）和詹姆斯·斯坦伯格（James Steinberg）窜访台湾。白宫官员声称，这是拜登政府"发出了一个美国对台湾及其民主承诺的重要信号"。[①] 2021年10月12日，刚上任的美国国务院负责亚太事务的助理国务卿康达（Daniel Kritenbrink）就在

---

① Kylie Atwood and Jennifer Hansler, "Biden dispatches unofficial delegation to Taiwan", *CNN*, April 13, 2021, https：//www.cnn.com/2021/04/13/politics/us-unofficial-delegation-taiwan/index.html.

国务院公开会见"台独"分子萧美琴。2022年8月，时任众议院议长的佩洛西（Nancy Pelosi）不顾中方反对，窜访台湾。2023年4月，美国第118届国会众议长麦卡锡（Kevin McCarthy）在加州与过境的蔡英文在里根图书馆见面，而众议院外委会主席麦考尔（Michael McCaul）率团访台。这些行为都给台海形势和中美关系制造了麻烦，损害了中国的主权与领土完整，严重违反一个中国原则和中美三个联合公报规定，严重违背国际法和国际关系基本准则。

拜登政府正在考虑是否允许蔡英文当局提出的将"驻美台北经济文化办事处"更名为"台湾代表处"。一些国会议员也在施压推动此事。中国政府强烈反对并提出严正交涉，美国国内也出现了反对的声音。马歇尔基金会亚洲项目主任葛来仪（Bonnie Glaser）、布鲁金斯研究所资深研究员何瑞恩（Ryan Hass）等认为这一问题过于敏感，很可能引发非常负面的影响。纽约对外关系委员会研究员戴维·萨克斯（David Sacks）则认为"让台湾在美国的办事处改名是一个错误"：一旦改名，则可能被曲解为支持"台独"行为，美方必须考虑到中国可能的反应。在他看来，美台与其将精力用于这种象征性的动作，不如花更多时间专注于更实质的议题，富有意义地强化美台关系，例如美台贸易协定、供应链安全，或是如何强化台海威慑的问题。①

台湾的"国际空间"问题一直是敏感的话题，主要体现在所谓"邦交国"和台湾参与国际组织的问题上。自2016年当选以来，拒绝承认"九二共识"的蔡英文当局已经丢掉了9个所谓"邦交国"，仅剩13个，包括7个拉美和加勒比海国家、4个太平洋岛国以及非洲的斯威士兰、欧洲的梵蒂冈。无论是台湾，还是美国，都担心中国大陆会将台湾剩下的"邦交国"全部拿走。特朗普执政期间，美国就曾以多种方式对中美洲加勒比海地区国家和南太地区国家施加影响力，阻挠

---

① David Sacks, "Why Letting Taiwan Change the Name of Its Office in the United States Is a Mistake", Blog Post, September 13, 2021, https：//www.cfr.org/blog/why-letting-taiwan-change-name-its-office-united-states-mistake.

相关国家同中华人民共和国建交。拜登政府延续了这样的政策。2021年12月9日，尼加拉瓜宣布同台湾"断交"，这无疑对台湾是一个打击，也让美国颇为尴尬。① 美国国务院发表声明，攻击尼加拉瓜总统奥尔特加错的行动"不能反映尼加拉瓜人民的意愿"，呼吁"民主国家扩大与台湾的接触"。② 洪都拉斯总统希奥玛拉·卡斯特罗（Xiomara Castro）竞选时就曾明确表示中华人民共和国是代表全中国的唯一合法代表，台湾是中华人民共和国的一部分，要与中华人民共和国建立外交关系。美国多次就台洪"断交"问题软硬兼施，最终也未能阻止洪都拉斯同中国建交。2023年3月25日，洪都拉斯外交部发表声明，正式宣布与台湾断绝所谓"外交关系"。

近年来，美国和台湾当局精心谋划和配合，推动台湾"有意义地参与"多边国际组织，尤其是功能性较强，又直接涉及台湾自身利益的国际机构，比如国际刑警组织、世界卫生组织、国际民航组织及核不扩散机制的相关安全组织等。2021年10月21日，美国国务院负责亚太事务的助理国务卿华自强（Rick Waters）宣称中国"滥用"联大2758号决议将台湾排除在联合国活动之外，鼓吹推动台湾参与联合国活动。同年10月26日，国务卿布林肯发表声明，不负责任地声称支持台湾参与联合国系统："台湾已经成为一个民主成功的故事"，美国鼓励所有联合国成员国"支持台湾积极、有意义地参与整个联合国系统和加入国际社会"。③ 作为对台湾民主发展的鼓励，拜登政府邀请台湾参加了两届"全球民主峰会"。2023年4月10日，"美国在台协会"和"台北经济文化代表处"召集美国国务院、台湾的外事负责部门和其他机构的代表在华盛顿就扩

---

① Yew Lun Tian and Ben Blanchard, "China, Nicaragua re-establish ties in blow to U. S. , Taiwan", *Reuters*, December 10, 2021.

② Ned Price, Department Spokeperson, "Nicaragua's Breaking of Diplomatic Relations with Taiwan", December 9, 2021, https：//www. state. gov/nicaraguas-breaking-of-diplomatic-relations-with-taiwan/.

③ Antony J. Blinken, "Supporting Taiwan's Participation in the UN System", Press Statement, October 26. 2021，https：//www. state. gov/supporting-taiwans-participation-in-the-un-system/.

大台湾参与联合国系统和其他国际论坛进行磋商。这次讨论的重点是支持台湾参与即将于5月举行的世界卫生大会（WHA）和国际民航组织（ICAO）活动，以及支持台湾有意义地参与联合国以外的国际、区域和多边组织。① 这是拜登政府帮助台湾当局扩大"国际空间"的最新举动。

拜登政府继续推进美台经济伙伴关系，并朝着构建美台自贸区的方向发展。当前台湾是美国第九大贸易伙伴，而美国则是台湾的第二大贸易伙伴。2021年6月30日，美台举行了自2016年以来的第一次贸易会谈，就双边贸易和投资协议进行谈判。同年12月7日，美国商务部部长雷蒙多（Gina Raimondo）与台湾当局举行视频会谈，宣布共同建立台美科技贸易暨投资合作架构（TTIC），以促进双边贸易、投资扩展及产业合作，达成关键供应链多元化目标。② 2022年8月17日，尽管美国未将台湾纳入"印太经济框架"，美国贸易代表办公室宣布，正式启动与台湾地区的"21世纪贸易倡议"谈判。半导体芯片产业在美国对华科技竞争中占据重要地位，拥有芯片制造巨头台积电的台湾也就备受美国重视。美国拉拢台湾地区组建所谓"芯片四方联盟"（Chip4），推动台积电赴美投资建厂，企图将中国大陆排除在全球半导体供应链之外，而美国又能进一步掌控和主导全球的半导体产业。

除了推进美台双边关系之外，拜登政府还将台湾问题渲染成"民主与专制的对垒"，通过不同方式挑唆和鼓动其盟友和伙伴发展对台关系，编制谎言，形成"多米诺效应"。相较于莽撞的特朗普，拜登团队更为理性，老谋深算，因此在处理台湾问题时也更有章法，出牌套路更为娴熟。拜登政府竭力将台湾问题国际化，寻求与盟国合作，拉拢盟友对抗中国，构建对华统一战线，加大对华威慑的力度。这是大搞"美国优先"的特朗普政府难以企及的。拜登政府已协调日本、韩国、G7、

---

① Office of the Spokesperson, the State Department, "U. S. – Taiwan Working Group Meeting on International Organizations", Press Releases, April 11, 2023, https：//www.state.gov/u-s-taiwan-working-group-meeting-on-international-organizations-2/.

② "U. S., Taiwan discuss chips, to cooperate under new framework", *Reuters*, December 7, 2021.

北约对台海和平稳定表达战略关切，展现集体介入的姿态。无论是美、英、澳三边同盟，抑或美、日、印、澳四边安全合作对话机制，还是"五眼联盟"，都相互协调立场，插手台湾问题。美国还联合盟友在中国周边举行了多场军事演习。此外，拜登政府注重鼓动第三方发展与台湾的关系。在立陶宛提升对台关系的背后，就是美国的支持。美日合作协防台湾也值得高度关注。2021年7月，日本政府发布2021年的《防卫白皮书》，首次写明"台湾局势的稳定对日本的安全与国际社会的稳定非常重要"，日本必须"更有危机意识"来关注台湾局势。日本自卫队与美军已制定了新日美联合作战计划草案，声称若台海发生紧急情况，美国海军陆战队将在日本西南岛链处建立临时性军事基地，并部署军队。之前日本前首相安倍晋三声称"台湾有事就是日本有事，就是日美同盟有事"的说法并非空穴来风。2023年2月23日，在俄乌冲突爆发一周年之际，美国国务卿布林肯在接受采访时扬言，台湾的命运不仅仅是中国的"内部事务"，而是关乎整个世界的问题。① 公然践踏一个中国原则，炒作台海局势。正是拜登政府的一番操作，台湾问题进一步国际化趋势凸显。

二 "战略模糊"抑或"战略清晰"

美国在台海问题上保持战略模糊抑或转成战略清晰，这是近两年美国战略界一直争议的问题。自中美建交以来，美国一直在台海问题上保持"战略模糊"政策，即在台海发生战事时美国是否军事介入，尤其是在协防台湾的问题上保持模棱两可的模糊立场。美方的算计就是一旦中

---

① Antony J. Blinken, Secretary Antony J. Blinken Virtual Conversation on "Russia's War on Ukraine: One Year Later" With Jeffrey Goldberg of The Atlantic, Washington, D. C. February 23, 2023, https://www.state.gov/secretary-antony-j-blinken-virtual-conversation-on-russias-war-on-ukraine-one-year-later-with-jeffrey-goldberg-of-the-atlantic/.

国不能确定美国是否会协防台湾，那么对中国武力收复台湾就形成一种心理威慑。

近年来，美国在台湾问题上的"战略模糊"正朝着清晰化的方向发展，美国战略界主张采取战略清晰政策的声音也越来越大。美国对外关系委员会主席理查德·哈斯（Richard Haass）和戴维·萨克斯认为美国应当放弃"战略模糊"政策，而采用"战略清晰"政策，而这从长远来看将加强中美关系，通过提升威慑减少台湾海峡发生战争的机会。① 在肯定拜登政府重点加强与台湾关系的同时，他们认为现政府的预算优先事项和全球军力态势并没有反映出台海局势的紧迫感。而拜登政府接受了长期以来的"战略模糊"政策，却没有明确表示如果中国在台湾问题使用武力，美国将出面保护台湾。这种"战略模糊"政策所带来的危险与日俱增。② 不过，哈佛大学费正清中心资深教授戈迪温（Steven Goldstein）则认为放弃"战略模糊""肯定意味着与中国任何实质性工作关系的终结"。不仅如此，还会鼓励台湾的"独立"倾向。在美方一些人士看来，"战略模糊"是一种双重遏制，既能防止中国使用武力，又能阻止台湾走向正式独立，而这是"北京的一条大红线"。③ 共和党参议员托姆·提利斯（Thom Tillis）和民主党众议员阿米·贝拉（Ami Bera）都主张美国应当结束"战略模糊"政策，转而实行对华战略威慑政策。④ 众议院情报委员会主席亚当·希夫（Adam Schiff）则主张更明确表示美国保卫台湾的

---

① Richard Haass and David Sacks, "American Support for Taiwan Must Be Unambiguous", *Foreign Affairs*, September 2, 2020, https：//www.foreignaffairs.com/articles/united-states/american-support-taiwan-must-be-unambiguous.

② Richard Haass and David Sacks, "The Growing Danger of U. S. Ambiguity on Taiwan", *Foreign Affairs*, December 13, 2021, https：//www.foreignaffairs.com/articles/china/2021-12-13/growing-danger-us-ambiguity-taiwan.

③ John Ruwitch, "A stronger China tests America's 'strategic ambiguity' on Taiwan", November 30, 2021, https：//www.npr.org/2021/11/30/1060185873/the-u-s-may-start-to-clarify-its-taiwan-policy. October 09, 2020.

④ Quint Forgey and Alexander Ward, "Lawmakers：End 'strategic ambiguity' toward Taiwan", *Politico*, July 10, 2021, https：//www.politico.com/newsletters/national-security-daily/2021/10/07/lawmakers-end-strategic-ambiguity-toward-taiwan-494626.

义务，并和盟友合作建立更强的国际威慑。但是美国参谋长联席会议主席马克·米利（Mark Milley）则认为"战略模糊"政策基于"与台湾关系法"和中美三个联合公报，到目前为止都是成功的。他表示，未来是否会做出改变需经过深思熟虑，"但目前我们的政策还是维持现有政策，在可预见的将来也将继续如此"。①

拜登政府明确反对结束在台海问题上的"战略模糊"政策。2021年5月4日，坎贝尔在出席英国《金融时报》举办的全球座谈会时称，美国不会公开做出"协防台湾"的表态，因为这种做法存在"重大缺陷"。他表示，"战略透明"政策存在很多弊端，远非最佳选择。② 被拜登提名为下一任驻华大使的尼古拉斯·伯恩斯（Nicholas Burns）在参议院听证会上表示，美国应当保持对台湾的"战略模糊"政策。在他看来，美国主要根据"与台湾关系法"对台军售，"我们的责任是让台湾成为一块难啃的硬骨头"。③ 2022年5月，拜登在东京出席"四方安全对话"（Quad）峰会时，被媒体追问美国对台"战略模糊"政策是否已"死亡"，拜登则强调这项政策完全没变，但并未回答会否派兵保卫台湾的问题。

可以确定，只要中美没有彻底摊牌，美国就不会在台湾问题上放弃"战略模糊"政策。如果美国实行战略清晰政策，公开承诺保卫台湾，那么就会缩小美国的战略抉择空间，等于自缚手脚，要随时准备同中国正面对抗。如果美国不能兑现自己对台湾的安全承诺，那么就会损害美国的信誉，导致盟友圈的不信任。不仅如此，美国放弃"战略模糊"政策，转而协防台湾，将刺激中国大陆对台湾采取更激进的行动

---

① 卢伯华：《美最高将领米利：陆短期内不会对台动武 美绝对有能力保台》，中时新闻网，2021年11月4日，https://www.chinatimes.com/realtimenews/20211104004538-260409?chdtv.

② David Brunnstrom and Michael Martina, "Strategic clarity on Taiwan policy carries 'significant downsides'–U.S.", *Reuters*, May 5, 2021.

③ Alexander Ward and Quint Forgey, "Burns: Keep strategic ambiguity toward Taiwan", *Politico*, October 20, 2021, https://www.politico.com/newsletters/national-security-daily/2021/10/20/burns-keep-strategic-ambiguity-toward-taiwan-494785.

来维护国家主权和领土完整，同样无助于台海地区的稳定，加快中美对抗的到来。如果公开承诺协防台湾，那么在某种程度上也给"台独"势力开了一张空白支票，助推"台独"分子铤而走险，从而引发中国的坚决反击。这同样不是美国愿意见到的。在美国的操控下，维持台湾地区"不统""不独""不武"的状态将实现美国战略利益的最大化。

尽管近期拜登政府时不时表达出防卫台湾的意向，但主要目的是要对中方发出威慑信号。拜登团队数次表示，美国对台湾的承诺是"坚如磐石"（rock solid）。拜登至少四次在接受美国多家媒体采访时妄称，美国将"保卫台湾"。2021年10月21日，拜登在接受美国有线电视网访谈时表示，如果中国（大陆）"攻击台湾"，美国有承诺要协防台湾。① 2022年5月，在日本东京回复记者有关"如果中国（大陆）攻击台湾，美国是否会防卫台湾"的问题时，拜登回答说"会"。② 每次拜登这样表态后，美方都会表示美国的一个中国政策没有任何变化。中方的态度一以贯之，希望美方能言行一致，说到做到，明确一个大国的职责所在。对于是否会派遣美国军队应对台湾问题，拜登政府则三缄其口，保持沉默。拜登数次脱口表示美国协防台湾的发言，或是透露了自己的真实想法，或出于国内政治的考量迎合美国国内的观众，或要对外传递一种信息。多重考量并不相悖，兼而有之。但需要指出的是，中国的正当发展权利不容侵害，中国的核心国家利益更不容挑衅，这两个方面，中国没有任何妥协的余地。

---

① Myah Ward, "Biden says U. S. has 'commitment' to defend Taiwan from Chinese attack", *Politico*, October 21, 2021, https://www.politico.com/news/2021/10/21/joe-biden-taiwan-chinese-attack-defend-516699.

② Kevin Liptak, Donald Judd and Nectar Gan, "Biden says US would respond 'militarily' if China attacked Taiwan, but White House insists there's no policy change", *CNN*, May 23, 2022, https://edition.cnn.com/2022/05/23/politics/biden-taiwan-china-japan-intl-hnk/index.html.

三　拜登政府提升美台关系的内在逻辑

维护世界霸权一直是第二次世界大战后美国的战略目标。而中国的和平发展与美国霸权战略存在结构性的矛盾，中美战略竞争不可避免。正是在这种大背景下，拜登政府在台湾问题上动作频频，基本延续了特朗普政府的激进行为。甚至学界有人将拜登政府的对华政策称为"特朗普2.0版"。拜登政府企图制衡中国、维护霸权的出发点和特朗普政府并没有本质的差异，只是在策略和手法上会有一些变化。

在战略定位上，拜登团队同样将中国视为头号战略竞争对手，而台湾是牵制中国的一张牌。拜登明确表示，中国是美国"最严峻的竞争对手"。[1] 布林肯把应对中国挑战列为美国外交的八大优先事项，认为中国是"美国21世纪面临的最大地缘政治考验"。[2] 美国国家情报总监办公室发布的《2021年年度威胁评估》报告，把中国扩大影响力的努力视为美国面临的最大威胁之一。[3] 拜登政府新版《国家安全战略》指出，北京是美国"后果最为重大的地缘政治挑战"。报告称"中国是唯一一个既有重塑国际秩序意图的竞争者，也逐渐拥有经济、外交、军事和科技力量来日益推进这一目标"。还称"未来十年是美国与中国竞争的决定性十年"，美国要胜过（outcompete）中国、遏制俄罗斯。[4] 尽管俄乌冲突持续，美国新国防战略仍"优先考虑中国在印太地区的挑战"，将中国当作"最重

---

[1] "Remarks by President Biden on America's Place in the World", U. S. Department of State Headquarters, Harry S. Truman Building, Washington, D. C. February 4, 2021, https://www.whitehouse.gov/briefing-room/speeches-remarks/2021/02/04/remarks-by-president-biden-on-americas-place-in-the-world/.

[2] Antony J. Blinken, "A Foreign Policy for the American People", Ben Franklin Room, Washington, D. C., March 3, 2021, https://www.state.gov/a-foreign-policy-for-the-american-people/.

[3] Office of the Director of National Intelligence, "2021 Annual Threat Assessment of the US Intelligence Community", April 9, 2021, https://www.dni.gov/files/ODNI/documents/assessments/ATA-2021-Unclassified-Report.pdf.

[4] The White House, 2022 *National Security Strategy*, October 12, 2022, p. 23.

要的战略竞争对手和不断逼近的挑战"。① 美国战略重心东移,从中东和阿富汗撤军,将更多军事力量部署在印太地区,以应对中国的挑战。

面对"台独"势力的嚣张和美国"以台制华"的挑衅,中方采取举措坚决压制"台独"气焰,维护国家主权。五角大楼将中国视作"正在逼近的威胁","中国是唯一能够在经济、技术、政治和军事上对美国构成系统性挑战的国家";处理对华挑战是重中之重,美国军方要对华采取"综合威慑"的政策。② 美国国防部部长奥斯汀(Lloyd J. Austin)多次谈及所谓"正在逼近的中国挑战",将中国视作美国的"首要威胁"。2021年12月21日,他在"里根论坛"上表示,"中国是美国和所有民主政体的挑战,美国及盟友将挺身面对挑战"。③

美国感知到台海局势的紧张,因而"中国何时武力收复台湾"成为美国战略界谈论的热门话题。海军部长卡洛斯·德尔·托罗(Carlos Del Toro)明确表示,要对中国形成威慑并防止其收复台湾,"至关重要的"是"美国海军与澳大利亚、印度、菲律宾、印度尼西亚和其他许多受到威胁的印太地区国家建立伙伴关系",还有就是"为台湾提供必要的武器和技术,使台湾也能够自卫"。④ 他在"阿斯彭论坛"上表示,中国是美国最大威胁,中国以和平或军事手段收复台湾的意图,是对美国的经济安全以及全球经济不稳定的最严峻影响。⑤

鉴于中国日益增长的军事能力,美军官员警告未来五六年中国武力

---

① U. S. Department of Defense, *2022 National Defense Strategy of the United States of America*, October, 2022.

② Jim Garamone, "Official Talks DOD Policy Role in Chinese Pacing Threat, Integrated Deterrence", DOD NEWS, June 2, 2021, https://www.defense.gov/News/News-Stories/Article/Article/2641068/official-talks-dod-policy-role-in-chinese-pacing-threat-integrated-deterrence/.

③ Jim Garamone, "Austin Tells Reagan Forum How U. S. Will Take on Challenge of China", DOD NEWS, December 4, 2021, https://www.defense.gov/News/News-Stories/Article/Article/2861926/austin-tells-reagan-forum-how-us-will-take-on-challenge-of-china/.

④ Megan Eckstein, "Navy secretary's new strategic guidance focuses on deterring China from invading Taiwan", Defense News, October 6, 2021, https://www.defensenews.com/naval/2021/10/05/navy-secretarys-new-strategic-guidance-focuses-on-deterring-china-from-invading-taiwan/.

⑤ Aspen Security Forum 2021: Intro and A Conversation with the Secretary of the Navy, https://www.youtube.com/watch?v=W4s1EYSgJa0.

收复台湾的可能性。2021年3月,即将卸任美军印太司令的戴维森(Phil Davidson)在出席国会听证时表示,中国大陆可能在2027年中国人民解放军建军100周年的时候收复台湾。① 共和党参议员鲁比奥(Marco A. Rubio)认为,中国将在2030年之前以"切香肠式"手段影响台湾,让台湾人民认为完全统一趋势无法抵挡,转而考虑统一谈判。因此,台湾必须积极发展不对称作战能力,采取"豪猪战略"。② 2021年11月,美国国防部发布了一年一度的《中国军力报告》,认为中国迅速推动军事现代化目标是在2027年时,具有在印太地区对抗美军的能力,使台湾依中国大陆的条件进行谈判。不过,随着俄乌冲突陷入胶着状态,拜登政府内部对于台湾问题的看法并未达成一致。2022年10月,国务卿布林肯表示,中国不再接受维持台湾的现状,并开始加大压力,包括保留使用武力的可能性。③ 美国海军作战部部长迈克尔·吉尔迪(Mike Gilday)表示,美国必须为中国可能在2024年之前实现两岸统一,做好准备。而空军机动司令部司令迈克·米尼汉(Mike Minihan)则认为,美中将在2025年开战。不过,五角大楼认为,中国人民解放军不太可能在2030年攻岛。

拜登团队更加重视所谓"民主、自由、人权"的价值理念,拼命推销"价值观外交",刻意将世界描绘成"民主"与"专制"的对抗。从拜登到布林肯,再到沙利文,都主张将价值理念融入美国的对外政策当中。凸显价值观之争,拜登政府对内能够凝聚共识,争取国内支持,为其国内施政开道;对外将其作为增强同盟的黏合剂,拉近与盟友的关系,有助于打造一个所谓"西方民主统一战线"。拜登政府认为,台湾是"领

---

① Lara Seligman and Paul Mcleary, "Mounting tensions between U. S. , China raise new fears of threat to Taiwan", *Politico*, https://www.politico.com/news/2021/10/05/tensions-us-china-taiwan-515142.

② 卢伯华:《美参议员:预测中国在2030年前将以切香肠式统一台湾》,中时新闻网,2021年12月12日。

③ "Blinken says China rejects status quo of Taiwan situation", *Reuters*, October 27, 2022, https://www.reuters.com/world/china-has-made-decision-put-more-pressure-taiwan-blinken-2022 – 10 – 26/.

先的民主社会",同时也是重要的经济与安全伙伴。① 美国支持台湾还有助于拉拢其他盟友和伙伴。

国会山的亲台反华势力推波助澜,施压拜登政府给予台湾更多的支持。民主、共和两党在涉华涉台问题上达成了罕见的一致,而共和党人表现得更积极。特朗普执政时期,美国先后通过了"台湾旅行法"(Taiwan Travel Act)、"2018年亚洲再保证倡议法"(Asia Reassurance Initiative Act of 2018)和"台北法案"(TAIPEI)。自2019年以来的历年《国防授权法》都有涉台条款,主张继续售台武器,"强化美国与台湾防务伙伴关系""强化台湾军事力量的战备"等。目前美国第117届国会两院都有大量支持台湾的议案提出,诸如"2021年加强台湾关系法案"(Taiwan Relations Reinforcement Act of 2021)、"防止台湾入侵法"(Taiwan Invasion Prevention Act)、"台湾国际团结法"(Taiwan International Solidarity Act)、"台湾威慑法"(Taiwan Deterrence Act)、"2021年台湾防御法"(Taiwan Defense Act of 2021),等等。拜登签署生效的《2022财年国防授权法》包含了针对中国的"太平洋威慑倡议"(Pacific Deterrence Initiative)的71亿美元,而涉台条文要求美国国防部就加强国民警卫队与台湾的合作提出报告、加强美台军事安全合作,协助台湾强化"不对称防卫"能力,以及邀请台湾参加2022年环太平洋多国军事演习。② 2022年6月,参议院外交关系委员会主席、民主党参议员梅嫩德斯(Bob Menendez)和共和党参议员格雷厄姆(Lindsey Graham)联手提出"2022年台湾政策法案"(The Taiwan Policy Act of 2022),宣称旨在"提升台湾的安全防卫,确保区域稳定,遏制中国大陆近来在台湾海峡不断升高的咄咄逼人行为"。其核心就是要实质性提升美台关系,大幅加强美台防务合作,增强台湾安全及防务能力,吓阻中国大陆对台动武。如同这两人所声称的,

---

① 杨孟立:《孙晓雅:美致力协助台湾自我防卫》,《中国时报》2021年10月30日。参见:https://www.chinatimes.com/newspapers/20211030000363-260118?chdtv。

② "National Defense Authorization Act for Fiscal Year 2022"(H. R. 4350), 117th Congress 1st Session, October 18, 2021.

该立法将是1979年"与台湾关系法"以来"美国对台政策的最全面调整"。① 由于中国的强烈反对和立法时间有限，最终该法案的部分内容列入《2023财年国防授权法》而被美国总统拜登签署，其中涉台条款超过50页，"增强台湾韧性法"（Taiwan Enhanced Resilience Act）和"台湾奖学金法"（Taiwan Fellowship Act）赫然在列。2022年中期选举后，共和党掌控了第118届国会众议院，反华亲台动作不断，至今已提出近200项反华亲台议案，比上届同期多出3倍。2023年1月10日，众议院以365票赞成、65票反对的压倒性结果通过决议案（H. Res. 11），成立"美国与中国共产党战略竞争特设委员会"（Select Committee on the Strategic Competition Between the United States and the Chinese Communist Party），以应对来自所谓"中国的威胁和挑战"。2023年1月25日，37名共和党籍联邦众议员联署提出联合决议案（H. Con. Res. 10），主张美国恢复与台湾所谓的"外交关系"，要求就美台自由贸易协定进行谈判，并支持台湾获得国际组织的会员身份。国会的反华情绪客观上牵制拜登政府对华政策的制定。

美国民众在台湾问题上的态度也在发生变化。根据芝加哥全球事务委员会（Chicago Council on Global Affairs）2021年8月发布的民调显示，大多数美国人支持加大对台支持的力度。该委员会2022年8月的民调显示，一旦中国对台动武，76%的受访者支持对华进行外交和经济制裁，65%的受访者主张给予台湾更多武器和军事装备；62%的民众主张使用美国海军阻止中国对台实行封锁；40%的受访者支持出动美军协防台湾。这项民调显示，平均60%的受访者对台湾抱有好感，而对于中国大陆有好感的只有32%。② 近年来中美关系陷入停滞甚至恶化，特朗普政府利用新冠疫情来推卸责任和转移矛盾，对中国进行污化和抹黑，使得一些美

---

① "Menendez, Graham Introduce Comprehensive Legislation to Overhaul U. S. – Taiwan Policy", Chairman's Press, June 17, 2022, https：//www. foreign. senate. gov/press/chair/release/menendez-graham-introduce-comprehensive_legislation-to-overhaul-us-taiwan-policy.

② Dina Smeltz, Craig Kafura, "Americans Favor Aiding Taiwan with Arms but Not Troops", The Chicago Council on Global Affairs, August 2022.

国民众对华的印象变得非常糟糕。根据盖洛普公司的民调,2018 年,53% 的受访民众对华有好感。2019 年,这一比例下降到 41%,2020 年下降到 33%,2021 年和 2022 年下降至 20%。而 2023 年 3 月发布的最新民调结果显示,只有 15% 的受访民众对华有好感。2023 年 4 月美国皮尤研究中心发布的最新民调显示,83% 的受访者对中国持有负面的印象,大约 40% 的受访者将中国视作敌人,而不是竞争者或伙伴。[1]

台湾当局也加大了对美游说力度。自 2016 年 5 月蔡英文上台以来,两岸关系正在悄然发生变化,表面上看似相对平静的台海之下却是暗流汹涌。蔡英文当局拒绝承认"九二共识",从而使得两岸政治对话触礁。原本民进党和美国的关系相对生疏,但蔡英文当局加大了对美国的游说力度,竭力用西方所熟知的话语来争取美西方国家的支持。蔡英文当局采取倚美谋独、亲美抗陆的基本路线,竭力靠近和追随美国,亦步亦趋,配合美国对抗中国大陆,包括调整产业链、科技脱钩等。美国打着一个中国政策的幌子,寻求发展与台湾的实质关系,正好与台湾方面寻求"稳健深化台美实质伙伴关系"完全吻合起来。蔡英文当局竭力迎合拜登政府的"价值观外交",强调台湾对于西方阵营的意义。蔡英文在颇具影响力的《外交事务》(*Foreign Affairs*)杂志上发表文章,呼吁美西方给予台湾更多的支持:"如果台湾垮台,对地区和平、民主联盟体系将是灾难性的。"她声称:"保卫台湾的失败不仅对台湾人来说是灾难性的","它将推翻 70 年来为该地区带来和平和非凡经济发展的安全架构"。[2] 2020 年 6 月,熟谙美国政治运作的萧美琴出任所谓"台北经济文化代表处"代表,台湾当局的游说活动更加活跃。[3] 在中美战略博弈的大背景下,美国谋求"以台制华"和蔡英文当局的"倚美谋独"有了更多的利益交汇点。

---

[1] Laura Silver, Christine Huang, etc., "Americans Are Critical of China's Global Role-as Well as Its Relationship With Russia", Pew Research Center, April 12, 2023, https://www.pewresearch.org/global/2023/04/12/americans-are-critical-of-chinas-global-role-as-well-as-its-relationship-with-russia/.

[2] Tsai Ing-wen, "Taiwan and the Fight for Democracy: A Force for Good in the Changing International Order", *Foreign Affairs*, November/December 2021.

[3] 2022 年 8 月和 2023 年 4 月,中国政府两次对"台独"顽固分子萧美琴实施制裁。

在对华战略竞争的大框架下，拜登政府刻意提升美台关系，以台湾来牵制中国的崛起，但面临日益强大并致力于实现国家统一和民族复兴的中国，美国又不得不考虑两国正面碰撞的可能性。因此，拜登政府的对台政策呈现出两面性：一方面，不会抛弃美国的一个中国政策，也不会轻易抛弃在台湾问题上的"战略模糊"政策而公开承诺防卫台湾；另一方面，拜登政府不断推进美台关系的发展，通过不同方式来提升台湾的防卫能力，并拉拢盟友提升威慑作用，阻挠中国的国家统一大业。应当说，随着中国不断崛起、军事力量不断加强，美国台海政策的摇摆性会更加明显。

四　以我为主推进国家统一大业

美国是影响我祖国统一大业最重要的外部因素。美台发展所谓务实"外交"关系、美台实质性准结盟关系和美国军事人员重新进入台湾地区，不断背离当初的"中美建交三原则"，日益侵蚀中美外交关系的政治基础。在中美战略博弈不断升级的大背景下，美国加大在台海地区的干预力度。而蔡英文当局拒绝承认"九二共识"，加紧进行"台独"分裂活动，推行"亲美抗陆"政策，气焰颇为嚣张。这种状况给两岸统一大业带来严峻挑战。2022年8月中国发布的《台湾问题与新时代中国统一事业》白皮书明确指出，"外部势力干涉是推进中国统一进程的突出障碍。美国一些势力出于霸权心态和冷战思维，将中国视为最主要战略对手和最严峻的长期挑战，竭力进行围堵打压，变本加厉推行'以台制华'"。[1] 面对这种复杂的局面，我们要坚持贯彻新时代党解决台湾问题的总体方略，坚持一个中国原则和"九二共识"，在此基础上，推进同台湾各党

---

[1] 中华人民共和国国务院台湾事务办公室、国务院新闻办公室：《台湾问题与新时代中国统一事业》白皮书，2022年8月10日，参见 http://www.scio.gov.cn/zfbps/32832/Document/1728489/1728489.htm。

派、各界别、各阶层人士就两岸关系和国家统一开展广泛深入协商。① 坚决反对"台独"分裂行径,坚决反对外部势力干涉,牢牢把握两岸关系主导权和主动权,坚定不移推进祖国统一大业。

我们要充满自信,"祖国完全统一的时和势始终在我们这一边"。② 有一点是清楚的,台湾"独立"的可能性几乎不存在。就综合实力和国际影响力而言,台湾和大陆相差太远,大陆有强大的能力维护国家主权和领土完整。而从地理位置来看,台湾距离大陆很近,距离美国很远。无论如何,只要我们不自乱阵脚,台湾就不可能"独立"。习近平总书记多次强调,"台湾问题纯属中国内政,不容任何外来干涉。任何人都不要低估中国人民捍卫国家主权和领土完整的坚决决心、坚定意志、强大能力!祖国完全统一的历史任务一定要实现,也一定能够实现!"③ 面对中国的日益强大,美国军事打击我们的可能性不断降低。相反,美国越来越需要思量一下"以台制华"所要付出的巨大代价。至少在拜登执政期间,美国尚不敢公开放弃一个中国的政策,更不会轻易支持台湾"独立",因为那样就会导致台海局势的大幅震荡,也会给中国大陆动用《反分裂法》出兵台湾的口实,而美国将陷入进退两难的境地。拜登政府思量再三,终究不敢公开放弃"战略模糊"的台海政策,背后的逻辑就在于此。

在关乎核心利益的问题上,我们要坚持原则与美方进行博弈和斗争,做到有理有力有节。既讲原则,又讲灵活性。我们要敢于斗争,善于斗争。拜登政府在多个不同场合公开表示对台安全承诺依然"坚如磐石",但拜登及其主要幕僚如国务卿布林肯和国家安全事务助理沙利文等又在不同场合多次表示,美国不寻求与中国冷战,共存是必要的。2022 年 11 月,在中美首脑巴厘岛会晤后,拜登公开表示,"我们将积极竞争。但我

---

① 习近平:《高举中国特色社会主义伟大旗帜　为全面建设社会主义现代化国家而团结奋斗——在中国共产党第二十次全国代表大会上的报告》,人民出版社 2022 年版。
② 《中共中央关于党的百年奋斗重大成就和历史经验的决议》,2021 年 11 月 11 日中国共产党第十九届中央委员会第六次全体会议通过。
③ 习近平:《在纪念辛亥革命 110 周年大会上的讲话》,人民出版社 2021 年版,第 11 页。

不是在寻求冲突,我是在寻求负责任地管理这场竞争"。① 我们要以两手对付美国的两手策略,学会在博弈和斗争中维护国家权益。"我们坚持以最大诚意、尽最大努力争取和平统一的前景,但决不承诺放弃使用武力,保留采取一切必要措施的选项。"②

继续反独促统,我们要充满自信,保持战略耐心。习近平总书记在多个场合阐释了两岸实现和平统一的主张。他指出,"以和平方式实现祖国统一,最符合包括台湾同胞在内的中华民族整体利益"③;"我们愿意为和平统一创造广阔空间,但绝不为各种形式的'台独'分裂活动留下任何空间。中国人不打中国人。我们愿意以最大诚意、尽最大努力争取和平统一的前景,因为以和平方式实现统一,对两岸同胞和全民族最有利"。④ 2021年11月16日,习近平主席在同拜登总统视频会晤时表示,"我们是有耐心的,愿以最大诚意、尽最大努力争取和平统一的前景,但如果'台独'分裂势力挑衅逼迫,甚至突破红线,我们将不得不采取断然措施"。⑤《台湾问题与新时代中国统一事业》白皮书明确指出,"以和平方式实现祖国统一,最符合包括台湾同胞在内的中华民族整体利益,最有利于中国的长期稳定发展,是中国共产党和中国政府解决台湾问题的第一选择"。⑥

抓住战略机遇期,大力提高国家治理能力,理顺各种关系,不断解决各种前进道路上的难题,全方位不断提升软硬实力。这是遏制"台独"势力的根本保证,也是威慑美日介入的利器,自然也是国家实现完全统一的最终保障。

---

① "Remarks by President Biden in a Press Conference, Bali, Indonesia", November 14, 2022, https://www.whitehouse.gov/briefing-room/speeches-remarks/2022/11/14/remarks-by-president-biden-in-a-press-conference-bali-indonesia/.
② 习近平:《高举中国特色社会主义伟大旗帜为全面建设社会主义现代化国家而团结奋斗——在中国共产党第二十次全国代表大会上的报告》,人民出版社2022年版,第59页。
③ 习近平:《在纪念辛亥革命110周年大会上的讲话》,人民出版社2021年版,第11页。
④《习近平著作选读》第2卷,人民出版社2023年版,第237页。
⑤《习近平同美国总统拜登举行视频会晤》,《人民日报》2021年11月17日第1版。
⑥ 中华人民共和国国务院台湾事务办公室、国务院新闻办公室:《台湾问题与新时代中国统一事业》白皮书,2022年8月10日。

实现同胞心灵契合，增进和平统一认同。应秉持"两岸一家亲"理念，继续出台一系列惠及台湾民众的政策，加强两岸经济文化交流。对于早已到期的《海峡两岸经济合作框架协议》则应放远眼光，着眼于更远的未来，着眼于争取人心，自信大度地继续推进。实现互利互惠，吸收更多台湾民众来大陆工作学习，推动两岸关系和平发展。

探索"一国两制"的台湾方案，让两岸民众都参加进来，凝聚智慧，发挥创意，聚同化异，尽可能找出最佳的统一和治理方案。习近平总书记曾经指出，"两岸同胞是一家人，两岸的事是两岸同胞的家里事，当然也应该由家里人商量着办。和平统一，是平等协商、共议统一"。① 两岸协商谈判可以有步骤、分阶段进行，方式可灵活多样。通过对话沟通和民主协商，共商推动两岸关系和平发展、融合发展和祖国和平统一的大计。②

秉承底线思维，尽早做好军事斗争的充分准备，反独促统，伺机而动。做好军事斗争的准备，不仅仅是遏制"台独"和威慑外来干预的最佳方式，还是和平解决台湾问题的根本保障。未来不能排除会出现有利于我们实现祖国统一的窗口期：一个是台湾岛内出现重大变局；另一个是美国出现乱局，或自顾不暇，或有求于我，从而使国际力量出现重大变化。一旦出现窗口期，而我们能够迅速抓住战机，就会取得事半功倍的效果。

---

① 《习近平著作选读》第 2 卷，人民出版社 2023 年版，第 236 页。
② 中华人民共和国国务院台湾事务办公室、国务院新闻办公室：《台湾问题与新时代中国统一事业》白皮书，2022 年 8 月 10 日。

国际关系史研究

大国战略相持及其启示
——以英美霸权转移和美苏争霸为例

陈文鑫*

近年来，学界有关中美战略相持的讨论日益增多。① 所谓"中美战略相持"，指的是中美两个大国实力日趋接近、战略互有攻守、双方均不具备压倒性优势的一种战略态势。它脱胎于毛泽东的《论持久战》，其中蕴含一个或潜或显的逻辑前提，即中美博弈的长期性和持久性，也就是美方学者所谓的"长期博弈"或"持久竞争"②。战略相持是对当前中美战略博弈的一种阶段性概括。然而，当前语境中的"中美战略相持"与毛泽东所论之抗战时期的"中日战略相持"有本质不同：前者是非战争状

---

* 陈文鑫，中国现代国际关系研究院美国研究所所长，研究员，博士。主要研究领域为美国外交、中美关系和亚太战略。

① 参见袁鹏《新时代中国国际战略思想与战略布局》，《现代国际关系》2017 年第 11 期；袁鹏《把握新阶段中美关系的特点和规律》，《现代国际关系》2018 年第 6 期；袁鹏《关于中国特色国家安全道路的战略思考》，《国家安全研究》2022 年第 1 期；夏立平、董珊珊《试论新阶段中美关系的特点与趋势》，《美国问题研究》2019 年第 1 期；徐步《2021 年国际形势特点和中国外交成就》，《边界与海洋研究》2021 年第 6 期；彭维学《试论中美博弈战略相持阶段的国家统一新格局》，《台海研究》2021 年第 4 期；胡华《在战略相持阶段抓住中美战术缓冲期》，《国际关系研究》2021 年第 6 期；黄仁伟《中美战略相持阶段与战役缓冲期》，《国际关系研究》2022 年第 2 期；田飞龙《中美关系的新周期战略竞争、战略相持和新关系规范的探索》，《中国评论》（香港）2022 年 1 月号（总第 289 期）；王鸿刚《论中美战略相持》，《中国评论》（香港）2022 年 3 月号（总第 291 期）。

② 参见 Rush Doshi, *The Long Game: China's Grand Strategy to Displace American Order* (Oxford University Press, 2021); John R. Allen, Ryan Hass and Bruce Jones, "Rising to the Challenge: Navigating Competition, Avoiding Crisis, and Advancing US Interests in Relations With China", November 2021, https://www.brookings.edu/wp-content/uploads/2021/11/FP_20211105_us_china_rivalry_hass_jones_allen.pdf。

态下的战略相持，而后者是战争状态下的战略相持。非战争状态下的战略相持有何特点，将如何演进，该如何运筹？围绕这些问题，本文拟以历史上英美霸权转移和美苏争霸中的战略相持为例，做番考察分析，从中吸取若干经验启示，望对把握当前中美战略相持有所裨益。

一 英美霸权转移中的战略相持

英美霸权转移是大国关系中比较罕见而典型的一次霸权的和平过渡。在英美霸权转移的长期战略较量中，也经历了一段战略相持期。其大致始于19世纪最后10年，一直持续到第二次世界大战后英国全球经济领导权的瓦解，前后约半个世纪。

美英战略相持的形成，根本推动力在于美国的迅速崛起。得益于1688年光荣革命和18世纪60年代开始的工业革命，英国快速发展，到19世纪中叶已是世界上无可争议的霸权国。与如日中天的"日不落帝国"相比，此时的美国发展还处于起步阶段，对英国根本构不成挑战。经济上，美国的工业化进程才刚刚起步。1790—1860年，工厂制度逐渐兴起，美国工业革命的基础才逐渐奠定。① 政治上，南北两种社会制度的冲突十分尖锐，联邦与州权的争论非常激烈，国家前途未卜。军事上，1860年美国只有一支2.6万名士兵的正规军，而英国的兵员则有34.7万。② 除了铁路长度世界最长，是英国的3倍、俄国的30倍之外，③ 美国大体上还是农业社会，在世界工业产量中所占的份额远远落在英国后面。

南北战争结束后，美国才走上发展的快车道，对英国的挑战才逐步显现。内战结束之后，美国联邦的政治基础更加巩固，束缚资本主义发

---

① ［美］福克讷：《美国经济史》（上卷），王锟译，商务印书馆1964年版，第313页。
② ［英］保罗·肯尼迪：《大国的兴衰：1500—2000年的经济变革与军事冲突》（上），王保存、王章辉、余昌楷译，中信出版社2013年版，第158—159页。
③ 刘绪贻、杨生茂总主编：《美国通史》（第2卷），人民出版社2002年版，第207页。

展的障碍得以扫除，统一的全国资本主义市场向纵深发展，自由资本主义向垄断资本主义过渡，西部开发突飞猛进，各种鼓励工业的积极措施与第二次科技革命相结合，有力地推动了美国工业化进程。美国历史由此步入"镀金时代"。美国政治学者法利德·扎卡利亚（Fareed Zakaria）如此评价，"在内战之后的数十年里，美国的经济增长才真正达到令人晕眩的速度"。① 1869—1873 年，美国的国民生产总值（GNP）约为 90 亿美元，到 1897—1901 年增长了 4 倍，达到 370 亿美元。② 一项统计显示，1873—1913 年的 40 年间，美国经济年均增长 5%，农业、钢铁、石油等各经济部门都得到迅猛发展。③ 当美国以年均增长率 5% 的速度发展时，英国的年均增长速度仅为 1.6%。到 1885 年，美国超过英国，成为占世界制造业份额最大的国家；1886 年，美国取代英国成为世界上最大的钢铁生产国；1890 年，美国的能源消耗量超过英国。④ 1894 年，美国的经济总量超过英国。

大致在美国经济总量超过英国的 19 世纪 90 年代，美英博弈进入战略相持阶段。其表现是 19 世纪后期两国在巴西、尼加拉瓜、委内瑞拉等地爆发一系列冲突，而每一次都以英国的退让告终。其中尤以 1895 年委内瑞拉边界争端最具标志性意义。在这场历时一年半的冲突中，英美剑拔弩张，一度濒临战争。最终英国同意美国介入调停，并成立一个仲裁委员会；美国则同意将那些被英国占有超过 50 年的地区排除在仲裁之外。这场争端以损害委内瑞拉利益、大体对英国有利的方式得到解决。英国最终正式承认美国有权干涉与西半球任何国家相关的任何事务，并被迫

---

① ［美］法利德·扎卡利亚：《从财富到权力》，门洪华、孙英春译，新华出版社 2001 年版，第 65 页。
② George C. Herring, *From Colony to Superpower: U. S. Foreign Relations since 1776* (New York: Oxford University Press, 2008), p. 285.
③ ［美］法利德·扎卡利亚：《从财富到权力》，门洪华、孙英春译，第 65—66 页。
④ ［美］法利德·扎卡利亚：《从财富到权力》，门洪华、孙英春译，第 66—67 页；保罗·肯尼迪认为，能源消耗是衡量一国工业化的最佳指标，因为这既表示一个国家利用各种无生命能源的技术能力，也表示其经济发展速度。参见［英］保罗·肯尼迪《大国的兴衰：1500—2000 年的经济变革与军事冲突》（上），第 208 页。

接受美国关于仲裁和边界领土所有权的建议。用历史学家沃尔特·拉夫伯（Walter LaFeber）的话说，它"标志着美国的强权得到了英国的承认"。①

1895 年委内瑞拉边界危机被历史学家视为英美关系的分水岭。而我们之所以将其视作美英步入战略相持期的标志，主要有以下两点原因：一是威胁的相互平衡。尽管一般认为，1894 年美国的经济总量就已超过英国，但从综合国力的角度看，英国还远在美国之上。不过，19 世纪末的大英帝国已危机四伏。不仅美国在西半球迅速崛起，法、俄、德、日等国也在北非、中东、南亚、远东等地区对大英帝国构成不同程度的挑战和威胁。作为霸权国，英国自然想抵御所有的压力，但实力很快捉襟见肘。克里斯托弗·莱恩认为，1896 年英美两国之所以没有在一触即发的委内瑞拉边界冲突中走向战争，是因为英国考虑到自身的军力分布与美国相比相对不利。英方大部分人认为，由于国际环境的恶化，英国无力从世界其他地区抽调战舰以加强其在北美水域的军事存在；同时担心一旦爆发战争，美国会征服加拿大，而且可能利用其庞大的经济实力将英国拖入一场旷日持久的战争甚至取得最终的胜利。② 二是经济利益的深度交织。19 世纪后期，英国的资本和制成品大量流入美国，美国的棉花、小麦等原材料和农产品大量流入英国，这种情况将两国的经济紧密地拴在一起。1870—1895 年，英国人在美国的净投资达 15 亿美元；③ 1899 年英国投资者持有的美国股票和债券，约占外国持有的所有美国有价证券的 75%。时任德国驻美大使和立本（Theodor von Holleben）曾于 1900 年慨叹道："华尔街几乎成了英国人的飞地。"④ 经济利益的深度交织促进战

---

① ［美］孔华润主编：《剑桥美国对外关系史》（上），石斌、刘飞涛等译，新华出版社 2004 年版，第 401 页。
② Christopher Layne, "Kant or Cant: The Myth of the Democratic Peace", *International Security*, Vol. 19, No. 2 (Fall 1994), p. 25.
③ ［美］孔华润主编：《剑桥美国对外关系史》（上），石斌、刘飞涛等译，第 287 页。
④ Stephen R. Rock, *Why Peace Breaks out: Great Power Rapprochement in Historical Perspective* (Chapel Hill: University of North Carolina Press, 1989), p. 45.

略上的相持。比如在委内瑞拉边界危机期间，英国人就担心美国会削减对英粮食出口和棉花供应，认为一旦战争爆发，美国完全切断对英粮食出口，再加上英国与另一主要粮食供应国俄国关系不睦，后果将不可想象。为此，英国议会下议院在1897年一致通过一项决议，称"英国对外国生活必需品进口的依赖，以及战争对此可能造成的重大影响，亟需女王陛下的政府严肃对待"。① 与此同时，就在美国克利夫兰总统于1895年12月向国会宣读对英强硬的咨文后，纽约证券交易所由于英国投资者的抛售引发市场暴跌。英国投资者投资最多的铁路股票下跌尤为严重。到该交易周结束时，每股下跌16.75美元。② 商业团体因而向各自政府施压，寻求妥善解决争端。

综上可见，由于美英实力差距日益缩小、外部威胁相互平衡、经济利益深度交织等因素，美英博弈进入战略相持阶段。该阶段一直持续到第二次世界大战结束之后。在这过程中，英国总体上还能维持全球霸权，但美国在某些地区和某些领域则逐渐取得优势地位，并取代英国的统治。在西半球，1901年英国在修建中美洲地峡运河问题上向美国让步，允许美国完全根据自己的主张修建和管理巴拿马运河；1903年英国在解决加拿大与阿拉斯加边界问题的仲裁中，支持美方立场，把大部分土地给了美国；1904年英国从西印度群岛和加拿大撤走所有的剩余军事力量；1906年英国驻扎在加拿大的最后几支正规军撤离加拿大。③ 这意味着英国在战略上放弃了西半球，美国在美洲的优势地位得以正式确立。在制海权上，1889年美国提出打造太平洋和大西洋"两洋舰队"，英国同年则提出"两强标准"，即海军的战列舰和重巡洋舰数量要与仅次于英国的其他两强之和相当。在大力发展之下，美国海军实力在世界各国中的排名由

---

① Stephen R. Rock, *Why Peace Breaks out: Great Power Rapprochement in Historical Perspective*, pp. 43 – 45.

② Stephen R. Rock, *Why Peace Breaks out: Great Power Rapprochement in Historical Perspective*, pp. 43 – 45.

③ Kenneth Bourne, *The Balance of Power in North America*, 1815 – 1908 (Berkeley: University of California Press, 1967), p. 389.

1880 年的第 12 位上升到 1895 年的第 5 位，进而到 1900 年上升到仅次于英、法两国的世界第 3 位。① 1906 年，《简氏战舰年鉴》（*Jane's Fighting Ships*）首次将美国海军列为世界第二大海军。② 英国基于"两强标准"实施造舰计划，导致列强间的海军竞赛愈演愈烈。而英国在维持传统的海军优势方面开始显得力不从心。到 1912 年，"两强标准"被"+60%标准"所取代，该标准规定英国海军应维持比紧随其后的海军强国多60%的实力优势。继而在 1920 年英国由于实力不济又宣布放弃传统的"两强标准"而实行"一强标准"。1922 年，美国通过华盛顿会议上签署的五国海军军备条约获得与英国同等的海军优势地位，英美海军实力相等的原则被英国所接受。此后双方又互不相让，展开海军竞赛。直到1930 年伦敦裁减海军军备会议上，英美就巡洋舰、驱逐舰、潜艇等辅助舰只的数量和吨位问题达成一致。英美共享海上霸权的局面得以确立。在金融领域，经过两次世界大战之间与英国一系列紧张激烈的博弈后，美国成功迫使英国接受了一套重新规范国际金融市场的计划，最终在1944 年的布雷顿森林会议上将之推广到全世界，从而在国际金融领域确立了美国的霸权地位。③

二 美苏争霸中的战略相持

冷战时期的美苏战略相持是另一个典型的非战争状态下的战略相持。其大致始于 20 世纪 60 年代中期，一直持续到 80 年代里根执政时期，前后近 20 年。

---

① 刘绪贻、杨生茂总主编：《美国通史》（第 3 卷），人民出版社 2002 年版，第 340 页。

② Zhiqun Zhu, *US-China Relations in the 21st Century*: *Power Transition and Peace*（New York：Routledge, 2006），p. 59；H. C. Allen, *Great Britain and the United States*: *A History of Anglo-American Relations*, 1783 – 1945（New York：St. Martin's Press, 1955），p. 561.

③ 有关英美之间围绕金融霸权的博弈，可参见张振江《从英镑到美元：国际经济霸权的转移（1933—1945）》，人民出版社 2006 年版，第 220—272 页。

冷战刚开始时，美国的综合国力要比苏联强大得多，此时的美苏博弈态势是美攻苏守。美国在第二次世界大战中大发战争财，国力不断壮大。第二次世界大战结束时，华盛顿的黄金储备为200亿美元，几乎占世界总量330亿美元的2/3。美国生产的各种产品占世界总量的1/3，这使得美国在战争结束时成为世界最大的出口国。而由于美国造船业的急剧膨胀，其船舶总吨位占世界的一半。历史学家保罗·肯尼迪评价道，1945年美国实力之强，犹如1815年的英国，只能用"非同一般"来形容；其实力从绝对意义上说，也是"史无前例的"。相比之下，1945年的苏联在军事上是一个巨人，但在经济上已沦为一个"丧失了生活必需品、穷困潦倒的穷汉"。① 第二次世界大战使苏联丧失3000万人口，战争结束时，其工业产值只及1939年工业产值的一半。再加上美国垄断核武器，而苏联还未拥有核武器。苏联在战略上处于守势，美国则通过马歇尔计划和组建北约扩大对苏联的战略遏制。

到了20世纪60年代，美苏博弈开始进入战略相持阶段。其根本推动力在于苏联的实力不断追赶美国。经济上，第二次世界大战结束后不久，苏联克服了最初遇到的困难，在重工业方面创造了一个"小小的经济奇迹"，重工业产量在1945—1950年增长了近1倍；1950年苏联的工业产量比战前的水平增长173%。② 在50年代的头几年，苏联经济更是以年均11%—12%的速度高速增长，③ 而美国经济在1957年秋同比下降4%，1958年春同比下降10%。④ 到了60年代，苏联的发展依然强劲，美国则因越南战争爆发，海外军事支出大幅上升，经常账户盈余迅速消失，并于1968年爆发了第二次美元危机。1961年10月，苏联领导人赫鲁晓夫

---

① ［英］保罗·肯尼迪：《大国的兴衰：1500—2000年的经济变革与军事冲突》（下），王保存、王章辉、余昌楷译，中信出版社2013年版，第91—92页。

② ［英］保罗·肯尼迪：《大国的兴衰：1500—2000年的经济变革与军事冲突》（下），王保存、王章辉、余昌楷译，第97页。

③ Yanek Mieczkowski, *Eisenhower's Sputnik Moment: The Race for Space and World Prestige* (Ithaca, NY: Cornell University Press, 2013), p. 15.

④ Josef Joffe, *The Myth of America's Decline: Politics, Economics, and a Half Century of False Prophecies* (New York: Liveright Publishing Corporation, 2014), p. 2.

在苏共二十二大上提出,到 1981 年苏联的生活水平将比任何一个资本主义国家更高;并同时预测届时苏联的国内总产值将是世界上所有非社会主义国家 1961 年水平的两倍。据 1999 年解密的一份美国中央情报局的研究报告显示,基于当时苏联强劲的经济表现,美方认为苏联在经济上赶上美国并非遥不可及。① 20 世纪 60 年代保罗·萨缪尔森的经济学畅销教科书《经济学:分析导言》也预计,到 20 世纪 80 年代中期,苏联的国民生产总值可能超过美国。

军事上,由于恢复经济的需要,规模庞大的苏联红军在 1945 年以后减少了 2/3,但它仍是世界上最庞大的一支军队,拥有 175 个师、2.5 万辆一线坦克和 1.9 万架飞机。② 最为重要的是,苏联于 1949 年 8 月 29 日在哈萨克斯坦沙漠中成功试验原子弹,打破了美国的核垄断。到了 50 年代中期,美苏权力之变又迎来"斯普特尼克时刻"(Sputnik Moment)。1955 年 11 月,苏联第一次试验了从空中投掷热核弹;1957 年 8 月,苏联又成功发射了世界上第一枚洲际弹道导弹;10 月 4 日,苏联用洲际弹道导弹将第一颗人造地球卫星"斯普特尼克 1 号"(Sputnik 1)送入轨道;时隔一个月,苏联又成功发射第二颗人造地球卫星"斯普特尼克 2 号"(Sputnik 2)。但紧随其后的美国两次发射均以失败告终。"氢弹之父"爱德华·泰勒(Edward Teller)惊呼,美国在一场比珍珠港事件更重要和伟大的战斗中败下阵来。③ 到了 60 年代,美苏战略力量又发生重大变化。1962 年古巴导弹危机前夕,美国的洲际导弹以 5∶1 的优势领先于苏联,1964 年时仍为 4∶1 的优势。但是勃列日涅夫上台后,苏联战略核力量发展大大加速。1967 年年中,苏联洲际导弹为 460 枚,1968 年年中增至

---

① Directorate of Intelligence, *A Comparison of the US and Soviet Economies: Evaluating the Performance of the Soviet System*, October 1985, p. v, http://www.foia.cia.gov/sites/default/files/document_conversions/89801/DOC_0000497165.pdf.

② [英]保罗·肯尼迪:《大国的兴衰:1500—2000 年的经济变革与军事冲突》(下),王保存、王章辉、余昌楷译,第 97 页。

③ Fred Kaplan, "Can America Ever Have Another 'Sputnik Moment'?" http://www.slate.com/articles/technology/future_tense/2012/06/sputnik_and_american_science_why_another_sputnik_moment_would_be_impossible_today_.html.

800枚，1969年年中达1050枚，在数量上赶上美国（美国从1967年起，洲际导弹的数量基本维持在1054枚），从而使美、苏战略力量接近平衡。[1]

美苏战略相持的标志性事件是1962年古巴导弹危机。面对美国在意大利和土耳其等地部署可以打到苏联的中程弹道导弹，苏联也针锋相对，在美国"后院"部署导弹，由此酿成一场危机，双方战争一触即发，世界处于核战争的边缘。古巴导弹危机的爆发及最终解决，鲜明地反映了美苏战略相持的特征。双方互有攻守，且均具有摧毁对方的能力。古巴导弹危机之后，美苏逐渐形成一种战略稳定关系，并推动两国危机管控机制的建立与发展。

美苏战略相持一直持续到20世纪80年代里根执政。70年代中期之前，苏联的战略攻势要猛一些；70年代中期之后，苏联战略颓势渐显。60年代初开始的侵越战争不仅使美国遭到世界舆论严厉谴责，而且牵制了美国在世界其他地区的活动，一度使其在苏联的进攻性战略面前疲于应付。在中东，苏联在1967年"六日战争"后扩大了对阿拉伯国家的影响；在南亚，苏联在1965年印巴冲突中支持印度，促成印度、巴基斯坦和苏联塔什干三国首脑会议；在欧洲，苏联与法国、联邦德国加强来往，力图瓦解大西洋联盟。与此同时，美国的西欧盟国和日本独立性日渐加强，对美国的越南政策、中东政策、对华政策和冷战政策提出越来越多的批评。西欧国家甚至在军事上也不肯轻易俯就美国的核垄断，法国戴高乐政府断然退出北约军事组织。在此背景下，美国总统尼克松于20世纪60年代末70年代初提出"世界五大力量中心说"，承认美国的战略颓势，并积极调整对苏战略。20世纪70年代，在布雷顿森林体系瓦解和石油危机的影响下，美国经济出现严重"滞胀"；苏联作为石油净出口国，经济发展未受石油危机影响，反而从油价高企中获益，在1975年之前仍维持较快增长。据美国中央情报局评估，苏联国民生产总值（GNP）与

---

[1] The International Institute for Strategic Studies, *The Military Balance*: 1973–1974 (London: Chatto & Windus, 1973), p. 71.

美国之比从 1960 年的 49% 升至 1975 年的 58%。① 战略核力量方面，苏联在 1963—1973 年有长足发展，美苏开始形成比较稳定的战略均势（见表 1）。1972 年美苏《反弹道导弹条约》的签署某种程度上就是双方核均势的一种反映。

表 1　　　　　1963—1973 年美苏战略运载力量对比②

年份	美国			苏联		
	洲际导弹	潜射导弹	远程轰炸机	洲际导弹	潜射导弹	远程轰炸机
1963	424	224	630	100	100	190
1964	834	416	630	200	120	190
1965	854	496	630	270	120	190
1966	904	592	630	300	125	200
1967	1054	656	600	460	130	210
1968	1054	656	545	800	130	150
1969	1054	656	560	1050	160	150
1970	1054	656	550	1300	280	150
1971	1054	656	505	1510	440	140
1972	1054	656	455	1527	560	140
1973	1054	656	442	1527	628	140

资料来源：The International Institute for Strategic Studies, *The Military Balance*: 1973 - 1974 (London: Chatto & Windus, 1973), p. 71。

20 世纪 70 年代中期以后，苏联经济陷入近 10 年的停滞。③ 美国中情局数据显示，勃列日涅夫执政的第一个五年计划期间（1966—1970 年），苏联的国民生产总值（GNP）年均增长 5.2%，到其执政的最后一个五年

---

① CIA Office of Soviet Analysis, "A Comparison of Soviet and US Gross National Products, 1960 -83", August 1984, https://www.cia.gov/library/readingroom/docs/DOC_0000498181.pdf.
② 该数据是每年年中统计数据，其中洲际导弹（ICBM）指射程 4000 英里以上的弹道导弹，远程轰炸机指最大射程达 6000 英里以上的轰炸机。
③ 有学者将 1973—1982 年称为苏联经济的"停滞期"。参见 Philip Hanson, *The Rise and Fall of the Soviet Economy: An Economic History of the USSR from* 1945 (New York: Routledge, 2014), Chap. 5。

计划期间（1976—1980 年），年均增长率降为 2.7%，其中 1979 年的增长率仅为 0.8%。① 进入 80 年代，苏联经济日趋困难。据美国中情局评估，苏联 1981 年的工业产值仅增长 2%，为第二次世界大战结束以来最低点。② 从 1976 年到 1985 年的十年间，其国民生产总值年均增长率不超过 2%。由于美国经济增长更快，苏美经济差距再度拉大，苏联的国民生产总值从 1975 年相当于美国的 58% 跌落到 1984 年的 52%。换句话说，苏联 1984 年的国民生产总值比美国落后 20 年。③ 苏联官方的统计数据虽然一直高于西方相关机构的统计，但也显示，从 20 世纪 70 年代中期起，苏联在赶超美国经济方面毫无进展。里根政府抓住苏联经济的弱点，通过"星球大战"计划和贸易制裁等手段，从经济上拖垮苏联；并通过支持苏联的对手、分化瓦解苏联的盟友等计划周密的综合战略，加速苏联的解体。

三　对把握中美战略相持的几点启示

当前，中美进入战略相持阶段。和上述美英、美苏之间的战略相持类似，这也是两国实力、利益、战略深刻变化的结果。首先，实力之变是推动中美进入战略相持的决定性因素。根据世界银行数据，1993 年克林顿上台时，中国 GDP 仅为美国的 1/16；2001 年小布什上台时，中国 GDP 升至美国的 1/8；到 2009 年奥巴马上台时，中国 GDP 接近美国的 1/3；2017 年特朗普上台时，中国 GDP 已达到美国的 60%；2021 年拜登

---

① Central Intelligence Agency, *USSR: Measures of Economic Growth and Development*, 1950 – 80, prepared for the Joint Economic Committee, United States Congress, Government Printing Office, December 8, 1982.

② Joint Economic Committee of Congress, *Soviet Economy in the 1980's: Problems and Prospects*, Part 1, Washington, D. C., December 31, 1982, p. 2.

③ Directorate of Intelligence, *A Comparison of the US and Soviet Economies: Evaluating the Performance of the Soviet System*, October 1985, p. 2, http://www.foia.cia.gov/sites/default/files/document_conversions/89801/DOC_0000497165.pdf.

上台时，中国 GDP 更升至美国的 77%。经济总量是最基础也是最直观的实力。随着经济实力的增强，中国在军事、科技等领域的投入也有更强的保障，从而带动相关领域的发展。虽然从综合国力的角度看，当前的态势依然是美强中弱，但中国已经在不少方面取得对美国局部优势。再加上中美都是核大国，这在很大程度上促进了中美之间的战略稳定。一句话，中美实力的客观现实推动两国进入战略相持。

其次，中美之间利益深度交织、剪不断理还乱，这也在很大程度上推动两国进入战略相持。相较于上述美英战略相持期两国利益的深度交织，当前中美两国利益的深度交织、犬牙交错和相互依赖有过之而无不及。尽管美国不断对华搞"小院高墙""脱钩断链"，升级对华科技封锁、投资管制、贸易限制，但中美经贸利益深度捆绑的现实并没有改变。在美国挑起的贸易摩擦、科技打压和世纪疫情的严重冲击下，中美双边贸易额不降反升。据美国商务部发布的 2022 年贸易数据，美国对华货物出口额增加 24 亿美元至 1538 亿美元；进口额增加 318 亿美元至 5368 亿美元；2022 年中美货物贸易总额高达 6906 亿美元，超过 2018 年的 6615 亿美元，创历史新高。美国农业部公布的数据显示，2022 年美国对华农产品出口达 409 亿美元，也创历史最高，中国成为美国农产品最大的出口市场。① 这表明，中美两国的经贸关系具有很强的韧性。此外，尽管受中美关系总体氛围和疫情因素影响，两国民间交往依然密切。而从全球层面看，在百年未有之大变局加速演进，世界进入新的动荡变革期大背景下，中美在全球宏观经济政策协调、全球气候变化应对、全球公域行为准则建设等方面，也存在许多共同利益。离开两国的相互合作，全球治理的很多问题都难以解决。中美之间这种利益深度交织的状态导致"伤敌一千自损八百"甚至"伤敌八百自损一千"，很大程度上强化了中美战略

---

① 许缘、邓先来：《中美货物贸易创新高 "脱钩论"不得人心》，2023 年 2 月 9 日，人民网，http: //finance. people. com. cn/n1/2023/0209/c1004 - 32620591. html；《美国驻华大使尼古拉斯·伯恩斯中国美国商会年度答谢晚宴致辞——准备稿》，2023 年 2 月 23 日，美国驻华大使馆和领事馆网站，https: //china. usembassy-china. org. cn/zh/u-s-ambassador-to-china-nicholas-burns-speech-at-amcham-china-annual-appreciation-dinner-as-prepared/。

相持。

最后，中美两国战略深刻调整，也在主动塑造着中美战略相持的态势。拜登政府将中国视为"势均力敌的竞争者"，企图通过国内固本强基、国外强化联盟、对华加强遏压的所谓"投资、联盟、竞争"策略，在"决定性的十年""竞赢中国"，作出打"持久战"的准备。中国在对美博弈中坚决维护国家主权、安全和发展利益，敢于碰硬，体现出坚强决心、坚定意志和强大能力。中美在战略上互有攻守，战略相持之势也随之形成。

从上述美英、美苏战略相持看，非战争状态下的战略相持与战争状态下的战略相持有很大不同：战争状态下的战略相持以消耗战、歼灭战为主要形式。正如毛泽东在《论持久战》中所说，"中国之能够进行持久战，用歼灭达到消耗是主要的手段"；"在相持阶段中，继续利用游击战和运动战的歼灭性和消耗性，再行大量地消耗敌人。所有这些，都是为了使战局持久，逐渐地转变敌我形势，准备反攻的条件"。① 非战争状态下的战略相持虽难免会遭遇成本强加型的战略消耗，如冷战时期美国拖垮苏联的策略，但决定战略态势的关键是自身实力地位的提升。此其一。基于消耗、歼灭对手的目的，战争状态下的战略相持必有后续的战略反攻，战略反攻是克敌制胜必不可少的重要一环。此其二。但在非战争状态下，由于其最终目的不是为了歼灭对手，而是为了谋取战略优势，当一方在战略相持中不断累积战略优势，终于占据绝对优势、打破战略相持之后，双方战略博弈的胜负已分，战略反攻便不是必经的阶段。

美英、美苏战略相持的历史还表明，战略相持不是两国博弈的平静期、缓和期，而将是较量的激烈期、危险期。由于战略相持阶段的发展态势将决定未来战略竞争的成败，相持双方的争斗博弈势必空前激烈。美英之间的战略相持如此，美苏之间的战略相持更是如此。美国学者兰德尔·伍兹在评价英美权力转移的时候说："这是一个超级大国产生时发出的阵痛声和另一个走向没落时的痛苦呻吟声相互交错的场面，一个由

---

① 《毛泽东选集》第 2 卷，人民出版社 1991 年版，第 502 页。

他们是血亲的事实而衬托得更为令人心酸的故事。"① 而美国著名冷战史学家约翰·刘易斯·加迪斯则说:"在人们回忆冷战历史之时,'和平'绝不是第一个出现在脑海中的词汇。毕竟,那段时间见证了世人所知的最大规模的军备竞赛,一系列久拖不决的、破坏性的有限战争,大量革命、族群暴力、宗教冲突和内战,以及一些在人类经历中最为深刻、最难以控制的意识形态竞争。"② 基于大国博弈的历史,西方的权力转移理论提出,"权力持平期"(指两大国实力之比处于80%—120%区间时)的大国爆发冲突的可能性最高。③ 该结论已经深深地影响着美国决策者的对华战略认知。可以预期,战略相持期将是美国对华最凶狠、中美较量最激烈的高危期。

---

① Randall Bennett Woods, *A Changing of the Guard: Anglo-American Relations*, 1941 – 1946 (Chapel Hill, N. C.: The University of North Carolina Press, 1990), p. 8. 转引自张振江《从英镑到美元: 国际经济霸权的转移 (1933—1945)》, 人民出版社 2006 年版, 第 402 页。
② [美] 约翰·刘易斯·加迪斯:《长和平: 冷战史考察》, 潘亚玲译, 上海人民出版社 2010 年版, 第 289 页。
③ Ronald L. Tammen et al., *Power Transitions: Strategies for the 21st Century* (New York: Chatham House, 2000), p. 21.

华德事件与美国对中共外交政策选择（1948—1949）

官欣欣[*]

内容提要：华德事件是中国共产党在取得内战局部胜利后以胜利者的姿态与美国进行的首次外交接触，自1948年11月事件发生至1949年11月结束，过程中伴随一系列影响中共与美国外交关系的重大事件。华德事件以其典型性与特殊性，成为分析新中国成立前至成立初期中共与美国外交关系互动及美国对中共外交政策选择的重要案例。本文重点对华德事件中美国对中共的外交政策进行线性梳理，穿插总结中共、美国之间的外交政策调整，以明晰微观历史事件与中观外交政策，乃至宏观国际局势之间互为影响的关系。本文按照华德事件的发展主要分为五个部分，包括：事件之前中共与美国关系的梳理，事件初期美国的态度及应对措施，中美双方外交试探与华德事件转型，以及最终美国对新中国采取不承认政策，事件以中共驱逐华德等美国外交人员收场。通过分析华德事件发生、发展和终结的整个过程可知，新中国成立前至成立初期，美国在冷战认知和意识形态对立等多方面因素影响下，对中共的外交政策选择余地非常小，其交往底线与中共外交政策目标间毫无交集，从而导致敌视和抵抗不可避免地逐渐升级，双

---

[*] 官欣欣，毕业于南京大学历史学院，获史学硕士学位，现为南京大学出版社历史学编辑部副主任。

方最终走向冷战对立。

关键词： 美国；华德事件；冷战对抗

引　言

自第二次世界大战结束至中国国共内战开始，美苏逐渐卷入中国战局。作为国民党支持者的美国与中共之间的摩擦不断升级，华德事件①便是其中一个突出的案例。伴随这一事件的发展，美国方面坚信中共已经逐渐成为苏联的政治、军事附庸，对美国的潜在威胁日益增大，并逐渐将中国共产党视为美国在远东重要的外交对手。双方伴随华德事件所展开的外交接触，直接反映新中国成立前后美国对中共的外交政策选择。

关于这一事件的研究通过一系列重要的论文加以呈现。陈兼的"The Ward Case and the Emergence of Sino-American Confrontation, 1948 – 1950"②，将华德事件与中美对抗关系确立之间的联系进行了梳理，认为华德事件加剧了美国与中共之间的对抗，并最终引发朝鲜战争爆发后双方进一步的军事对抗。杨奎松是国内首位关注华德事件并就此做专题研究的学者。在《华德事件与新中国对美政策的确定》一文中，他认为华德事件的进程反映了中共对美国外交政策基调不断调整和确定的过程③。其后的研究，如常明玉《从安格斯·华德案看中美关系的症结》一文，则通过对华德案件中三个主要问题，即"未被承认的政府管辖下的领事身份问题""所谓'侵犯领馆财产和领馆人员通讯自由'问题""所

---

① 即美国驻沈阳领事馆事件，由于翻译的原因，亦称沃德事件或瓦尔德事件。奉天即国民政府时期的沈阳市。以下出现不再做特殊解释。

② Chen Jian, "The Ward Case and the Emergence of Sino-American Confrontation, 1948 – 1950", *The Australian Journal of Chinese Affairs*, No. 30, July 1993.

③ 杨奎松：《华德事件与新中国对美政策的确定》，《历史研究》1994 年第 5 期。

谓'拘留领馆人员问题'"①，利用国际法对华德事件进行分析，不失为研究华德事件的新的角度。其他研究美国在中国东北的领事机构的论文，比较重要的是王惠宇的《抗战胜利后美国驻中国东北领事机构及其活动》，其中分析到美国将领事机构留在东北，符合其"楔子"战略，即在中共与苏联之间插入一枚"楔子"，意图使原本被认为铁板一块的共产主义阵营出现裂痕。中共出于靠近苏联的需要和向美国干涉施加压力而推动华德事件的发展，最终将美国领事机构赶出东北，标志美国"楔子"战略的失败。②

同时需要注意的是，此前对华德事件的分析多以中共对美政策为切入点，如盛慕真的《中国共产党对美国的政策及"失掉的机会"谜团（1948—1950）》一文。③

对华德事件的分析同样作为中美关系发展的重要案例出现在一些研究著作中。如时殷弘在《敌对与冲突的由来》一书中指出，"在敌视中国革命的美国决策者看来，中国共产党政权正在践踏国际义务，蔑视国际规范，而这方面最严重的是瓦尔德事件"④，并认为华德事件是美国阻挠其他国家承认新中国的一个口实。同时时殷弘在书中分析了中共在处理华德事件中的一些失误，这一点是具有开创性的反向思考。

本文创新性地将华德事件的不同发展阶段与美国对中共的外交政策调整相结合，将美国外交政策的整体走向与具体事件的发展过程相结合，以微观案例与中观政策结合的写作思路，梳理新中国成立前后美国对中共的外交政策选择及结果。

---

① 常明玉：《从安格斯·华德案看中美关系的症结》，《美国研究》1996 年第 3 期。
② 王惠宇：《抗战胜利后美国驻中国东北领事机构及其活动》，《长白学刊》2012 年第 4 期。
③ Michael M. Sheng: "Chinese Communist Policy toward the United States and the Myth of the 'Lost Chance' 1948–1950", *Modern Asian Studies*, Vol. 28, No. 3 (July., 1994), pp. 477–482.
④ 时殷弘：《敌对与冲突的由来——美国对新中国的政策与中美关系（1949—1950）》，南京大学出版社 1995 年版，第 86 页。

一 事件发生前美国与中共关系梳理

中国在第二次世界大战后期战略地位和世界政治形势的变化,使得美国对华政策发生相应的改变,美国政府对中共的政策总的来说经历了从漠视到限制的阶段。雅尔塔会议关于中国东北的秘密协定,便是罗斯福总统应对远东战局的新形势和苏联势力的进一步扩大,在东亚进行的应对措施,其目的在于通过给予苏联一定好处,来满足其在有限范围内的扩张;同时寄希望于苏联放弃支持中共,防止苏联通过中国内战扩大在中国的势力范围。为达到此等目的,美国方面采取了"联苏扶蒋限共溶共"[①]的政策。而这一政策也得到了杜鲁门政府的传承。

中共中央明确认识到在抗日战争的最后几个月里,美国对中共政策日趋疏远和强硬。特别是赫尔利调停前后,中共切实感受到美国的疏远态度。6月美国发生"美亚事件",主张与中共保持友好关系的美军观察组成员谢伟思及其他五人以通共间谍罪遭到逮捕[②],这也间接导致中共重新思考美中关系和探索外交出路。与苏联接近和合作开始成为中共外交工作的首要任务。从1945年春夏开始,中共中央逐步放弃了1944年夏季以来实施的联美政策,开始将对外政策的重心转移到配合苏军的对日作战,并试图利用苏军参战的时机,创造解决国内问题的外部条件。[③]

美国特使马歇尔于东北的调停是中共与美国关系的一个重要分水岭。为在东北向苏联施压,马歇尔支持国民党对苏态度强硬,并纵容国民党单方面向东北增兵,导致东北地区内战爆发。马歇尔在东北调停时期的

[①] 时殷弘:《敌对与冲突的由来——美国对新中国的政策与中美关系(1949—1950)》,南京大学出版社1995年版,第20页。

[②] 胡乔木:《胡乔木回忆毛泽东》,人民出版社1994年版,第362页。

[③] 牛军:《从延安走向世界:中国共产党对外关系的起源》,中共党史出版社2008年版,第186页。

行动使中共领导人确信,他正逐步与蒋介石的步调协调一致,因此中共中央已有必要,"重新估计"美国与马歇尔在中国政局中的作用。① 中共认为"蒋中正把中国领上一条毁灭的道路,而没有美国的支持他是做不到这一点的",美国作为国民党的后盾已成为中共在内战中的最大隐患。②

同时,随着美苏关系的恶化,美国开始将中国问题与美苏在远东的力量角逐相联系,积极参与、影响中国内战的走势。帮助国民党巩固统治和主张建立联合政府,均是美国为阻止苏联插手除东北地区以外中国事务的重要策略,为此,美国采取措施打压中共。在国共内战的过程中,美军陆续向中国派出11万兵力,且大部分驻扎在华北,目的便在于阻止中共对日受降以及帮助国民党争夺和控制交通要道,并帮助国民党军队向东北运兵。而且驻华北美军不断与中共军队发生冲突。③ 在中国国共内战过程中,美国情报机构对中共的观察和分析,始终没有偏离考察中共与苏联关系的亲密程度这一主线。1948年5月,中央情报局一份关于中国的长篇报告中有相当一部分内容是对中共进行分析:"中共与苏联在意识形态上有着很强的相近性,但是在政治上明显独立于莫斯科",由于其"农业特性",中共"将马克思主义的欧洲风格转变为亚洲风格"。中情局的结论是两者的"差别在于方法,在目标上没有真正的差异"。④ 在同一份报告中,共产党治下的中国被认为是威胁美国安全的情况之一,"共产党中国的建立,将使苏联获得另一个苏维埃共和国。同时满洲的粮食剩余和原材料以及华北的资源将为苏联远东所用;中国红军将成为苏联军事机器的一个组成部分,并使苏联得到在中国的基地。而在共产党的统治下,中国在国际会议上的表态以及在联合国的否决权都将遵循苏联的

---

① 牛军:《从延安走向世界:中国共产党对外关系的起源》,中共党史出版社2008年版,第273页。
② [美]邹谠:《美国在中国的失败(1941—1950年)》,王宁、周先进译,上海人民出版社1997年版,第413—415页。
③ 牛军:《一九四五年至一九四九年的美苏国共关系》,《历史研究》2002年第2期,第92页。
④ 沈志华、杨奎松主编:《美国对华情报解密档案》第二编,东方出版中心2009年版,第295—306页。

路线",其最终结论是,"共产党中国会威胁美国广泛的安全利益"。①

受战场形势发展的影响,1948年下半年美国政府对国民党的态度处在矛盾之中,一方面美国失望于国民党政府的腐败衰退,另一方面又依赖它对抗苏联与中共。马歇尔在调停失败后回国履职期间一度对蒋介石政府的不合作态度大为光火,解决中国问题的信心也一度受到打击,但是基于放弃国民党政府便是有利于苏联共产主义在远东扩张的逻辑,马歇尔在参加联合国大会时与英国代表谈道,美国仍有必要支持蒋介石,继续交付与国民政府之前达成协议的军事援助,不应显示出对蒋介石的支援有所减弱。提到中共,马歇尔认为中国的共产党虽然是马克思主义者和列宁主义者,但有别于其他的共产党人。② 总的来说,此时的美国政府虽然对蒋介石领导的国民党有所怀疑,但却无法也不能容忍自身从中国事务中脱离。

对中共的继续考察是美国外交人员留在中国的重要理由之一,他们留在中国的重要任务便是探索中共与苏联之间关系的虚实。东北作为苏联的势力范围和中共的大本营,历来被美国政府所重视。随着国共战场上中共不断取得主动地位,美国方面对于外交人员是否留在共产党控制的解放区内的问题进行探讨,处于前线的美国外交人员虽然对中共的敌对态度有所顾忌,但是大多还是表现得较为乐观,就美国利益的最大化目标而留在中国东北,成为美国在华领事们的共识。

在美方外交人员看来,留在东北地区也是出于维护美国地区优势的需要。毕竟位于青岛的美国海军陆战队进出渤海湾时刻在苏联的监视之下,基于安全考虑美国也无法放弃东北这一战略要地。青岛领事认为在中共控制的解放区的领事馆无法避免被孤立,并面对一些具体的意料之内的困难,如水电热以及食物等必需品的限制,他将留在解放区称为在

---

① 沈志华、杨奎松主编:《美国对华情报解密档案》第二编,东方出版中心2009年版,第354—355页。

② *Documents on British Policy Overseas*,Series 1 – Volume 8:Britain and China,1945 – 1950,pp. 168 – 170.

"铁幕"之后。① 驻大连领事帕多克认为共产党方面存在很明显的反美教育,② 但在去留问题上他认为"尽管处于孤立状态还是决定留在中国,因为只有美国领事还留在共产党治理下的中国,这种留守才具有重要的战略的价值"。同时,帕多克认为留在解放区还有其他潜在的优势,"可以向中国宣传民主的力量,而苏联与共产党激怒美国大使的行为也是对他们自身宣传的有力反驳,并可以借机观察其对待人民的态度",并且留在东北也可以就近"观察苏联与中共的关系,而一旦关闭领事馆便无法再重新回来"。③ 驻华大使司徒雷登同意领事留在中国的理由则是"关闭领馆则将有损美国公开的道德形象,以及减弱美国在长春—吉林地区的影响力",司徒雷登建议奉天领事馆作为试验品留下,以探知共产党对美国使领馆的态度。④

留在中国东北解放区内的观点同样得到国务卿马歇尔的认同。马歇尔表示,他通过香港领事霍普处得到讯息,共产党在香港的发言人乔冠华提到,共产党反对的是美国对中国的现行政策而不是反美;共产党政府虽然会对当地的领事馆的运行有所限制,但不会关闭领事馆。在马歇尔看来,这份备忘录所反映的共产党的态度对于奉天领事馆以及其他留在中国北方的领事是很有利的。⑤ 在奉天领事馆人员配置问题上,华德与司徒雷登还一度产生了分歧。⑥ 尽管有所波折,但美国驻奉天领事馆最终在共产党取得东北后留在了那里。

二 事件发生与美国政府的态度

解放军接管沈阳后,新上任的市长朱其文在 1948 年 11 月 5 日即以官

---

① *FRUS*, 1948, Vol. 7, pp. 824 – 825.
② *FRUS*, 1948, Vol. 7, p. 801.
③ *FRUS*, 1948, Vol. 7, pp. 794 – 800.
④ *FRUS*, 1948, Vol. 7, pp. 809, 813 – 814.
⑤ *FRUS*, 1948, Vol. 7, pp. 812 – 813.
⑥ *FRUS*, 1948, Vol. 7, pp. 816 – 822.

方的身份正式召见了美、英、法等国驻沈阳的领事，表示将保护一切外国人和外国机构的安全，并愿意为外国机构提供各种必要的服务，包括发放通行证、为机动车提供标志旗等。① 当日的会谈给予美国驻奉天总领事华德良好的印象。双方在谈到奉天地区商业的败坏时，华德表示美国愿意为商业往来重新回到满洲。对此，美国国务院的意见是，华德在与共产党地方政府建立工作关系期间，要避免谈及和暗示任何有关承认问题的内容，对于领事官员与中共地方建立联系的方式，国务院的建议是只限于非正式的和私人的属性。尽管与朱其文的谈话使华德对美国领事馆在奉天的继续运转感到乐观，但其仍对朱市长的权威性抱有一定的怀疑，不知其态度是否代表中共中央政策。②

三天后，朱其文对美国领事馆进行了回访。朱其文在参观美国领事馆的图书室时，提出可在其中陈列共产主义书籍，以加强双方文化交流。华德为迎合朱其文，同意可少量地陈列共产主义方面的书籍，否则他认为"将失去更多"。对此问题，其他外交人员的态度与华德大相径庭。司徒雷登认为建立图书室旨在宣扬美国的意识形态，而迎合共产党无疑违背初衷，故坚决否定奉天领事馆的建议。③ 对此，华德认为，在共产党控制下的解放区，昔日的外国特权已经消失了，固执地坚守原则最终会招致图书室关闭，为长远考虑，华德建议放弃对理想主义的坚持来实现现实的利益，即在中共控制区域的领事工作应针对现实情况应变。

11 月 15 日沈阳军管会受东北局指令发布第 4 号公报，要求解放区内中国国民及外国侨民在没有军管会授权的情况下禁止使用无线电台。电台等收发设备被要求 36 小时内上交，而违反规定持有电台者，将处以没收处罚。没收警告没有得到华德的重视，他向上级汇报表示正在争取同市长会面，尽最大努力保留电台。次日，华德向国务卿汇报约见被取消。

---

① 杨奎松：《华德事件与新中国对美政策的确定》，《历史研究》1994 年第 5 期，第 105 页。
② FRUS, 1948, Vol. 7, pp. 826 – 830.
③ FRUS, 1948, Vol. 7, pp. 829 – 834.

此时的华德还抱有超过 36 个小时后留有电台的希望。而 11 月 18 日美国驻上海总领事便得到消息，奉天领事馆电台被强行关闭。① 11 月 26 日，驻北平总领事柯腊卜得到消息，中共以保护的名义派军队包围领事馆及领事住所，并对美领事馆人员实施软禁。美国新闻处图书室同时被关闭。②

在电台事件发生以及华德等人被软禁后，以美国副国务卿洛维特为代表的政府人员认为不应将消息引至报端，同时避免谈及无线电设施问题。11 月 22 日洛维特指示，要求抗议中共无权扣押美国政府财产。12 月美国企图通过驻香港领事探听华德及奉天领事馆的消息，甚至希望通过苏联驻华代表来建立与奉天的通信渠道。12 月 6 日乔冠华答应就此事向陕西询问，十天后给予答复。12 月 15 日乔冠华向美方答复没有得到中共中央就此事的回信。而到 12 月 21 日，驻香港领事认为没有办法通过中共驻香港代表解决奉天的问题，他的建议是"鉴于中共仍将美国作为蒋介石的帮手，此时不能强迫中共"。③ 英国驻华大使报告也表明，对于华德事件的搁置，美国方面是无可奈何的。美国驻香港领事和驻华大使均认为乔冠华态度的反转是源自上级的指示，目的是强迫美国政府考虑承认问题。④ 而对华盛顿是否应就驻奉天领事一事发表声明，美国驻华大使和国务院产生分歧。美国驻华大使建议华盛顿方面发表公告表示抗议，而国务院拒绝此提议，建议在南京的美国、法国、英国大使发表联合公告。⑤ 此时美国关于电台事件较为隐忍的态度在于，一旦公开化、扩大化处理，与中共的关系将失去回转的余地。

对于中共对待美国与英法等国驻奉天领事的不同态度，英美等国都

---

① *FRUS*, 1948, Vol. 7, pp. 834 – 837.
② *FRUS*, 1948, Vol. 7, p. 840.
③ *FRUS*, 1948, Vol. 7, pp. 843 – 847.
④ *FRUS*, 1949, Vol. 8, p. 933.
⑤ *Documents on British Policy Overseas*: Communications with communists in Mukden via Hong Kong: Establishment of Diplomatic Wireless Service at Hong Kong, January-March 1949 (Folder 1), 1949, pp. 35 – 36.

有所察觉。英国驻北京领事得到来自奉天的消息，其中提到英国领事馆人员可以在城内自由行动，而美国领事馆人员受到拘禁。① 1949 年 1 月 25 日，英国驻美大使电报中提及"美国国务院寄希望于经由英国与中共驻香港代表接触，来解决驻奉天领事的拘禁问题，如果能够使中共对英国使馆人员态度有所缓和，则效果也会延续至美国人员。同时国务院也表示不考虑将'（向中共）施加压力'作为应对措施"。② 如果将华德事件扩大化，会对天津、北平的领事机构产生负面作用，所以此时美国主张尽量通过英国方面来探听消息。同时美国政府对于中共对各国领事人员差别对待的态度刻意忽略，而采取与其他国家联合声明的方式来处理驻奉天领事被拘禁一事。种种迹象表明，即使美国寻求解决华德事件的渠道纷纷堵塞，此时美国国务院并没有表现出解决此事的迫切愿望。随着年底美国大选战局的胶着，在民主党政府看来，棘手的问题可能要等待赢得大选的共和党来处理，因而在华德事件发生时努力淡化，避免形势恶化。

三 从"举棋不定"到"等待尘埃落定"

1949 年 1 月，中共中央对全国形势进行总结，将工作重心从打倒旧政权向成立新国家转移。对此，毛泽东提出：仍要警惕美国直接出兵占领中国沿海若干城市和实施"内部破坏"政策的问题；同时，半年来美国对华政策摇摆不定，对蒋介石的兴趣也不那么高了；将来，美国甚至可能承认新中国，以便派人搞破坏工作，必须提高警惕。③ 胜利前夕，中

---

① *Documents on British Policy Overseas*：Communications with communists in Mukden via Hong Kong：Establishment of Diplomatic Wireless Service at Hong Kong, January-March 1949（Folder 1），1949，p. 60.

② *Documents on British Policy Overseas*：Communications with communists in Mukden via Hong Kong：Establishment of Diplomatic Wireless Service at Hong Kong, January-March 1949（Folder 1），1949，p. 19.

③ 胡乔木：《胡乔木回忆毛泽东》，人民出版社 1994 年版，第 537 页。

共中央认为种种迹象表明"右派反对派"已经替代国民党成为未来美国在中国的主要操纵对象。此时从革命内部加以破坏成为中共中央认识美国干预的另一个角度,而这被视为美国在中国进行外交活动的潜在目的。

与中共外交政策的目标明确不同,美国此刻的政策更多地表现为在观望中举棋不定。以乔治·凯南为首的国务院政策设计室提出名为《重新审查和制定美国对华政策》的文件,指出:"在现时中国的形势下,潮流是反对我们的,我们有改变航向的需要,或者甚至抛锚停泊,直到我们找到正确的航向。"① 同期,司徒雷登面对中共在东北的大规模进攻以及国民党政府的腐败和分裂,力主总统和国务卿对于美国对华政策作出重新安排,他所认为的政策调整具体倾向于做两手准备。其中,在1948年10月中旬给国务卿的电报中,司徒雷登要求在不直接参与的基础上,加大对国民党的经济和军事的援助以抵抗中共的进攻。就中国国共内战的局势而言,司徒雷登不可避免地预测道,如果以中共为主导的联合政府成立,那么美国政府必须面对承认其政府和被赶出中国的两种选择。正是为了避免"不合胃口"的状况,美国政府应执行其承诺,继续加大对国民党的支援。② 华德事件后,相较美国国内,司徒反应更加强烈,他甚至将在日据时期美国领事馆仍旧被允许使用通信设备作为比较,进一步建议国会向中共抗议,要求"教育中共正确的国际准则"。③尽管如此,11月司徒雷登给国务卿的电报中却提到,如果国共和谈或者共产党进入政府,美国要做的是重新思考在中国的地位,而非直接的不承认政策。④

相对而言,美国留在中国的外交人员对于中共未来与美国关系的发展,存在一些乐观的预期。驻天津总领事在给国务院的信中,毫不掩饰

---

① *FRUS*, 1948, Vol. 8, pp. 146 – 155.
② *Declassified Documents Reference System*, 200494 – i1 – 5 [1], Oct. 22. 1948. 以下简称 DDRS。
③ *FRUS*, 1948, Vol. 7, pp. 838 – 839, 846.
④ *FRUS*, 1948, Vol. 7, p. 852.

其对共产党占领天津的高效和纪律性的深刻印象。驻上海总领事卡博特则向国务院分析"年轻的共产党人由于在西方经济、政治的氛围中接受教育，可能更为重视与英美之间的经济合作，而这将导致中共与西方之间的实际接触"。① 与一线外交人员不同的是，美国国内对中共的态度较为保守。乔治·凯南认为，中国目前的混乱和流血冲突明显是中共主导的，目的在于攻击合法的、被承认的中国政府。② 此时的美国政府在与中共的未来关系处理上没有形成共识，战略性的和现实的考虑能否战胜意识形态上的敌视，以及身处中国的外交人员的建议在美国决策者中产生何种影响，这都有待商榷。

1949年1月，美国大选中杜鲁门赢得连任，作为国家元首，其好斗的和非黑即白的认知方式对美国外交的影响是不可忽视的。杜鲁门自身的反共倾向和国会内来自共和党方面的压力不容忽视，由于缺乏外交经验，在外交决策上杜鲁门更愿意接受他的外交顾问们的意见，如乔治·凯南、艾奇逊等人。国家安全委员会也应运而生，对于美国对中共的认知与决策产生深刻影响。

1949年2月28日国家安全委员会就中国问题的讨论结果对杜鲁门总统进行汇报，针对现状有以下分析：首先中国的大部分将被中共统治；其次革命的胜利必将使中共面临城市和国家建设的种种问题，统治的无序化和各种问题逐步暴露，其中经济领域将最先爆发共产主义理论和中国国内现实之间的冲突，中共要发展经济不得不寻求与西方的贸易往来；同时，中共和苏联的矛盾虽然没有发展，但考虑到苏联在东北、新疆等问题上的表现，中共内的民族主义力量还有待释放，而苏联也开始忌惮中共；尽管如此，美国的处境也不容乐观，北方的新中国对美国充满猜疑和敌意，这种情况将持续很长时间，而能否得到中国国内反共力量的支持，前景还不甚明确，美国要么能够引发一场对抗中共军事力量的革命，要么引导中共的角色和地位使其建成真正独立的国家。而这无疑是

---

① *FRUS*, 1948, pp. 56, 62.

② *FRUS*, 1948, pp. 26 – 27.

一个长期的过程。国安会给出的最终建议是,在没有明确可以对抗中共的力量出现以前,美国应该保持与中国各色分子的接触。在形势更加明朗前,继续承认国民党政府。在任何可行的方面,保持美国文化和情报的官方和私人的程序运转。同时,尽量开发中共和苏联之间任何政治经济领域中的裂痕。① 这份报告综合分析了中国的国内形势和美、苏与中共之间关系的可能走向,为美国接下来的外交决策提供了指导性的框架。

随着内战中中共力量的扩大,美国方面不断解读出新的证据,以此推断中共与苏联必定产生嫌隙。美国驻苏联代办科勒在给国务卿的信中分析道:长远来看,斯大林可能会为被胜利冲昏头脑的顽固的中国"徒子徒孙"在未来是否温顺而忧虑,他们可能会觉得自己非常重要。现在苏联对中国事务的沉默可能暗示新的共产党政权还没有在本质和政策上达成令苏联满意的协议。② 在1949年年初的几个月内,盖洛普民意测验在几次调查中发现,只有少数人主张对中国的共产主义势力扩张采取强硬措施。③ 美国对中共和苏联在未来走向分裂充满信心,并认为自身可以从中得利,以维护在中国的传统利益。

此时,艾奇逊和杜鲁门的外交重点仍是在欧洲与苏联进行冷战对抗,对中共的态度又受到美国国内的反共意识形态的影响,一系列因素导致艾奇逊在对中共的事务上不能有过于剧烈的动作,只能"等待尘埃落定"后再做决定。由于共和党对艾奇逊偏重西方政策的批评以及艾奇逊上任初期仍坚持马歇尔的外交路线,美国受限于其全球战略没有多少转弯的余地,即要重点在欧洲遏制苏联以及国际共产主义的扩张。④

艾奇逊在会见共和党议员时,提到"当森林中有一棵大树倒下,在

---

① *DDRS*, 208383 - i1 - 18 [1], NSC34/2.
② *FRUS*, 1949, Vol. 8, p. 39.
③ [美]邹谠:《美国在中国的失败(1941—1950年)》,王宁、周先进译,上海人民出版社1997年版,第431页。
④ Chen Jian, "The Ward Case and the Emergence of Sino-American Confrontation, 1948 - 1950", *The Australian Journal of Chinese Affairs*, No. 30, July 1993, p. 150.

飞扬的尘埃落定以前，人们无法看清破坏的程度"。① 这便是艾奇逊提出的对华政策的"等待尘埃落定"理论。这反映了美国这一时期的外交调整保持对中国事务的观望态度。美国政坛关键人物均确信中共战后无法巩固统治，如杜勒斯作为两党联立的关键人物便认为，中共解决不了中国的问题，也不能满足大多数中国人的愿望，最终会走向瓦解。甚至到1949 年 9 月，美国远东事务司仍对中共能否巩固统治持保留意见。认为中共毫无建立政权的有效手段和对中共统治的轻视是艾奇逊等人在处理中国事务上的预先设定。

这种观望也表现在此时美国政府处理华德事件的态度上，艾奇逊便认为"在撤回驻奉天领事的事件上美国政府应该慎重考虑"，驻华公使衔参赞克拉克则认为，"如果此时撤回驻奉天领事则正中中共下怀，而且必然不会是光明正大的"，而一旦撤回，美国政府将会发现"美国此时在中国就像在苏联一样，除了在其首都没有其他地方有美国的耳目"。因此克拉克建议可以暂时放弃撤回华德等人，而将他们的滞留解释为另一种对中国的观察，"尽管他们现在没法汇报得到的信息，但是将来肯定具有重要的价值"。艾奇逊指示驻北平总领事口头上向中共高层传达美国的态度，即"在未被承认的地区，他国领事按照国际惯例可以合法执行其领事职责"②，到 1949 年 3 月 18 日，艾奇逊承认从北平和香港两地就奉天领事馆事件与中共高层所进行的接触都没有得到回音，同时派遣两位外交人员到奉天的要求也被中共方面拒绝。③ 此一时期尽管美国在希望通过与中共接触来解决奉天领事一事上频频受挫，面对司徒雷登多次要求撤回驻奉天领事的意见，艾奇逊始终没有同意，他坚持要求各地领事与中共接触，来观察中共的态度，决定在"尘埃落定"后，再考虑驻华领事的去留问题。

---

① 陶文钊：《中美关系史（上）》，上海人民出版社 2004 年版，第 339 页。
② *FRUS*, 1949, Vol. 8, pp. 938 – 940, 943.
③ *FRUS*, 1949, Vol. 8, pp. 947 – 948.

四　有限外交接触与华德事件转型

自 1949 年 1 月至 7 月，面对国内外形势的发展，中共在未来外交战略上已经做出了初步的决定。其间，中共在与苏联密切来往的过程中，仍未完全放弃与美国建立外交关系的希望。在 4 月 28 日给总前委的电报中，毛泽东指出，"现美国方面托人请求和我方建立外交关系，英国亦极力想和我们做生意。我们认为，如果美国和英国能断绝和国民党的关系，我们可以考虑和他们建立外交关系的问题"①。1949 年 4 月 30 日根据中国人民解放军总部声明，中国人民政府愿意考虑同各外国建立外交关系，这种关系必须建立在平等、互利、互相尊重主权和领土完整的基础上，并且必须断绝同国民党残余力量的关系。中国政府保护外国侨民的生命和财产的安全，一切外国侨民必须遵守人民解放军和人民政府的法令。②在占领南京后，中共延续其对英美等国坚持采取审慎政策的态度。1949 年 4 月 15 日，中共中央就南京解放后外交问题进行指示，要求对外交事务冷淡处理。中共正式申明：对驻南京的各国大使馆、公使馆，我们同他们并无外交关系的理由，不要和他们发生任何正式的外交往来。对大使馆、公使馆及其中人员的安全，应负责保护，不加侮辱。我方人员对各国大使馆、公使馆及其中外交人员仍采取冷淡态度，绝不要主动地去理睬他们。而对各国大使馆、公使馆的无线电台亦暂时置之不理，听其与外间通报。③

在解放南京的过程中，发生了解放军进入美国大使馆一事。4 月 25 日有一队中国士兵进入大使馆后门，随后发生了使馆工作人员遭持枪士

---

①　毛泽东：《关于稳住汤恩伯及外交对策问题》（一九四九年四月二十八日），《毛泽东文集》第五卷，人民出版社 1996 年版，第 285 页。
②　黄华：《亲历与见闻——黄华回忆录》，世界知识出版社 2007 年版，第 78—79 页。
③　中央档案馆编：《中共中央文件选集（第十八册）》，中共中央党校出版社 1992 年版，第 233—234 页。

兵拦截等事件，对此，艾奇逊要求驻北京、天津领事向中共高层抗议。司徒雷登在给国务卿的电报中汇报，此时与解放军负责人或是高层外交人员的接触努力都被严厉地回绝，没有高层的命令底层官员不会采取行动和商谈外交事务。① 5 月初在司徒雷登与军管会中处理对外事务的陈英通话后，大使馆周边的警戒随之撤销，军管会方面是得到了中央的指示。其实，早在 27 日，中共就此事对总前委作出了批评，认为"此事必须立即引起注意否则可能出大乱子"。最大的可能就是美国以此为借口，进行直接的军事威胁，为避免此种情况的发生，中共中央谨慎和避免冲突的处理原则再一次得到重申。中共中央发表声明，对各国驻华大使馆、公使馆、领事馆及其他外交机关进行保护工作。同时对于此次突发事件，中央要求一切有关外侨事件必须事先请示，不得擅自行动，严防敌特和外国间谍之挑衅。②

美国方面，司徒雷登对于中共拥有民族主义的倾向坚信不疑，使得他致力于在与中共的交往中启发这种倾向，迫切希望在此事上有所作为。在艾奇逊等人看来，司徒雷登对中共的认识太过幼稚。而司徒雷登滞留南京的行为在中共看来，是美国出于希望建立外交关系的安排，因此尝试通过与司徒雷登接触来考察美国的态度，成为中共在南京的首要外交工作。针对于此，周恩来派黄华去南京外事处工作，并作为燕京大学校友与司徒雷登进行私人接触，特别注意了解美国政府的对华政策和态度，并要求黄华事事谨慎，多请示报告。③

美国国内对于司徒雷登与黄华的接触反应平平，艾奇逊致电司徒雷登，提醒他，国务院认为与中共接触最重要的考虑是为交换彼此意见提供实际的通道，而非使中共解读为美国对其采取承认政策。司徒雷登也同意这一点，他在给艾奇逊的回电中声明了与中共接触的几点注意事项，

---

① FRUS, 1949, Vol. 8, pp. 724 – 726, 728 – 729.
② 中央档案馆编：《中共中央文件选集（第十八册）》，中共中央党校出版社 1992 年版，第 246—247 页。
③ 黄华：《亲历与见闻——黄华回忆录》，世界知识出版社 2007 年版，第 79 页。

除他与黄华会谈中提到的承认中共政权的条件外，即得到国家民众的普遍拥护和承担国际义务等，他还认为目前仍应该坚持与国民政府的条约关系和对国民政府的承认；而考虑到国民政府一旦消亡，则与中共的接触也只限于保护美国的财务、福祉。① 从艾奇逊和司徒雷登的态度中似乎感受不到"美国对华政策的转变"，相对毛泽东对中共与美国大使之间接触的关心程度，艾奇逊的态度明显是不温不火的。1949 年 4 月至 7 月，中共对于与美国建立外交关系的接触尝试没有得到明确的结果。同时，刘少奇访苏带回的与苏联关系的重大进展使得在毛泽东看来，与美国建立外交关系变得无足轻重。与美国、苏联两方的分别接触所反映的成效，导致了中共在此阶段明确了新中国成立初期的外交决策。而这一决策结果通过 1949 年 6 月搁置了半年多的华德事件的新进展得以体现。

5 月 17 日艾奇逊指示司徒雷登利用中共希望得到美国承认的心理，在关闭奉天领事馆一事上大做文章，还威胁如果奉天事件不能尽快解决，将撤走美国的使领馆人员。艾奇逊在给北平总领事的电报中指示"通知中共，除非改变形势，否则美国必将撤回驻奉天领事。从而使中共认识到做出决定前要先考虑到美国的意图"。② 5 月 24 日，司徒雷登就美国决定撤回驻奉天领事一事告知黄华，6 月 9 日司徒雷登又向黄华表示现在处理奉天事件的僵局非常重要，因为如果领事官员没有安全地撤出奉天，他将非常遗憾地离开中国。③ 针对司徒雷登等美国外交人员以中共不承担国际义务为借口拒绝承认中共的做法和司徒雷登在与黄华会谈中表现出的居高临下的态度，毛泽东认为很有必要采取强硬措施以宣示中共在处理对外关系上已经处于主动地位。在 6 月 15 日新政协筹备会议上的讲话中，毛泽东再一次强调如果外国政府断绝同国民党的一切关系则考虑同外国建交的原则，但没有得到美国方面的任何回应。作为对美国利用华德事件大肆攻击的反应，19 日中共中央公布了美国驻沈阳领事馆从事间

---

① *FRUS*, 1949, Vol. 8, pp. 743 – 745.
② *FRUS*, 1949, Vol. 8, pp. 954 – 955.
③ *FRUS*, 1949, Vol. 8, pp. 961 – 962.

谍活动的情况。22日，中共中央指示东北局，不允许沈阳美领事馆任何人员离开沈阳。24日，毛泽东亲自批示公开广播《英美外交——特务外交》一文。①

华德事件上升为间谍案对美国政坛产生很大的冲击。美国院外援华集团成员利用此事强调中共无视国际惯例，使外侨受到屈辱的监禁和暴力，虐待美国外交官。《华盛顿每日新闻》评论美国威望受到损害，因为"我们被人打了一记耳光之后，再转过一面给人打，结果每逢我们这样做时，又挨一巴掌"，该报道还称"任何美国官员在红色的中国都没有任何正当的事好做"。② 国民党势力也利用此事影响美国国内的反共宣传。1949年夏天，孔祥熙次子奔走联系，以"中国银行"名义高价雇了一家公司为其服务，其任务是阻止美国政府承认新中国，手段之一是通过一些报刊在原美国驻沈阳总领事华德被拘留案件上做文章，并大肆渲染美国在华人员如何受"虐待"。而民主党内部迫于国内的压力，将华德事件与司徒雷登的北平之行之间的利害关系平衡后，认为"如果可以，司徒雷登应该乘专机飞抵奉天解救华德等人之后再抵达北平访问周恩来、毛泽东，只有如此才能在亚洲事务上挽回美国的颜面，只有如此才能在美国公众面前为司徒雷登北平之行辩护"。③ 同样针对国内的压力，艾奇逊做出要求司徒雷登不要去北平的决定，在其看来发生了针对奉天领事馆的间谍指控后，任何同中共高层接触的努力都没有意义了。而在中共中央看来，同美国的接触尝试毫无成果，美国是不会承认中共以及与中共建立外交关系的。毛泽东和中共中央在得到来自刘少奇关于苏联将大规模援助新政权建设的汇报后，对于放弃同美国接触和建立关系的决定更加明确。30日，毛泽东决定公开发表"一边倒"的声明，即《人民民主专政》一文，也是在同一天，毛泽东决定正式批准禁止美国新闻处在中

---

① 1949年6月19日、24日《人民日报》，转引自杨奎松《华德事件与新中国对美政策的确定》，《历史研究》1994年第5期，第117页；FRUS, 1949, Vol. 8, pp. 965–968。
② [美] 唐耐心：《艰难的抉择：美国在承认新中国问题上的争论: 1949—1950》，朱立人、刘永涛译，复旦大学出版社2000年版，第88—92页。
③ FRUS, 1949, Vol. 8, p. 768.

国的活动，并对美国驻沈阳总领事馆华德等一干人进行公开审判。① 华德事件一度沉寂多时，到这一时期又再一次成为双方斗争的焦点。1949年6月是中共与美国在新中国成立前接触最频繁的时期，而华德事件的恶化则是双方外交政策碰撞后的结果，也预示双方的外交接触就此中断。

五　华德等人被驱逐出中国

司徒雷登离华后的第三天，艾奇逊发表对华政策白皮书②，主要目的在于应对美国国内对政府"失去中国"的批评。白皮书的发表经过了长时间的准备，杜鲁门和艾奇逊等人对此非常重视，一致认为白皮书的发表应在中国共产党向南推进至广州，预示国民党在中国大陆全面失败之时。与此同时，美国政府开始安排外交人员从中国大陆撤离，青岛、汉口等地的领事均收到艾奇逊关于撤离的通知。③ 白皮书的发表与外交人员的撤离是美国政府对于中国大陆持放弃态度的表现，也是放弃与中共建立外交关系以及拒绝承认中共政权的具体安排。相较其他地区外交人员的撤离，沈阳领事馆华德等人的撤离则复杂得多。

自6月中共公布沈阳领事馆间谍案后，美国政府开始着手安排华德等人的撤离工作，原定于8月17日实现的首批撤离，则由于沈阳与北京之间铁路线中断而无法成行。9月间，美国政府一方面加紧将华德等人的遭遇通过新闻机构在美国国内进行宣传报道，另一方面要求驻北平总领

---

① 杨奎松：《华德事件与新中国对美政策的确定》，《历史研究》1994年第5期。
② 《美中关系白皮书》原形为魏德迈使团报告，美国政府从1949年5月开始准备，至8月5日司徒雷登返美后发表，目的是揭示中国国内现实和国民党政府统治的诸多弊端，以使美国国民理解中国形势的困难和复杂，为美国政府在中国所实施的失败的外交政策做解释。同时白皮书的发表也是美国国内两党联立的结果，艾奇逊和共和党参议员康纳利、范登堡等人对美国远东政策达成一致，即承认国民党在中国大陆的失败以及避免提及台湾问题，由此白皮书获得国会和军方的认同。参见［美］艾奇逊《艾奇逊回忆录》，上海《国际问题资料》编辑组、武协力合译，上海译文出版社1978年版，第180—182页；FRUS, 1949, Vol. 9, pp. 1365 - 1367, 1373 - 1376, 1382, 1392。
③ FRUS, 1949, Vol. 8, pp. 1136 - 1139。

事就华德等人的撤离问题致信朱德、周恩来,希望了解中共中央关于此事态度①。10月中华人民共和国成立,随后周恩来以外交部部长身份向各国驻京外交人员,包括美国的柯勒布送达中央人民政府公告,并附公函表示"中华人民共和国与世界各国建立正常的外交关系是需要的"。② 而此时的美国政府对于与中共建立外交关系没有丝毫的关心,艾奇逊更为关注中共拖延华德等人撤离的行为。艾奇逊认为,"由于中共拒绝在此事上采取行动,便不能期望获得国际声望和国际社会中的任何友好的表示……中共在其统治范围内的种种行为,表明他甚至不愿达到获得国际承认的最低标准"。③ 在艾奇逊看来,中共处理华德事件的态度,是其决定对中共采取何种态度的重要参考。随后发生的华德殴伤沈阳领事馆工作人员姬某及随后华德被逮捕④,使得美国政府对中共的敌视态度达到顶点,华德事件成为美国政府拒绝承认新中国的首要理由。

华德殴伤中国公民被捕的消息促使美国政府将中共的政策与苏联的影响进一步联系起来。北平总领事柯勒布获得情报,"中共关于奉天问题上的政策已经确定无法改变,对周恩来而言在奉天地区的权利与在中国其他地区也存在很大不同,在此需咨询苏联的意见",同时柯勒布受到国务院的指示,于10月31日和11月3日多次致信周恩来,希望获得周恩来的接见,但是没有收到中国官方的任何回信。考虑到苏联在中国东北的影响力,美国转而向苏联寻求华德事件的解决办法,艾奇逊认为应要求苏联为中共不允许华德等人撤离进行解释。而在驻苏联大使柯克看来,就此事求助苏联将毫无结果,反而会给予苏联撇清参与中国事务的机会,苏联方面一旦出于自身利益的需要,指出中共存在明显的证据来羁押华德,则会对奉天领事十分不利。⑤ 美国尝试与中共、苏联接触没有结果,

---

① *FRUS*, 1949, Vol. 8, pp. 978–980.
② 《中华人民共和国对外关系文件集(1949—1950)》,世界知识出版社1957年版,第4—5页。
③ *FRUS*, 1949, Vol. 8, pp. 980–982.
④ *FRUS*, 1949, Vol. 8, pp. 981, 986–988.
⑤ *FRUS*, 1949, Vol. 8, p. 993.

诉诸武力的观点被提上台面。10月底美国政府曾考虑过直接派飞机进入沈阳营救华德等人，巴特沃斯认为派飞机或是武装人员的办法都不可行，毕竟地处内陆的沈阳在中共的严密控制之下，建议采取较为缓和的措施。至11月中旬，伴随美国国内对于华德被中共收押审判的愤怒达到无法控制的程度，杜鲁门主张利用海军封锁中国的沿海至上海的煤炭运输，以迫使中共释放华德。但是考虑到运往上海的煤炭主要走陆路，以及为解救华德与中共发生武力摩擦，将对其他地区美国外交人员撤离中国的工作增加障碍，艾奇逊与国务院远东司劝阻杜鲁门放弃使用武力的想法。军方同样认为应避免派出军队。① 在促成华德等人撤离的几个月中，艾奇逊始终没有重视北平领事柯勒布关于"中共对奉天领事馆通讯的控制出现松动的迹象"，以及"就中共感兴趣的中日贸易等方面与中共接触"②的建议，相反，艾奇逊执意将问题扩大化。11月18日艾奇逊致电30个国家的外长，要求一致抗议中国对华德等人所作的"违背国际关系基本概念"的处置。③ 在他看来，国际关系中的"法律和秩序"面临考验，美国不能承认一个"无法无天"的政府。④ 艾奇逊向美国新闻界强调中共拘捕华德取消了美国承认新中国的任何可能性，将华德等人的遭遇作为美国不承认中国的理由。

艾奇逊利用华德等人的遭遇大造国际舆论，既是为向中共施压，也寄希望以此迫使英国无法自行承认中共，从而实现孤立中国的目的。在华德伤人事件发生前，即1949年9月，艾奇逊在与英国外交大臣贝文和法国外交部长舒曼的会谈中谈道，"我们从最近痛苦的经验里得出相当消极的结论"，"承认是一个徒劳无益的姿态，它对中国共产党人和我们肯定都没有多大意义，只能使别的亚洲国家感到不安"，他的结论是"等待适当的时机，到中国内部发生动乱或中俄之间发生麻烦时才能采取行

---

① *FRUS*, 1949, Vol. 8, pp. 1003 – 1004, 1008, 1011 – 1013.
② *FRUS*, 1949, Vol. 8, pp. 995, 1014 – 1015.
③ *FRUS*, 1949, Vol. 8, pp. 1009 – 1010.
④ 时殷弘：《敌对与冲突的由来——美国对新中国的政策与中美关系（1949—1950）》，南京大学出版社1995年版，第88页。

动"。艾奇逊提出,"希望北约组织国家在政策上协调一致,对共产党中国施加贸易控制"。中共对华德的拘捕和审判使美国获得充足的理由,来影响并动摇英国与中国单独接触的想法。在其后的一次会谈中,艾奇逊指出"中国共产党人对待我们驻沈阳总领事安格斯·华德以及他们对待我们的权利和中国的义务所抱的态度,使我们无法予以承认"。①

考虑到美国对中国的不承认态度,中共认清再无与美国建立外交关系的可能。11月21日,华德与参与殴伤中国雇工的4名外籍职员被判徒刑,缓刑一年,并被驱逐出境。沈阳市人民法院随后又以美国总领事馆指挥和掩护间谍活动为由,宣判将领事馆全体外籍人员驱逐出境。② 至此,持续长达一年的华德事件告终。

结　语

华德事件的发生贯穿了中共取得国共内战胜利和新中国成立初期外交政策确立的关键时期,也串联起美国在国民党政府溃败后对华政策调整的政策过渡期。从1948年年底到1949年年底,历时一年的华德事件伴随中共与美国多次外交互动而发生、发展,最终也伴随双方外交政策的确立而走向仓促的结局。分析华德事件的发展过程,大体上可以总结美国在此一时期对中共的外交政策选择。

美国方面在认清中共的胜利现实时始终带有感性的认识,美国政府在新中国成立前采取的"尘埃落定政策"是消极的。相对于美国在中国事务上的被动消极,英国的"门内一脚"则显得灵活得多,对于所谓探索在北京与苏联之间的潜在裂痕的企图也更加务实。英国留在中国"门

---

① [美]艾奇逊:《艾奇逊回忆录》,上海《国际问题资料》编辑组、武协力合译,上海译文出版社1978年版,第202、217页。
② 《东北日报》1949年11月27日;《新华日报》第一卷第3期,第620—623页。转引自时殷弘《敌对与冲突的由来——美国对新中国的政策与中美关系(1949—1950)》,南京大学出版社1995年版,第96页。

内一脚"的政策逻辑是只有承认新中国才能避免促进中苏联结的加深。而美国的"楔子"战略则寄希望于毛泽东作为一个铁托主义者的可能性并期待由此产生的中苏分裂,相较于英国对既成事实的承认,美国的表现更为情绪化。艾奇逊在白皮书中公开和无理地对中共的侮辱和威胁,在1949年八九月间希望协助非中共控制区的反对力量的观点,以及10月在参议院对外关系委员会的讲话,可以说明他并不是一个对"楔子战略"和中美接触做太多准备之人。①

艾奇逊主导下的美国政府始终关心在中国的传统利益,却又不愿接受共产主义政权统治中国这一现实,其对中共的政策始终模棱两可,即一方面期待中苏分裂,另一方面又认为自身对此无计可施。这种不确定的政策同样在华德事件中得到反映。大致以解放军越过长江攻占南京这一时间点为界,之前就华德事件的发生,美国政府避免公开,有意搁置此事,而之后在与中共的接触中,华德事件被美国政府不断强调并公开宣传,将其作为不承认中共的一大理由。这种态度的转变,原因在于美国政府在国民党军溃败台湾后实现两党联立,并达成全面从中国撤离的政策安排。自始至终美国政府不存在与中共建立外交关系的目标,反而早把中共归为苏联阵营、列为意识形态对手,处处采取敌对的政策。这种放弃中国,拒绝与中共建交的政策选择,与美国国内甚嚣尘上的反共意识形态和冷战思维密不可分。自1949年开始"美国内部用意识形态眼光来看待外交政策的倾向日益增强","到1949年美国出现了一种程度空前的倾向,即把意识形态视为国家行为的根源,而不是它的反映"。中共革命的胜利对美国利益而言,不仅在于共产主义信仰与美国核心价值观截然对立,还在于中国抛弃美式社会制度和意识形态,构成对美国自信心的沉重打击,极大地刺激和触动了美国人的民族主义情感,使其越发

---

① David McLEAN: "American Nationalism, the China Myth, and the Truman Doctrine: The Question of Accommodation with Peking, 1949 – 1950", *Diplomacy History*, Vol. 10, No. 1, 1986, pp. 27 – 30.

愤怒而无法接受。① 不可否认华德事件对于美国国内舆论和民众情绪的极端化产生了巨大的影响。艾奇逊以华德事件为借口不承认新中国表明一个事实，即此时美国政府外交的选择余地非常之小。

追溯 1933 年，美国政府便在是否承认共产政权问题上有过争论。美国高层对拒绝偿付第一次世界大战债务、宣传国际共产主义、在国境之外支持颠覆和革命活动的苏联政权，不愿赋予正式承认。② 用国务卿史汀生的话来说："苏联并未根据国际社会的基本原则行事。"尽管如此，罗斯福总统还是乾纲独断地与苏联建交并承认苏联政权。当时美国政府内部对苏联的指责与 1949 年美国国务院发言人指责"中国共产党违背国际准则"③ 是大同小异的。但是两件事情的结果却截然不同，对于苏联友谊的渴望使得罗斯福通过私人代表，绕过国务院官员，与莫斯科建立外交关系。④ 反观 1949 年的美国政府对于中共的态度则始终保持强硬，坚持不承认共产党政权反而与国民党保持"外交"关系。⑤ 排除时代背景和领导人因素，不难得出结论，1949 年的美国政府受到冷战思维的影响，已经在坚持"非黑即白"的外交决策选择中走得太远而没有转弯的余地。

---

① 王立新：《意识形态与美国外交政策：以 20 世纪美国对华政策为个案的研究》，北京大学出版社 2007 年版，第 334 页。

② ［美］浦洛基：《雅尔达：改变世界命运的八日秘会》，林添贵译，台北时报文化 2011 年版，第 59 页。

③ New York Times, 3 October, 1949, p. 1. 转引自 Chen Jian: "The Ward Case and the Emergence of Sino-American Confrontation, 1948 – 1950", The Australian Journal of Chinese Affairs, no. 30, July 1993, p. 164。

④ ［美］浦洛基：《雅尔达：改变世界命运的八日秘会》，林添贵译，台北时报文化 2011 年版，第 60 页。

⑤ New York Times, 3 October, 1949, p. 1. 转引自 Chen Jian: "The Ward Case and the Emergence of Sino-American Confrontation, 1948 – 1950", The Australian Journal of Chinese Affairs, no. 30, July 1993, p. 165。

THESIS: The Ward Case and US Foreign Policy Choices towards the CCP

Guan Xinxin

Abstract: The Ward case was the first diplomatic contact between the Chinese Communists and the United States, when local Chinese Communist conquered the Northeast of China. The case continued from November 1948 to November 1949, during the period which included events making a series of significant influence on the relationship between the China Communists and the United States. The Ward case is a typical and specific case to analyze the diplomatic interaction and outcome between the CCP and the U. S. This paper focuses on the linear sorting of the foreign policy of the United States towards the CCP in the Ward case, interspersed with the summary of the foreign policy adjustment between the CCP and the United States, in order to clarify the mutual influence relationship between micro historical events, middle-view foreign policy, and even the international situation. This paper is mainly divided into five parts according to the development of the case: combing the CCP and U. S. relations before the explosion of the Ward case, the period the Ward case occurred the initial attitudes and responses of both sides, Sino-US diplomatic temptation and ultimately determination of the foreign policy when Ward was charged as injuries and deported out of China as the ending of the case. By analyzing the process of the Wade case, the conclusion is that the United

States has little alternative on the choice of the foreign policy, with the effect of the international situation of the Cold War and the incompatible ideology factors. The both sides escalated hostility and resistance, ultimately went to the Cold War confrontation.

Keywords: The United States; The Ward Case; The Cold War Confrontation

"帝国铁路"与19世纪英国对印地缘政治经济战略初探

杨于森*

内容提要：面对复杂多变的贸易竞争，维多利亚时期英帝国的铁路战略具有浓厚的地缘政治和地缘经济色彩。在此背景下，东印度铁路公司的建立是英国在南亚次大陆地区推行其"帝国铁路"计划的标志性事件之一。长期以来，学界曾对于19世纪英国"帝国铁路"问题进行过一般性的历史探讨，但是，这类讨论缺少从公司这一类微观视角出发观察和思考英国在这一时期的铁路地缘战略。本文主要基于1906年出版的《东印度铁路史》以及同一时期的相关历史档案，结合铁路地缘政治经济的相关理论，探析19世纪英国的铁路计划与其在全球范围内进行帝国殖民扩张之间的重要联系。

关键词：帝国铁路；东印度铁路公司；地缘政治；地缘经济

19世纪，铁路的出现打破了时间与空间的双重维度，使得人类在陆地排除地理障碍实现跨地区的交流和移动成为可能。铁路作为工业革命的产物，其背后所代表的政治与经济意涵也不断受到关注。正如马克斯·韦伯在其著作中写道，"铁路是记录经济史的最具革命性的工具"。[1]

---

* 杨于森，中国人民大学国际关系学院博士研究生。

[1] Max. Weber, *Wirtschaftsgeschichte: Abriss der universalen Sozial und Wirtschaftsgeschichte*, Munich: Duncker. & Humblot, 1923, p. 255.

在英国修建早期铁路后的不久,蒸汽动力铁路从 19 世纪 30 年代开始从西北欧扩展到亚洲和拉丁美洲。实际上,铁路的变革性影响在不同的时间与空间的表现并不一致。一些国家通过铁路经历了经济爆发式增长,而在另一些国家,其影响则被低估。[①] 英属印度殖民地铁路则明显属于后者。印度殖民地时期铁路的基础设施发展实际与当地的商业化和工业化有关。印度铁路的发展并非突然扩张,英国政府对铁路进行了系统和有计划的发展。其中,东印度铁路公司是印度铁路建设史上第一家铁路公司,其修建的铁路线路从加尔各答到德里,其中一条支线通往拉尼贡格的煤矿,另一条支线则通往孟买的贾巴尔普尔。整个长度为 1369 英里。[②] 可以说,东印度铁路公司的建立是英国开始将铁路作为帝国扩张和殖民手段的标志性事件。对英国而言,19 世纪的铁路建设不仅仅是一个经济现象,更重要的是和英国对于空间地缘政治的构想密不可分。在这一时期世界政治地图中,英国凭借着其在海洋贸易中的巨大优势运用国家权力从欧亚大陆中心向边缘地带延伸,使劳动力和资源能够跨空间流动,与此同时,将铁路系统安插到其海洋力量无法触及的广阔空间中,并将它们与更广泛的全球循环联系起来。在这一问题上,以东印度铁路公司为代表的印度铁路建设是非常典型的案例。

一 东印度铁路公司建立,英国"帝国铁路"兴起的标志

(一)东印度铁路公司建立的历史背景

一般而言,"帝国铁路"是指 19 世纪中叶以来,英国资本主义从自

[①] Dan Bogart, Latika Chaudhary, Alfonso Herranz-Loncán, "The Growth Contribution of Colonial Indian Railways in Comparative Perspective", *Centre for Economic History*, *Research School of Economics*, *Australian National University*, *CEH Dscussion Papers* 033, pp. 1 – 44.

[②] Jyotasana, "Understanding the history of the Development of Railways in Colonial India", *International Journal of Creative Research Thoughts*, Vol. 9, No. 12, 2021, pp. 451 – 468.

由竞争阶段过渡到垄断阶段，国家通过在世界范围内铺设铁路对殖民地进行扩张和统治，制定并落实为自身获得利润的铁路战略和实践。① 这种实践主要对象为英帝国所控制的海外殖民地，出于对财富和安全的考虑，印度便最先被纳入"帝国铁路"的战略实践中。18 世纪末和 19 世纪初，英国对于印度殖民地的军事和商业需求催生了大规模公路和铁路建设以及与之匹配的科学考察的势头，这导致包括工程师、投资人在内的民间人士与英国官方殖民机构的联合考察行动。英国在这一系列考察中，在资本和经验上完成了初次积累。在此背景之下，1845 年，也就是英格兰第一条铁路建成 20 年后，东印度铁路公司成立了。②

从一开始，英属印度殖民地的实际控制者东印度公司，其董事会与东印度铁路公司董事会一致认为，印度从引入铁路系统中获得利益是毋庸置疑的，但是鉴于"印度政治和货币状况不断变化以及伦敦股市没有确定性。因此，在一个如此遥远、当时鲜为人知的国家，为建设如此庞大的国家工程进行初步谈判时，需要非常谨慎"。③ 印度铁路的最终落成，实际上离不开英国海外铁路的推动者罗兰·马克唐纳·史蒂芬孙爵士（Sir Rowland MacDonald Stephenson）。史蒂芬孙对于印度铁路发展起到了关键作用已经成为学界共识。④ 作为 19 世纪英国著名铁路工程企业家和东印度铁路公司的创始人之一，史蒂芬孙很容易受到时代精神的影响。⑤ 史蒂芬孙其本人及家人与印度保持着长期联系，这也导致其在印度实施铁路计划的想法尤为强烈。早在 1841 年，史蒂芬孙就考虑到从加尔各答到布尔德万需要有一条铁路线。为此，史蒂芬孙前往印度，收集有关修

---

① 张晓通：《世界铁路的地缘政治考察》，人民出版社 2022 年版，第 67 页。
② G. Huddleston, *History of the East Indian Railway*, Calcutta: Thacker Spink And Co., 1906, p. 1.
③ G. Huddleston, *History of the East Indian Railway*, Calcutta: Thacker Spink And Co., 1906, p. 1.
④ "Obituary. Sir Rowland MacDonald Stephenson", *Minutes of the Proceedings of the Institution of Civil Engineers*, Vol. 123, Issue 1896 (January, 1896), pp. 451–462.
⑤ 谢彦丽：《英人史蒂芬孙的"中国铁路公司"：初探铁路引介进入中国与 19 世纪铁路的全球传播之间的联系》，《世界历史评论》2022 年第 1 期。

建铁路的邻近地区土地、木材和熟练劳动力可用性的信息。① 随后，由史蒂芬孙领导制订了这一铁路的实施计划。东印度铁路公司于1845年根据这项计划通过相关的修筑协议，但最终这一想法因英国的商业危机而受阻。在同一时期，英印殖民当局还批准了位于孟买的一条线路，三年后批准了分别位于马德拉斯和加尔各答的线路。但这些线路仅仅是作为实验性的铁路而存在。②

1845年年初，东印度公司董事会收到了一份正式起草的公司筹股说明书。该说明书提议筹集100万英镑的资金，用于建设一条从加尔各答开始，向阿拉哈巴德延伸140英里的试验铁路。董事会决定派遣一名经验丰富的工程师，经适当询问后，他提出一些中等长度的方案，作为第一次试验。史蒂芬孙被选为东印度铁路公司的董事兼总经理，也是英国在印实施铁路计划的实际代理人。史蒂芬孙于1845年7月从英国出发，在9月的第一周抵达加尔各答。此时，东印度铁路公司地方委员会任职的人员名单已经公布。随着印度冬季的到来。史蒂芬孙和陪同他从英国赶来的工程师及测量员一行人充分利用了这一季节，对从加尔各答到德里的整个地区的贸易和交通以及自然条件进行了广泛的调查。③

在东印度铁路公司的所有制问题上，其名义上一直保持着私有企业的性质而非政府所直接参与管理的公司。这一方面源于英国在建立铁路公司和海外殖民公司的历史传统，另一方面也是出于史蒂芬孙本人的坚持。作为整个帝国铁路建设的传道者，史蒂芬孙向英印政府寻求并获得了一项公开保证，即英印政府将支持东印度铁路公司铁路线的私人建设。他还努力说服英印政府官员相信印度铁路建设有合理的军事和商业理由。

---

① Hena Mukherjee, "The Early History of the East Indian Railway, 1845 – 1879", Thesis submitted for the Degree of Doctor of Philosophy in the University of London School of Oriental and African Studies, July 1966, p. 8.

② Jyotasana, "Understanding the history of the Development of Railways in Colonial India", pp. 451 – 468.

③ Jyotasana, "Understanding the history of the Development of Railways in Colonial India", p. 17.

在《加尔各答的英国人》一文中,史蒂芬孙认为,东印度铁路公司所修建的铁路最终包括六条连接全国的主要铁路线,这将极大地提高铁路运营的安全性,使印度丰富多样的产品能够从内陆运输到港口,以换取英国的工业产品。幸运的是,对史蒂芬孙而言,无论是英印政府还是伦敦的监管机构,即东印度公司董事会和英国议会控制下的委员会,他们都从未质疑过史蒂芬孙所坚持的前提,即印度的铁路应该像英国一样由私营企业而非国家建设。1848年,为了防止这一地位的任何下滑,史蒂芬孙的东印度铁路公司的声明中就明确强调:从经验表明,政府不能像私营企业那样建造铁路。①

(二)东印度铁路公司与东印度公司之间的从属关系

尽管东印度铁路公司承袭了英国本土铁路公司的特征,以私有形式组建,但是,仅仅从公司所有权归属的角度武断地剥离东印度铁路公司与包括东印度公司和英印政府在内的英国殖民当局之间的从属关系是极不明智的。尽管东印度铁路公司在一开始拥有私人股份制公司的外壳,但实际上是英国殖民公司东印度公司在铁路领域的延伸,东印度铁路公司从成立到修建铁路再到运营,其在印度所享受的特殊权益与几十年后的欧洲国有铁路公司无异。其中典型的例子是在铁路修建过程中习惯性地收购土地,在具体操作上,则是通过强制或者半强制手段实现非自愿转让,这得到了英印政府的默许和支持。

在此基础上,1846年7月,东印度公司建议为加尔各答和德里之间的一条铁路提供100万英镑的捐款。董事会在担保问题上与英印政府持不同意见,他们认为担保对公司的成立至关重要,并建议在东印度公司和东印度铁路公司之间分配所有利润的条件下,将所有支付给国库的款项的4%作为担保。尽管在这一问题上,英印政府迟迟没有做出实质性的让步,直到1847年6月,在东印度铁路公司董事会的进一步讨论陈述以及

---

① Eesvan Krishnan, "Land Acquisition in British India c. 1894 – 1927", A thesis submitted in partial fulfilment of the requirements of the DPhil in Law at the University of Oxford, May 2014, p. 59.

东印度公司的支持下，鉴于当时货币市场状况，英印政府所设的控制委员会勉强同意将担保利率从4%提高到5%，期限为25年。东印度铁路公司的董事们接受了这些条款，并对东印度公司所给予的自由态度表示感激。至此，印度铁路逐渐扩张。① 在扩张的过程当中，印度铁路网的建设和管理涉及英国私营公司、印度私营公司以及印度政府和印度土著所属公司，并逐步形成了八家包括东印度铁路公司在内的铁路公司集团②。这些公司除了修筑连接城市之间的干线铁路线路外，还建造了连接港口和内陆的系列线路，东印度铁路公司是其中的主导力量。③

但是，从东印度铁路公司的建立可以看出，其本质并不是单纯的商业行为，而是集中体现了英国对于印度殖民地的经济与安全的控制。其中最明显的证据来自其与英属印度的实际控制者东印度公司的关系上，即东印度铁路公司的一切业务事实上处于东印度公司的监管和控制之下。从双方在1847年签订的相关合约可以看出：

第一条：东印度铁路公司应向东印度公司国库支付1000000英镑。

第二条：东印度公司应选择一条铁路线路作为试验线；该线路从加尔各答开始，或在加尔各答附近10英里内，并根据东印度公司的选择，形成通往米尔扎波尔或拉贾马尔的线路的一部分。该选定线路由铁路公司完成，并以切实可行的速度开放，用于运送乘客和货物。

第四条：东印度铁路公司应按照东印度公司的指示提供相应坡

---

① C. J. Marshman, "On the cost and construction of the railways in India", *Journal of the Royal Asiatic Society of Great Britain and Ireland*, Vol. 20, 1863, pp. 397 – 405.

② D. Bogart, & L. Chaudhary, "Engines of Growth: The Productivity Advance of Indian Railways in Comparative Perspective, 1874 – 1912", *The Journal of Economic History*, Vol. 73, No. 2. 2013, pp. 339 – 370.

③ Jyotasana, "Understanding the history of the Development of Railways in Colonial India", pp. 451 – 468.

度、重量和强度的钢轨，并提供单线或双线，还应提供电报设施，并执行东印度公司不时发出的所有指示。

第五条：铁路公司应提供良好和充足的工作库存，履行货物和乘客共同承运人的职责，并允许公众按照东印度公司批准的条款使用铁路，以及按照东印度公司批准的票价收取费用。

第六条：铁路公司，其官员和雇员、账目和事务应接受东印度公司的控制和监督，所有费用均应提交其批准。

第八条：铁路及其工程保持良好的维护状态，并使东印度公司满意。

第九条：铁路公司免费运送政府邮件、邮袋和邮局的工作人员，并以降低的票价运送部队和其他指定的政府官员及工作人员。

第十条：这条铁路在99年后成为东印度公司的财产，发动机、车厢、股票、机械和设备都是按估值支付。①

当时的印度，交通以牛车、骆驼等牲畜运输为主，铁路的投入给英属印度的交通带来革命性的改变。英国需要将原材料生产区与出口港口通过铁路连接起来，以促进英国货物以及印度的原材料互通有无。东印度铁路公司的建立事实上为英国银行家和投资者将多余的财富和资本投资于铁路建设开辟了道路。而铁路以及其依附东印度铁路公司所形成的系列条款也在两个重要方面使英国资本家受益。首先，它通过铁路将印度市场与港口连接起来，使大宗商品交易更加安全和有利可图。其次，铁路机车、客车和铁路建设的资本投入来自英国，而投资铁路的英国资本家也得到了政府最低5%的利润保证。这些公司还获得了99年租约的免费土地。尽管铁路的建立是为了英国追求其贸易的优势，但印度铁路时代的到来在国家觉醒中也发挥了重要作用。东印度铁路公司逐步拓展的广泛的交通网络打破了地缘隔绝的空间。英属印度的整体性特征伴随

---

① G. Huddleston：*History of the East Indian Railway*，pp. 7 – 8.

铁路的延伸日渐强化,这加速了印度现代化进程。但是,从另一方面来讲,东印度铁路公司的出现使得英国对印殖民掠夺的效率大大提高,并在一开始就成为承担东印度公司对印实施铁路计划和铁路战略的实际代理人。

二 英国对印铁路战略与印度地缘环境的关系

(一) 关键区域,印度的地理环境特征和地缘定位

在地缘政治学中,地理环境与政治现象之间的互动联系一般被广泛讨论。其中,除地理因素之外,还强调以物质技术和组织技术为代表的技术变量。[①] 作为地缘政治学中的重要分支,地缘经济学所强调的权力是经济权力,空间表现为市场的拓展与占有,以便在国际竞争中,保护国家的利益。[②] 在此语境当中,尤其强调西方发达国家在世界经济体系中的核心主导地位,非西方国家处于边缘地位。这也适用于探讨殖民国家与其殖民地之间的中心—边缘关系的构建,并以此形成与其他发达国家经济体进行竞争的相关政策和战略。[③] 铁路是一个融合地缘经济与地缘政治多重特征的复合载体,囊括了地缘政治与地缘经济中的多重特性,集中体现出一国的对外策略和对外利益考量。

根据马汉的地缘政治学说,对于世界的控制不取决于其占有领土空间的多少而在于对关键区域的控制,这种理论至今仍然适用。[④] 对英国而言,印度是其实现全球控制最为关键的地区之一。而要完成对印度这一

[①] 吴征宇:《作为一种大战略理论的地理政治学》,《史学月刊》2018 年第 2 期。
[②] 熊琛然、王礼茂、屈秋实、向宁、王博:《地理学之地缘政治学与地缘经济学:学科之争抑或学科融合?》,《世界地理研究》2020 年第 2 期。
[③] 熊琛然、王礼茂、屈秋实、向宁、王博:《地理学之地缘政治学与地缘经济学:学科之争抑或学科融合?》,《世界地理研究》2020 年第 2 期。
[④] 陈少华:《国家间博弈中的地缘政治与地缘经济》,《武汉理工大学学报》(社会科学版) 2009 年第 3 期。

关键地区的控制，实现二者在包括经贸在内的紧密联系，就不得不依靠其强大的海上实力。在马汉的学说中，海权对于历史进程和国家繁荣有着巨大乃至决定性的影响，而海洋经济（海外贸易）成为决定一国经济繁荣的关键要素。① 但是，这种力量仅仅连通英国到印度沿海的港口，而无法继续向印度的经济腹地，尤其是无法向资源丰富的棉花及煤炭产区延伸。在传统的陆地运输中，低效、缺乏安全保障的陆上交通条件无法保障殖民国家所需要的资源及时顺利地到达港口，这大大增加了海洋国家的远洋贸易成本，同时，也将海洋强国对于边缘地区的控制局限在沿海港口地区。但是，随着铁路的出现，海上强国在陆地的机动性可以通过铁路进行提升。正如被誉为西方地缘政治之父的哈尔福德·麦金德（Halford John Mackinder）所阐述的那样，"铁路在任何地方都没有像在闭塞的欧亚心脏地带的，像在没有木材或不能得到石块修筑公路的广大地区所发挥的这种效果。铁路在草原上创造了更加伟大的奇迹，因为它直接代替了马和骆驼的机动性"。②

印度作为世界上唯一的次大陆，其本身所处的地理环境具有相当程度的特殊性。印度地理条件的限制导致其内部彼此隔绝。印度内陆幅员辽阔，其间山川、河流、沙漠阻隔，交通困难，导致次大陆内部各地区之间被分割成多个相互隔离和相对独立的"世界"，并常常成为它们之间的自然疆界，使得它们彼此孤立，缺乏政治、经济和文化的交流。③ 这样的区域性地理特征本身存在悖论，一方面印度是欧亚大陆整体的一部分，但另一方面，由于北部喜马拉雅山脉造成的地理位置隔绝导致其在地理上存在分裂，这二者同时影响了印度的历史和行为，并决定了印度与世界接触的性质。④ 这无疑导致英国对于印度的交通控制形成了由海路向陆

---

① 吴征宇：《海权、陆权与大战略，地理政治学的大战略内涵》，《欧洲研究》2010 年第 1 期。
② [英]哈·麦金德：《历史的地理枢纽》，林尔蔚、陈江译，商务印书馆 2010 年版，第 66 页。
③ 杨焰婵：《古代南亚地缘政治特征探析》，《印度洋经济体研究》2014 年第 5 期。
④ G. Huddleston: *History of the East Indian Railway*, p. 17.

路延伸的方式。问题在于，当时的英国对于印度铁路修建的战略意义仍然存在争议。当时铁路还是一项新发明，况且印度距离英国本土很远，在遥远的地方进行一项庞大的铁路计划实际上充满了不确定性和风险。但是，英国国内的支持者十分强调铁路在国家政治、经济和社会生活中的重要性，他们认为，"毫无疑问，无论在哪里，只要铁路通信能够被有利地引入和维持，政府都应该鼓励和合作"。①

一般认为，英国在制定对外战略时，其目标往往并非单一的，而是存在多重属性。比较典型的是实现商业贸易和政治安全二者利益并举。对英国而言，铁路不仅仅是实现经济运输的有效媒介，同时，"铁路始终是英国继海上力量以外维护地缘政治安全，实现战略目标的工具"。② 事实上，由海路出发，通过在印度修筑铁路到达港口以实现海陆并举，借此落实英国的地缘战略，这一点在地缘政治学说的核心人物尼古拉斯·斯皮克曼（Nicholas John Spykman）的论述中就有提到，即"英国的海军力量的外线起于英国，并经过环绕亚欧大陆边缘地带的环形海上通道。大陆心脏地带所处的位置的战略意义，对于英国来说，只有被派往印度边境的军事力量来自英国时，才有意义"。③

（二）实现控制，英国对印铁路战略的政治经济考量

也正是基于这点，英国对于投资印度铁路，将在政治和军事方面的考量放在非常重要的位置，时任印度总督达尔豪西伯爵乔治·拉姆齐（George Ramsay）经常强调铁路干线在行政管理和改善国内安全方面的价值。拉姆齐的扩张和兼并政策与他对铁路的鼓励密切相关。其中，铁路干线的优势在于防御外部侵略。1845—1845 年，来自俄罗斯的恐惧或多或少地存在，并影响了铁路政策。拉姆齐在 1853 年的演讲中认为，尽管

---

① Hena Mukherjee, "The Early History of the East Indian Railway, 1845–1879", p. 14.
② 张晓通：《世界铁路的地缘政治考察》，人民出版社 2022 年版，第 58—59 页。
③ ［美］尼古拉斯·斯皮克曼：《和平地理学——边缘地带的战略》，俞海杰译，上海人民出版社 2016 年版，第 53—54 页。

俄罗斯不太可能直接入侵,但在欧洲体制下,对印度的攻击可能会从阿富汗发起。因此,战略需求在他制定路线时起了重要作用。[1]

事实上,印度作为典型的陆海复合型国家,是否拥有足够的战略资源作为支撑是确保印度"海陆并举"战略成功的关键。[2] 英国实际上清楚地认识到这一点,与维持印度洋航线安全同等重要的是实现印度次大陆战略资源的快速整合。因为,陆地资源是海洋国家推行其海洋战略的力量来源,如果无法保障印度内部的安全与稳定,英国的海洋战略的效果将受到巨大削弱。其中,就保障印度殖民地安全的角度来讲,在印度复杂的交通环境中实现兵力的快速移动和投入是关键,而铁路高效的运输能力会发挥至关重要的作用。可以说,英国对印铁路战略实际上是英国全球海洋战略的重要延伸。在印度铁路出现之前,印度次大陆内部的稳定和安全实际很难得到保证。次大陆西北部的欣杜拉季、苏莱曼、吉尔塔山脉中有开伯尔等山口可以通行。但这些交通要道缺乏防御和保护,成为次大陆周边最为脆弱的安全屏障。[3] 在印度铁路出现之前的传统交通条件之下,来自西北部的游牧文明凭借其高效的机动性对于印度次大陆农耕文明的安全产生巨大威胁,这种传统的具备威胁性的机动性优势在铁路出现之后则受到明显抑制。关于印度的安全,印度学者拉贾·莫汉(Raja Mohan)曾提出了印度的"同心圆"战略思想。他把印度的安全区划分为3层同心圆,其中第一层就是印度的邻国。莫汉认为,印度应当寻求绝对优势,排斥外部大国的插手。[4] 这一战略思想早在英国殖民时期的铁路规划中就可以初见端倪。要实现这一战略思想,其核心在于保证印度陆地边疆抑或是出海港口的安全,通过铁路将重要的边疆要塞、出

---

[1] J. W. Macpherson, "Investment in Indian railways, 1845 – 1875", *The Economic History Review*, Vol. 8, No. 2, 1995, pp. 177 – 186.

[2] 李红梅:《当前印度"海陆并举"战略转向的特征与制约因素》,《印度洋经济体研究》2022 年第 6 期。

[3] 杨焰婵:《古代南亚地缘政治特征探析》,《印度洋经济体研究》2014 年第 5 期。

[4] Mohan C. Raja, "India and the Balance of Power", *Foreign Affairs*, Vol. 85, No. 4, 2006, pp. 17 – 32.

海港口与相应的军事重镇相连,形成整体防御性的交通安全网络。

19世纪英国面临的地缘因素,除了地缘政治方面,自然也包括地缘经济方面。就地缘政治而言,通往印度的道路安全对维护英帝国的安全有着至关重要的作用。但与此同时,只有基于强大的经济实力和军事力量,才有能力实施铁路地缘战略,实现帝国财富和殖民权力之间、殖民领土和金钱贸易之间的互动和转化。① 18世纪末到20世纪初的这段时期,英国在自由贸易主导下发展海外贸易据点,着眼于开拓世界市场,逐步建立了无形的经济帝国。这一时期被称为第二帝国,亦称为"非正式帝国",而对于印度,维多利亚时代的英国人则将其视为"次帝国"。② 对于管理这样的地区,最典型的方式是采取"经济控制的手段"。③

在经济控制方面,铁路在印度开启了一个新的工业时代,打破了印度经济的静态特征,极大地推动了印度的人口流动,并彻底改变了贸易和商业,形成高效的陆海联动。然而,英国公司的主要目标仍旧是在印度开发自然资源和原材料,以满足英国工业革命的需求。通过预先计划的战略,东印度公司使印度成为原材料来源和制成品的有利可图的市场。东印度公司将印度许多腹地确定为原材料仓库。因此,将内陆地区与加尔各答、马德拉斯、科钦、曼加罗尔等主要港口连接起来成为必然。④ 从某种程度上来看,英国实力取决于在印度的殖民和其在东方的优势,印度的重要程度几乎与英国本土齐平。因此,英国在世界上的霸主地位首先取决于英国本土与印度能否安全沟通,这是维多利亚时代政策所维护的英国最高利益。英国垂涎于印度雄厚的农业基础和充足的物资原料,同时也看到了南亚作为麦金德"陆心说"中"世界岛"和斯皮克曼"陆

---

① 张晓通:《世界铁路的地缘政治考察》,第68页。

② Shivshankar Menonindia, *India and Asian Geopolitics*: *The Past*, *Present*, Washington, D. C: Brooklings Institution Press, p. 30.

③ G. A. Barton, B. M. Bennet, "Forestry as Foreign Policy: Anglo-Siamese Relations and the Origins of Britain's Informal Empire in the Teak Forests of Nothern Siam, 1883 – 1925", *Itinerario*, Vol. 34, No. 2, 2010, pp. 65 – 86.

④ Hareet Kumar Meena, "Railway and Famines in British India", *Silpakorn University Journal of Social Sciences*, *Humanities*, *and Arts*, Vol. 16, No. 1, 2016, pp. 1 – 18.

缘说"中欧亚大陆边缘地带中组成部分的地缘政治地位。①

在从贸易到殖民的过程中，英国政府制定了各种手段来维持其霸权，而殖民铁路是大英帝国历史上最大、最重要的投资项目。在自由放任主义的幌子下，英国政府公开支持鼓励投资者在印度引进和扩建铁路。铁路基础设施在理论、政策和实践层面都得到了优先考虑。②但普遍原则都是，这一类的投资计划必须紧密围绕英帝国在印度的政治和经济活动来执行。由于铁路能够提升区域间通达性，加速生产要素的空间流动，促进经济活动重新配置，从而对经济发展产生影响，还能降低区域间贸易成本，提高贸易效率，促进区域经济一体化，因此才可以成为大英帝国控制其海外殖民地的重要工具。③在具体在实践中，英国的一系列政策，即便是类似于铁路建设这一类更具经济属性的行为，其背后的本质始终离不开强大的军力支撑，其践行的外交模式实际上是"炮舰外交"，④并以此努力实现"不列颠治下的和平"。

三 东印度铁路公司建立及英国对印铁路战略的历史影响

（一）从征服到融合，英国对印铁路战略的直接影响

东印度铁路公司的出现，一开始就深刻体现出印度殖民地这一亚欧大陆重要"边缘地带"对于英帝国的地缘战略意义。这不仅仅因为其和东印度公司的紧密联系。更重要的是，东印度公司在实施铁路计划的过程之中，始终将英国的地缘政治和地缘经济需求放在核心的位置。

从某种程度上讲，东印度铁路公司的建立实际上是英帝国的代理人

---

① 陈淑琴、俞源：《英国在印度的铁道政策》，《历史教学》1986 年第 6 期。
② Hareet Kumar Meena, "Railway and Famines in British India", pp. 1–18.
③ 张晓通：《世界铁路的地缘政治考察》，第 60 页。
④ 钱乘旦：《英国通史》，上海社会科学院出版社 2007 年版，第 295 页。

东印度公司在印度推行其国家战略的重要载体。1600年，随着东印度公司创建，英国以贸易特权为突破口开启了对印度的殖民渗透。到1689年，东印度公司已拥有"国家"特性，能自主控制对孟加拉国、金奈和孟买的统治并且拥有强大的、有威胁性的军事力量。在19世纪，一方面，英国通过修建铁路，提升兵员与武器输送能力，成功镇压1857—1858年的印度士兵起义，维持稳定的政治环境；另一方面，英国先后建设了加尔各答前往煤产区和孟买前往棉产区的铁路，并以此连接印度政治中心与经济中心。① 东印度公司通过东印度铁路公司具体施行相关行动也获得了东印度铁路公司高层的认可。在1848年的一份东印度铁路公司的文件中，我们可以发现这样的描述：

> 按照东印度公司的意见，将印度最高政府所在地与西北各省连接起来被认为是非常重要的。同时，由于该国的自然特征，如果不存在任何严重困难，印度第一条铁路的线路应该是从加尔各答通过米尔扎波尔到德里。②
>
> 东印度铁路公司感激"东印度公司对待他们的自由态度"，并表示相信，这项事业"虽然将证明是帝国的一大福祉，但将为个人提供安全和有利可图的投资手段"。③

但是，值得注意的是，和地缘经济目标相比，政治目标是东印度铁路公司进行铁路建设的首要考量。正如英国史学家约翰·赫德（John Hurd）的观点，"到1900年左右，铁路使运输变得更快、更便宜。然而，浪费的资本支出、政府保证的利率和铁路的政治位置共同最终导致了印度经济的'流失'。英国国王优先考虑铁路提供的政治控制，而不是投资于其他基础设施项目，如道路、灌溉技术、农业知识或运河和航

---

① 张晓通：《世界铁路的地缘政治考察》，第71页。
② G. Huddleston: *History of the East Indian Railway*, p. 4.
③ G. Huddleston: *History of the East Indian Railway*, p. 5.

海设备"。① 因为在殖民地受到政治控制之前，铁路通过其运输服务实现经济目标是不可能的。因此，东印度铁路公司的创立者不仅希望改变印度的经济生活，而且希望改变其传统文明的特征。② 在殖民时期的印度，英帝国将铁路运输和旅行的预期效果视为一种特殊的机制，使落后的印度传统社会向规范的现代社会过渡。东印度铁路公司在1846年的一篇官方文章中提到，铁路是"进步的强大引擎"，它将"使沉睡的印度精神从沉睡的岁月、冷漠、迷信和偏见中醒来"。③

一个国家的铁路系统是整个经济结构中最重要和最基本的要素。铁路比任何其他单一的机构或系统都更依赖于整体现代工业和经济生活的结构。毫无疑问，交通是任何国家发展进程中不可或缺的重要基础设施。没有适当的交通和通信手段，任何政府都不可能治理像印度这样的幅员辽阔的国家。东印度铁路公司引入的铁路是英国统治印度的一个值得注意的遗产，它不仅实现了印度不同地区之间的快速交流，也给印度的经济结构带来了深刻的变化。考虑到印度广袤肥沃的平原、土地的低价值和劳动力的廉价，英国的铁路推动者给东印度公司带来了在印度引进铁路的政治和经济压力。这种压力的原因是由于铁路建设的倡议来自上层殖民政府，而不是下层人民。④ 同时，对英国本国的资本市场而言，铁路无疑是一个绝佳的投资方向。自工业革命以来，英国在其货币市场中创造了大量过剩资本，对此，英国货币市场一直在寻求一些有利可图的投资机会。铁路建设再次成为工业革命和资本扩张最重要的目标。在这一时期，无论是英国国内还是全球范围内其他国家，都在不断吸引剩余的

---

① J. Hurd, "Railways", D. Kumar, M. Desai, & T. Raychaudhuri (Eds.), *The cambridge economic history of India. Vol. 2: C. 1757 – c. 1970*, Cambridge: Cambridge University Press, 1983, p. 750.

② D. Thorner, "The pattern of railway development in India", *The Far Eastern Quarterly*, Vol. 14, No. 2, pp. 201 – 216.

③ Ritika Prasad, "Time-Sense: Railways and Temporality in Colonial India", *Modern Asian Studies*, Nol. 47, No. 4, pp. 1252 – 1282.

④ S. Seymour, *Studies in Railway Expansion and the Capital Market in England 1825 – 1873*, London: Taylor&Francis, 1970, p. 46.

英国资本。大量投资涌入一系列的铁路项目当中，这里就包括印度的铁路项目。1844—1847 年，是英国"铁路狂热"的时代，这是一个对铁路证券进行广泛投机的时期。在这一时期，英国铁路投机的普遍特征正如《经济学人》所描述的那样："铁路资产成为我们社会经济中的一个新特征。"①

（二）实现长期依赖，英国对印铁路战略的潜在影响

从某种意义上说，19 世纪下半叶，随着东印度铁路公司的建立，印度的铁路建设完成了经济的彻底殖民化和英国在政治上对这一区域的绝对控制。铁路将昔日孤立的印度，尤其是印度次大陆纵深地区拉入了英国自由贸易帝国主义的网络。但是，尽管英国通过铁路事实上完成了对于印度主要的重要地区的控制，不过对于印度本土而言，这样的控制并没有产生铁路在世界其他国家那样的革命性的积极影响。铁路作为新自由贸易制度的支柱，印度经济非但没有以此实现工业化，反而导致对英国工业的依赖。在这个过程中，印度的许多传统手工艺品消失了。在此基础上，被剥夺了就业机会的工匠开始涌入城市。在那里，几乎没有工业企业为失业者提供工作。更重要的是，这些铁路被用于逐步征服印度市场，为英国工业服务。英国摧毁了印度在世界范围内的手工织机纺织品出口，然后入侵了印度国内市场，摧毁了国内产业。"这种对印度的双重经济冲击标志着英国工业化的开始。"② 1882 年，英国成功地完全取消进入印度的英国商品的关税，而伦敦则对印度人造纺织品征收反补贴消费税，这剥夺了以孟买和艾哈迈达巴德为中心的初级纺织业的保护关税。这严重阻碍了印度的工业化进程，并阻止了以工厂为基础的纺织业的崛起，而当时手工工业已经遭受严重挫折。③ 因此，在殖民地环境中，铁路

---

① G. Huddleston：*History of the East Indian Railway*，p. 34.
② Laxman D. Satya, "British Imperial Railways in Nineteenth Century South Asia"，*Economic and Political Weekly*，Vol. 43，No. 47，pp. 69 – 77.
③ Laxman D. Satya, "British Imperial Railways in Nineteenth Century South Asia"，*Economic and Political Weekly*，Vol. 43，No. 47，pp. 69 – 77.

作为一个技术产物，但事实上却是一个帝国在殖民地的重要战略、防御、征服和行政"工具"，东印度铁路公司实际上成为东印度公司的一个"影子"，印度铁路的中枢也并不在德里或者其他任何一个印度城市，而在伦敦。因此，我们无法在印度铁路的例子中看到类似于德意志地区通过铁路革新所推动的国家统一，反而，铁路技术带来的地缘控制事实上扼杀了印度真正的国家形成。即便这种控制在第一次世界大战之后，随着英国对印政策出现历史性调整，推行以"欧文—霍尔路线"为代表的"希望之策"，[①] 但作为英帝国控制印度的战略性工具，英国对于印度铁路的掌控力度并未得到实质性的放松。

事实上，印度铁路的出现无疑加深了印度经济对于英国的极度依赖。而这种依赖一方面体现在印度旧有的封闭经济被打破，但更重要的是，铁路更加坐实了印度成为资源供给地和农业生产地的地理经济属性。针对英国的经济依赖，德国地缘政治学者卡尔·豪斯霍弗（Karl Haushofer）就指出，"自给自足的国家不太容易控制"，一般而言，农业劳动者不太可能发生动乱。[②] 但是，一旦某一地区的区域性特征逐渐明显时，其对外部的跨区域依赖程度便大大增强。如果我们将注意力集中到东印度铁路公司的运作对其所服务地区的农业发展的影响上，不难发现，19世纪英国的铁路扩张对整个印度农业发展的影响是深远的。印度经济一直以来都是农业经济。然而，在引入铁路和其他交通工具之前，传统交通运输的局限性导致了市场过于有限，专业化并未得到普遍应用。每个单位，主要取决于当地资源，即使在非常有限的时间内，价格也会发生巨大的波动。[③] 同时，由于印度大部分的农业产区处于不同风向的季风带气候，持续不断的季风会导致一系列次生性地理灾害，更重要的是造成不同地区农作物产能的巨大差异。在没有稳定高效的交通工具的情况下，不同

[①] 程子航：《从"欧文声明"看一战后英国对印度政策调整》，《印度洋经济体研究》2015年第6期。

[②] ［美］多尔帕伦：《地缘政治学的世界：行动的地缘政治学》，方旭、张培均译，华东师范大学出版社2021年版，第246页。

[③] Hena Mukherjee, "The Early History of the East Indian Railway, 1845–1879", p. 265.

地区之间，尤其是从丰饶的地区向贫瘠地区快速供应食物的效率大打折扣。这也是历史上印度在粮食丰收之年仍然可能爆发饥荒并引发社会性冲突的重要原因。但是，随着铁路建设的不断拓展，印度区域内产品市场得到极大扩张，并以此推动了专业化生产，在扩大需求的同时也提高了产品的价格，并在一定程度上促进了供应的分配。在便捷的铁路交通运输下，不同地区之间价格呈现一定的趋同，市场整合导致该地区的农产品供应越来越相互依赖。铁路的功能实际上在印度发生饥荒的时期显得尤为明显。而英国所重视的棉花种植产业也受益于铁路的建设，在铁路的推动之下，印度西北部地区的棉花种植产业的专业化程度和产能都得到显著提升，其生产的棉花通过铁路源源不断输往港口，经海路供给英国的棉纺工业。[1]

另一个明显的例子是印度的煤炭产业，19世纪60年代，布尔德万煤田得到了进一步的开发，东印度铁路公司随即将铁路扩建至此，以利用该煤田的煤炭。同时，公司扩大了其在煤炭领域的业务，导致该地区的煤炭产能大大提高。[2] 在这一时期，东印度铁路公司围绕煤炭产区的铁路支线建设迅速且积极，大量的支线贯穿整个煤炭产区。[3] 直到19世纪末，布尔德万煤田所产出的煤炭成为英国全球产业链中重要的一环，除了满足印度本土的需求，也大量向英国国内及其海外殖民地出口。[4]

时至今日，印度庞大铁路网络的基础仍然延续自19世纪后期建设的铁路。虽然印度早已摆脱英国的殖民统治，但其自身"通过地区互联互通实现其地缘战略构想的诉求更加强烈，逐渐呈现陆海统筹、内外整合、辐射印太的格局"。印度启动了包括"国家铁路计划2030"在内的国家铁路计划，[5] 仍然将包括铁路在内的交通基础设施纳入其国家战略性的规

---

[1] Hena Mukherjee, "The Early History of the East Indian Railway, 1845–1879", p. 266.
[2] Hena Mukherjee, "The Early History of the East Indian Railway, 1845–1879", p. 257.
[3] Hena Mukherjee, "The Early History of the East Indian Railway, 1845–1879", p. 259.
[4] Hena Mukherjee, "The Early History of the East Indian Railway, 1845–1879", p. 260.
[5] 楼春豪：《印度的地缘战略构想与地区基础设施联通政策》，《南亚研究》2019年第4期。

划当中。印度在铁路建设和管理方面承袭东印度铁路公司时期相关制度。但是,由于殖民时期的印度铁路战略实际上是作为英国全球性扩张政策的延伸和附庸,对于印度自身的政治经济利益的积极影响并不突出。印度在历史上一直是世界经济的重要组成部分。在过去两千年的大部分时间里,印度一直是世界上最大的经济体之一。莫卧儿帝国曾一度占世界GDP 的1/4。然而,到1947 年,大英帝国将印度的生产量减少到仅占世界GDP 的4%。截至目前,印度也只占世界GDP 的3% 左右。[①] 如今,印度如何通过重塑铁路战略,并且以何种方式实现基于其自身主体的地缘政治和经济的利益诉求,值得我们给予更多的关注。

结　论

19 世纪英帝国的铁路战略带有浓厚的地缘政治和经济色彩。而这种战略的核心是通过铁路加强与印度的联系,实现对印度的进一步控制,使得印度长期处于对英国的经济与政治依赖,以形成稳固的商贸联系。一方面,英国的"帝国铁路"战略依托既有的强大海上力量,为英国在商业贸易中增加砝码,同时借助印度这一"非正式帝国"奠定的商业基础,进一步加强贸易联系,发展经济实力;另一方面,铁路作为一种重要的陆上力量进一步强化帝国的军事力量优势,以陆权辅助海权,势力范围不断由海洋向陆地渗透,以巩固英国在这一地区的绝对安全和霸权优势。[②] 但是,实施铁路战略是需要依靠强大的商业和军事实力作为依托的,尤其是印度处于亚欧大陆的"边缘地带",必须依靠英国强大的海上力量作为依托。因此,进入20 世纪,尤其是第二次世界大战结束以后,随着英国商业实力和海上力量受到重挫,依附其上的铁路战略和对印度的地缘控制也相继瓦解。

[①] Shivshankar Menonindia, "India and Asian Geopolitics: The Past, Present", p. 246.
[②] 张晓通:《世界铁路的地缘政治考察》,第77 页。

本文旨在回到历史考虑特定历史背景，从东印度铁路公司这一微观案例作为分析载体出发，凸显英国在印度的地缘战略考量。但此种尝试也面临着来自学科方法上的巨大风险，历史学对于微观史料的发掘分析和国际政治对于宏观理论的梳理从本质上存在某种对立。基于经济和贸易视角的微观载体是否能够真正清晰有力地说明某种战略问题，这之间的因果联系是否能够得到实证的检验，是笔者在之后的研究中无法规避的重要问题。

"Empire Railway" and Britain's Geopolitical and Economic Strategy to India in the 19th Century

Yang Yusen

Abstract: In the face of complex and changeable trade competition, the railway strategy of the British Empire in the Victorian period had strong geopolitical and geoeconomic colors. In this context, the establishment of the East India Railway Company was one of the landmark events for the British to promote its "Empire Railway" plan in the South Asian subcontinent. For a long time, academic circles have conducted general historical discussions on the issue of the British "Imperial Railway" in the 19th century. However, such discussions lack the observation and consideration of Britain's railway geostrategy during this period from the micro perspective of the company. This article is mainly based on the "History of the East India Railway" published in 1906 and related historical archives of the same period, combined with the relevant theories of railway geopolitics and economy, to explore the significant connection between the British railway plan in the 19th century and its imperial colonial expansion.

Keywords: Imperial Railways; East India Railway Company; Geopolitics; Geoeconomics

情报史研究

美国新闻署情报评估职能的确立及其对苏联的早期评估*

赵继珂**

内容提要： 宣传情报是构建完整情报拼图的重要组成部分，对增加情报评估的完整性和准确性有重要意义。美国新闻署成立后，为了更好地帮助美国开展文化冷战，该机构根据自身特色成立了专门的宣传情报评估机构——研究和情报办公室，由其负责重点对苏东社会主义国家开展了很多宣传情报评估工作。本文在对美国新闻署研究和情报办公室创设过程予以梳理的基础上，系统介绍该机构在创设初期如何评估苏联宣传实力的具体内容，并分析其出现"误判"的原因。

关键词： 美国新闻署；宣传情报；中央情报局；苏联

美国新闻署作为负责美国对外宣传的专属机构，自1953年成立以来就致力于利用其下辖各种宣传机器"向世界讲述美国的故事"。① 近年来

---

* 国家社会科学基金后期资助项目"1945—1963年的美国文化冷战研究"（项目批准号：20FSSB013）和国家社会科学基金特别委托项目（项目批准号：15@ZH009）子课题"冷战时期美国关于中国及其周边国家宣传战的档案整理与研究"（项目批准号：15@ZH009-03-22）的研究成果之一。

** 赵继珂，华东师范大学社会主义历史与文献研究院、历史学系副教授，研究方向为冷战史、国际关系史。

① 在描述其活动内容时，美国新闻署不太愿意将其开展的工作视为是从事宣传，而是选择将其美化成"向世界讲述美国的故事"。

随着文化冷战史研究的兴起，国内外史学界已有多位学者对该机构做过专题研究。① 然而，受考察视角限制，特别是很多研究者先入为主地认为该机构单纯是一个宣传部门，导致已有研究多偏重考察它如何代表美国开展对外宣传和文化交流活动，鲜有学者对其发挥的宣传情报评估职能予以关注。不过，通过细致梳理美国国家档案馆馆藏美国新闻署解密档案资料，可以发现早在美国新闻署成立初期，它便创设了独立的情报评估部门——研究和情报办公室，并由该部门拟定了数量众多的宣传情报评估报告。有鉴于此，本文在还原美国新闻署如何依据机构特色创设独有情报评估部门的基础上，对研究和情报办公室在设立初期围绕苏联宣传实力所作评估开展个案研究，进而探究其情报评估工作开展的得失成败。

一 美国新闻署研究和情报办公室的成立

尽管早在美国新闻署成立筹备阶段，美国决策层便明确要求"各情报机构向其提供制定有效信息政策和方案所需的情报信息"，② 但出于保密考虑或因部门间沟通不畅，该机构从中央情报局等情报机构获取的情报信息极为有限。令问题变得更为严重的是，由于美国新闻署是负责对外宣传的专属机构，工作性质决定了其迫切需要找到诸如它们（主要指苏联）的图书怎么会突然出现在乌拉圭、之后它们又会去哪里、它们正

---

① 相关研究作品如：Kenneth A. Osgood, *Total Cold War: Eisenhower's Secret Propaganda Battle at Home and Abroad*, Lawrence, KS.: University Press of Kansas, 2006; Wilson P. Dizard Jr., *Inventing Public Diplomacy: The Story of the U. S. Information Agency*, Boulder: Lynne Rienner Publishers, Inc., 2004; Nicholas J. Cull, *The Cold War and the United States Information Agency: American Propaganda and Public Diplomacy, 1945 – 1989*, New York: Cambridge University Press, 2008。

② National Archives and Records Administration, College Park, MD, Record Group 306: Records of The U. S. Information Agency（以下简称：NARA, RG 306）, Issues of "The Agency in Brief"; 1/1959 – 1973, Container 1, USIA the Agency in Brief January 1959 Thru USIA the Agency in Brief February 1965, The Agency in Brief, January 1959, p. c – 1。

在推行的政策是什么、它们论争的要点是什么等问题的答案。然而，这些问题却并非其他政府机构关注的焦点，例如，当时美国国务院主要关注外国政府在做什么，而使馆其他部门则专注于它们各自负责的军事、农业及隐秘行动等领域。受此影响，在美国新闻署成立后近半年的时间里，它实际"没有获得任何关于外国特别是苏联的宣传信息"。①

该问题最终引起了时任署长特别助理亨利·卢米斯（Henry Loomis）的关注。在入职美国新闻署前，卢米斯长期在中央情报局任职，重点负责生化战争领域的情报搜集工作。换言之，他熟知情报信息的重要性。结合以前工作经历并对新供职单位存在的问题进行分析之后，卢米斯向署长西奥多·斯特莱伯特（Theodore Streibert）提议构建一套独有的情报研究体系，因为"我们需要通过开展情报活动，以探明苏联及其他敌人的宣传机制和内容"。② 在其看来，美国新闻署完全可以通过将驻海外分支机构不定期发回的报告、搜集的报纸片段以及部分公共事务官员所作汇报等信息整理归档，进而制作出一套有效、有用、有组织和可检索的信息储备系统，以便从中发现有用的宣传情报信息。③ 美国新闻署署长接到卢米斯所提建议之后，尽管并不了解此举究竟会产生怎样的影响，但他却开明地表示"也许你是对的，我不会对此进行制止"。④

1954年春，美国新闻署正式向中央情报局局长提出了构建独立情报

---

① Interview with Henry Loomis, Interviewed by G. Lewis Schmidt, Initial interview date: February 25, 1989, Copyright 1998, ADST.

② Interview with Henry Loomis, Interviewed by G. Lewis Schmidt, Initial interview date: February 25, 1989, Copyright 1998, ADST.

③ 卢米斯之所以有此底气，主要是由于美国新闻署在世界多地设有分支机构，同时它还招募了大量的海外雇员，这就保证了它能够较为容易地获取外国宣传信息。按照美国新闻署第3期《行动评估报告》提供的数据，1954年该机构在世界79个国家设有210家分支机构；而1956年制定的另一份报告提供的数据则是，当年美国新闻署共有1200名美国雇员和7000名当地雇员。有关美国新闻署海外组织架构及人员组成的更多介绍，可参见 NARA, RG 306, Review of Operations Reports; 8/1953 - 12/1971, Container 2, U. S. Information Agency 3rd Review of Operations, July-December 1954, p. 1; Brief for U. S. Information Agency Membership in the IAC, June 4, 1956, CIA-RDP61 - 00549R000100230002 - 8, CIA Records Search Tool, National Archives and Records Administration, College Park, MD（以下简称：CIA-CREST）。

④ Interview with Henry Loomis, Interviewed by G. Lewis Schmidt, Initial interview date: February 25, 1989, Copyright 1998, ADST.

体系的请求。经短暂考察，1954年7月美国情报顾问委员会（Intelligence Advisory Committee，简称 IAC）① 做出回应，批准"美国新闻署成立一个情报部门，以此确保该机构全面利用美国情报界的各种资源"，并据此"研究外国公众的观点和态度，分析敌对国家的宣传活动"。② 美国情报顾问委员会之所以如此支持美国新闻署构建其情报体系，主要是由于它对宣传情报（Propaganda Intelligence）极为看重，认为它"是构建完整情报拼图的重要组成部分，对增加情报评估的完整性和准确性有重要意义"。③

在美国情报顾问委员会看来，宣传情报不仅包括简单搜集可用的宣传信息，"它还必须预估敌人的宣传企图，评估其宣传活动效能，包括对其宣传机构——它的指挥体系、管理、政策、方法和资金进行分析，以及评估自身宣传活动的效能"。④ 应该说，上述界定对美国新闻署后续开展情报活动产生了重大影响。1954年年底，美国新闻署研究和情报办公室（Office of Research and Intelligence，简称 IRI）正式成立，由其重点负责：(1) 从各个层面研究共产党的宣传；(2) 分析影响美国国家利益的外国公共舆论；(3) 评估美国新闻处行动的效果或影响。⑤ 研究和情报办公室下设宣传情报处（Propaganda Intelligence Division，简称 IRI/P）、调查研究处（Survey Research Division，简称 IRI/R）、图书处（Library Division，简称 IRI/L）和信息征集处（Collection Division，简称 IRI/C）四个处室。为了提升美国新闻署的情报搜集能力，1955年6月28日署长斯特

---

① 1947年12月12日，美国国家安全委员会第1号情报指令正式颁布，文件要求建立一个负责向中央情报局局长提供建议的情报顾问委员会，其成员包括来自国务院、陆军部、海军部、空军部、参谋长联席会议以及原子能委员会的情报负责人或他们的代表。有关美国情报顾问委员会与中央情报局关系演变的更多描述，可参见梁志《美国中央情报局的由来及其职能的演变》，《历史教学》（高校版）2009年第10期。

② Brief for U. S. Information Agency Membership in the IAC, June 4, 1956, CIA-RDP61 – 00549R000100230002 – 8, CIA-CREST.

③ Brief for U. S. Information Agency Membership in the IAC, June 4, 1956, CIA-RDP61 – 00549R000100230002 – 8, CIA-CREST, p. 3.

④ Brief for U. S. Information Agency Membership in the IAC, June 4, 1956, CIA-RDP61 – 00549R000100230002 – 8, CIA-CREST, pp. 3 – 4.

⑤ United States Information Agency Office of Research and Intelligence, June 4, 1956, CIA-RDP61 – 00549R000100230003 – 7, CIA-CREST.

莱伯特向所有员工发布指示,"要求其海外分支机构应积极参与跨部门的情报搜集工作,同时所有公共事务官员和其他海外分支机构工作人员应尽最大可能参与情报搜集项目"。在其看来,开展该项工作既有助于美国新闻署总部制订计划和开展活动,同时亦有利于美国新闻署各分支机构具体工作的开展。①

要想开展有效的情报工作,除需要搜集获取情报信息外,准确对其解读研判亦极为重要。然而,对新创设的研究和情报办公室而言,除主任卢米斯对该项工作较为熟识外,几乎没有其他擅长情报分析的职员。为此,卢米斯不得不再次求助于中央情报局,请求允许美国新闻署派遣3名员工参加其于1954年11月举办的情报培训课程。接到卢米斯所提诉求后,尽管中央情报局内部有反对声音,特别是其安全办公室认为由于美国新闻署还不是情报顾问委员会成员,故不应答应其所提要求,但中央情报局高层却认为美国新闻署主要是希望借助美国政府的现有情报设施、通过最小化其资金和人员投入来满足自身需求,故最后特别批示:"允许其员工参加中央情报局的情报培训,以便满足美国新闻署情报部门的基本活动要求。"② 通过接受此次培训,再加之3名受训人员学成归来后又将其所学情报分析技能在部门内部推广,研究和情报办公室员工的情报搜集和分析能力得到快速提升,基本保证了美国新闻署后续情报搜集和研究评估工作的开展。

二 美国新闻署对苏联宣传实力的早期评估

《孙子·谋攻篇》有云,"知己知彼,百战不殆"。通过系统整理美国

---

① NARA, RG 306, 1949 – 1970 General Subject Files (UD-WW 372), Box 605, USIS Participation in Inter-Agency Intelligence Collection, June 28, 1955.
② Permission for USIA Intelligence Officers to Take CIA's Basic Intelligence Course, October 27, 1954, CIA-RDP80R01731R002600300011 – 3, CIA-CREST.

国家档案馆馆藏美国新闻署解密档案可以获悉，研究和情报办公室创设之后，出于知己知彼的考虑，它快速启动了相关的情报评估工作，例如仅1955年上半年它就制作了大约150份研究报告，重中之重就是考察和评估苏联及其他社会主义国家的宣传能力。① 然而，评估结果却令美国新闻署大失所望，特别是对美苏宣传体系、宣传经费投入以及宣传策略手法等内容两相对比之后，认为苏联在文化冷战领域对美国构成了严重威胁。

首先，美国新闻署对苏联整齐划一的宣传体系深感忌惮。美国新闻署认为，由于社会体制原因，苏联在国内外构建起了一套整齐划一的宣传体系。具体而言，在国内，苏共"几乎控制了所有媒介和信息"②，苏共中央委员会、苏联最高苏维埃主席团发出某宣传指令后，它既可以动用国内一切可以利用的宣传资源开展对外宣传，又能够集中力量干扰美西方国家的宣传活动；在国外，苏联则通过它在全球范围内构建起的社会主义宣传网络扩大其宣传优势，遍布全球的共产党和共产党联盟组织（Communist front groups）③ 是其开展对外宣传的主力军。尽管当时这些机构大多拒绝承认它们是受共产党指挥领导，但美国新闻署却对此置之不理，坚持认为"它们在共产党宣传阵营中扮演了重要角色"。④ 参考研究和情报评估办公室所作评估，1955年7月1日，美国新闻署署长特意向总统提交《共产党的冷战宣传》报告，明确提出"红色宣传的整体机器使其可以渗透进所有领域和各社会阶层。其对外输出包括成百万的图书、宣传册、传单、海报、电影和广播，它们可以到达世界的每个角落，其

---

① NARA, RG 306, Review of Operations Reports: 8/1953 – 12/1971, Container 2, U. S. Information Agency Forth Review of Operations, January-June, 1955, pp. 6 – 7.

② Gary D. Rawnsley, *Cold-War Propaganda in the 1950s*, New York: St. Martin's Press, Inc., 1999, p. 86.

③ 据其统计，全世界有世界产业公司联盟（World Federation of Trade Unions）、国际学生联合会（International Union of Students）以及国际民主律师联合会（International Association of Democratic Lawyers）等40多个国际共产党联盟组织，这些联盟组织每家发行一份杂志，很多是全球发行。有关美国新闻署对这些国际组织的更多介绍，可参见 NARA, RG 306, Speeches and Manuscripts, 1952 – 1956, Box 2, Communist Propaganda in the Cold War, July 1, 1955。

④ NARA, RG 306, Speeches and Manuscripts, 1952 – 1956, Box 2, Communist Propaganda in the Cold War, July 1, 1955.

巨额花费难以准确估算。此外，它还配备了成百上千经特殊宣传学校培训的受过专业训练的宣传家和鼓动家"。①

其次，美国新闻署对苏联宣传实力的持续快速提升深感恐惧。美国对苏联宣传实力的担忧并非在美国新闻署成立之后才出现。第二次世界大战结束后不久，特别是在讨论是否应该解散战时信息署（United States Office of War Information，简称OWI）时，美国国内便开始涌现出很多宣称美国宣传实力不如苏联的声音，多位美国政要还将此作为美国应该扩大而非削弱对外宣传活动的理由。后来，战时信息署因多种原因最终被裁撤，这无疑导致很多美国政府官员认为美苏之间的宣传实力差距变得更加悬殊。② 艾森豪威尔就任总统之后，为了更好地了解美国对外宣传活动的开展情况，1953年1月24日他下令成立由威廉·杰克逊（William H. Jackson）担任主席的"国际信息活动总统委员会"（The President's Committee on International Information Activities），授权由其负责"调查和评估国际信息政策和政府执行机构的活动"。③ 2月23日，杰克逊委员会的最终调查报告出炉，明确提出"虽然美国国民收入是苏联的3.8倍，但苏联用于公开宣传的花费大约是美国的40倍"。④ 美国新闻署成立之

---

① NARA, RG 306, Speeches and Manuscripts, 1952–1956, Box 2, Communist Propaganda in the Cold War, July 1, 1955.

② 第二次世界大战时期，出于扩大美国战时心理宣传战效能的考虑，1942年6月13日，罗斯福总统通过颁布行政指令成立战时信息署，并由其作为美国在战时实施公开心理宣传战的代表部门。按最初设想，之所以成立战时信息署，主要是出于战争应急目的，战争胜利后就要将其裁撤；此外，美国民众对宣传高度反感，并担心政府操纵新闻事业，因此战后美国国内强烈要求将战时信息署裁撤掉。有关战时信息署成立与裁撤话题的更多介绍，可参见 U. S. Declassified Documents Online, History of the Psychological Strategy Board, p. 8, Item number: CK2349280463; Nancy E. Bernhard, U. S. Television News and Cold War Propaganda, 1947–1960, New York: Cambridge University Press, 1999, p. 34; NARA, RG 306, History of the USIA, Box 7, Vol. 1, Administration History, pp. 1–2。

③ 由于杰克逊担任主席，所以该委员会通常被称作"杰克逊委员会"。有关该委员会的更多介绍，可参见 FRUS, 1955–1957, Vol. IX, Foreign Economic Policy; Foreign Information Program, Washington, D. C.: U. S. Government Printing Office, 1987, pp. 510–511。

④ "The Scope and Nature of Communist Propaganda", February 23, 1953, Box 2, Miscellaneous Reports and Studies, 1952–1953, DDEL. 转引自 Walter L. Hixson, Parting the Curtain: Propaganda, Culture, and the Cold War, 1945–1961, Basingstoke: Macmillan Press Ltd, 1997, p. 25。

后，在评估苏联宣传实力时不仅照单全收前述这些认为美苏实力对比悬殊的观点，甚至还强调苏联因逐年增加宣传经费，使其宣传能力有了更进一步的提升。为了更加直观地了解苏联及社会主义阵营宣传实力的发展变化情况，研究和情报办公室成立后开始定期编制考察共产党在全球开展宣传活动的年度评估报告。①

此外，鉴于冷战初期因铁幕阻隔，国际广播在对外宣传中扮演的角色非常重要，美国新闻署研究和情报办公室还特别开展了另一项工作，即不定期编制"广播和电视的最新发展"评估报告，跟踪考察社会主义阵营国家的广播和电视发展情况。② 经过考察，美国新闻署得出结论，认为苏联的国际广播一直居于世界领先地位，冷战开始后苏联更加重视该宣传渠道，并进一步提升了其对外广播能力。根据美国新闻署提供的数据，莫斯科广播电台（Radio Moscow）及其他共产党广播电台的国际广播时长从1948年的每周528小时快速增加到了1954年的每周1522小时。③ 在其看来，播音时长增加可谓是苏联对外广播能力提升的最好例证。此外，在考察评估苏联国际广播时，美国新闻署研究和情报评估办公室还选择实时监听其具体广播内容，仅1955年上半年，它就制定了诸如"苏联集团广播增加对美国的关注""苏联公开承认对美国之音及其他西方广播进行干扰"等多份情报评估报告。④

最后，美国新闻署对苏联宣传方式和策略的转变深感担忧。论及冷战初期苏联对外宣传基调时，有学者曾提出它是"植根于天堂（苏联）和地狱（资本主义世界特别是其中的超级大国）两极之间，其宣传修辞

---

① NARA, RG 306, Special Reports (S); 1953 – 1997, Container 9, Worldwide Communist Propaganda Activities in 1954, February 15, 1955.
② NARA, RG 306, Research Reports; 1954 – 1956, Container 1, Recent Developments in Radio and Television, March 28, 1955; NARA, RG 306, Research Reports; 1954 – 1956, Container 2, Recent Developments in Radio and Television, May 9, 1955.
③ NARA, RG 306, Press Release; 1953 – 1956, For the Press, No. 92, May 14, 1956.
④ NARA, RG 306, Research Reports; 1954 – 1956, Container 1, Increased Attention to the Americas by Soviet Bloc Radio, March 10, 1955; NARA, RG 306, Research Reports; 1954 – 1956, Container 1, Open and Tacit Soviet Admissions on Jamming of VOA and other Western Broadcasts, April 1, 1955.

充满了自我表扬和恶意指控"。① 具体而言，冷战初期苏联在开展对外宣传时，一方面鉴于"在意识形态方面，马克思主义和苏联标榜的反殖民主义有着广泛的吸引力"，② 苏联极尽所能向第三世界国家开展反殖民主义宣传；另一方面它还选择紧紧抓住美国的弱点展开猛攻，诸如性别歧视、种族歧视等问题都是其攻击的焦点。不过，苏联采用上述过于简单粗暴的宣传方式是否真正奏效却令人存疑。毕竟，按照美国著名心理战专家理查德·克罗斯曼（Richard Crossman）的观点，"上乘的宣传看起来要好像从未进行过一样"，最好的宣传应该是"让被宣传对象沿着你所希望的方向行进，而他们却认为是自己在选择方向"。③ 显而易见，冷战初期苏联的宣传策略明显违背了上述原则，美国新闻署同样认为苏联采用上述宣传策略较易应对。

然而，1953年斯大林逝世之后局势开始出现转变。最具代表性的是，苏联开始调整对美文化交流的态度。有别于第二次世界大战结束后近十年时间里苏联几乎断绝同西方国家间的所有正常人文交流的是，斯大林逝世后苏联开始部分放松对进出苏联的旅游限制，随之而来的就是双方之间人员交流的破冰。据统计，1953—1954年共有101名美国公民进入苏联（实际还有一些美国人是以商业旅行者的身份进入苏联，但因美国驻莫斯科大使馆对此并不了解，它们并没有纳入上述数据）；此外，苏联还投入巨额资金向外输出芭蕾舞和戏剧表演、资助苏联艺术家到许多国家表演，以此扩大其国际影响力。尽管美国在战后初期曾多次提出指控，宣称美国国务院多次尝试扩大同苏联的文化交流活动，但"美国有关文化交流的许多提议要么得不到回应、要么换来冰冷的不明确答复"。④ 后

---

① Gary D. Rawnsley, *Cold-War Propaganda in the 1950s*, New York: St. Martin's Press, Inc., 1999, p. 86.
② ［美］托马斯·帕特森等：《美国外交政策》（下），李庆余译，中国社会科学出版社1989年版，第688页。
③ 王绍光：《中央情报局与文化冷战》，《读书》2002年第5期。
④ 有关战后初期美国尝试与苏联开展文化交流的更多描述，可参见 Yale Richmond, *Cultural Exchange and the Cold War: Raising the Iron Curtain*, University Park: Pennsylvania State University Press, 2003, p. 10。

来，有些美国学者在探究美苏冷战缘起原因时，甚至简单选择将此作为论证苏联应该为文化冷战爆发负责的关键证据。

有意思的是，在苏联主动做出改变之后，美国却"用怀疑的眼光看待苏联的灵活性及其向更加合作、更不具威胁性的政策转向，并将其视为是美国利益的障碍，而非迈向和解的步骤"。① 1955 年日内瓦四国首脑会议召开之后，苏联更加明确表态愿意依据"日内瓦精神"② 来缓和国际紧张局势，进一步扩大同美国等资本主义国家的文化交流活动，但这反而加剧了美国新闻署对苏联宣传策略转变可能带来的危害的疑虑。1955年 8 月 24 日，美国新闻署代署长艾伯特·沃什伯恩（Abbott Washburn）向所有美国新闻处发布通告，特别提示要对苏联新政权发起的挑战高度警觉，因为在斯大林时代"国际问题的对错有很好的定义"，但最近苏联声明"和平共处"以及减少出版和旅行限制，"模糊了许多人脑海中基本的道德和政治问题……这使得我们的工作更加困难、也更有必要"。③ 1956 年 6 月，美国新闻署向国家安全委员会递交年度评估报告，在分析遇到的重大宣传问题时，它特别强调"最重要的发展就是后斯大林时代苏联采取了一系列新战术，旨在以此向海外民众展示新政权的和平倾向，并增加自由世界国家对共产主义制度的尊重"。④ 换言之，美方认为苏联作此调整实际是在变相强化其对美"文化攻势"（cultural offensive）⑤。

---

① Raymond L. Garthoff, *Assessing the Adversary: Estimates by the Eisenhower Administration of Soviet Intention and Capabilities*, Washington, D. C.: Brookings Institute, 1991, p. 9.

② 1955 年 7 月 18 日至 23 日，美、苏、英、法四国首脑在瑞士日内瓦召开第二次世界大战结束后的首次首脑会议，虽然此次会议没有缔结正式条约，但受会议所营造的建设性氛围所鼓舞，"日内瓦精神"随之诞生。它主要是指应该用和平协商的方式来解决国际争端，就是为和缓国际局势而进行坚持不懈的努力，就是积极地以具体行动来加强国与国之间的信任与合作。有关"日内瓦精神"的更多论述，可参见马如龙《维护和发展"日内瓦精神"》，《世界知识》1955 年第 21 期；刘甝《美国与 1955 年日内瓦四国首脑会议》，《湖北大学学报》（哲学社会科学版）2015 年第 4 期。

③ Laura A. Belmonte, *Selling the American Way: U. S. Propaganda and the Cold War*, Philadelphia: University of Pennsylvania Press, 2008, p. 68.

④ DNSA, NSC 5611, Status of National Security Programs on June 30, 1956, June 30, 1956, Part 6, Collection: Presidential Directives, Item Number: PD00480.

⑤ FRUS, 1952 – 1954, Vol. II, National Security Affairs, Part 2, Washington, D. C.: U. S. Government Printing Office, 1984, p. 1774.

三 美国新闻署"误判"苏联宣传实力的原因

表面看来,美国新闻署针对苏联宣传实力所作评估数据翔实、有理有据。然而引人关注的是,上述评估内容经媒体披露之后,在美国国内却引发了很多争议,特别是那些对美苏宣传较为熟悉的美国人士更是直言批评美国新闻署是在故意夸大双方的实力差距。例如,鉴于美国新闻署大肆宣称苏联和中国每年的宣传经费总计为10亿—30亿美元,强调这大约是美国的10—30倍,美国著名作家和工业家尤金·卡索耳(Eugene Castle)便批评称,"苏联和中国的这10亿—30亿美元是其国内所有信息媒介及其整个教育系统的投入总和,然而这些国家所有东西都归政府所有,包括各个级别的报纸、杂志、电影、广播、电视和教育机构。如果美国新闻署将美国私人拥有和合作的交流媒介及其整个教育系统的花费叠加起来,共产党的花费与之相比要少很多。此外,美国也许还要加上每年对外援助花费的50亿美元。"① 令人遗憾的是,尽管美国国内不乏卡索尔这样的理智人士存在,但因当时反共浪潮盛行,这些理智人士提出的反对声音影响极为有限。在后冷战时代,参照美苏双方解密档案史料重新审视该论题,更加验证了美国新闻署对苏联宣传实力所作评估明显存在人为夸大的内容。既然如此,读者可能会提问美国新闻署缘何会出现这些"误判"?详加分析,笔者认为以下几方面原因尤其要引起读者注意。

首先,美国新闻署作为新成立的机构,因自身实力过于弱小对究竟能否战胜苏联缺少信心。尽管艾森豪威尔对美国新闻署寄予厚望,希望它帮助美国在心理宣传领域战胜苏联,但现实却是该机构甫一成立就遇

---

① NARA, RG 306, Biographic Files relating to USIA Directors and Other Senior Officials, 1953 – 2000, Box 1, "How to Win the Cold War": Propaganda will never win the hearts and minds of men, May 2, 1958.

到了严重的财政问题。为节省经费,美国新闻署在成立之后半年内便解雇了 2849 名员工,① 同时其海外办事机构的数量从原有的在 85 个国家设有 255 个减少到在 76 个国家设有 217 个。② 1954 年,该机构的财政拨款与 1953 年相比又缩减了 36%,它只能再次压缩项目、继续裁员,例如仅美国之音一个部门便裁减了大约 25% 的员工……③ 与之相对,苏联政府长期以来对宣传活动都高度重视、宣传经费不断增加④,美国新闻署在开展评估时感到信心不足亦非不可理解。此外,出于对宣传的敌视,美国国内自始至终都对是否应该设有政府主导的宣传机构有不同声音,受此影响,尽管斯特莱伯特致力于推进与其他政府机构的合作,但他最初只获得了"二等行政地位",美国新闻署直到 1955 年才获得国家安全委员会行动协调委员会的成员资格,同时艾森豪威尔直到 1956 年才允许美国新闻署署长参加内阁会议。⑤

其次,美国在其他领域普遍流行的对苏恐惧心理,不可避免对美国新闻署评估苏联宣传实力产生了干扰影响。诚如有学者所言,第二次世界大战后美国人往往把"任何与共产主义有关的事件几乎必然视为危机,

---

① Nicholas J. Cull, *The Cold War and the United States Information Agency: American Propaganda and Public Diplomacy, 1945 – 1989*, New York: Cambridge University Press, 2008, p. 100.

② NARA, RG 306, Review of Operations Reports; 8/1953 – 12/1971, Container 2, U. S. Information Agency 1st Review of Operations, August-December 1953, p. 1; Laura A. Belmonte, *Selling the American Way: U. S. Propaganda and the Cold War*, Philadelphia: University of Pennsylvania Press, 2008, pp. 58 – 59; Nicholas J. Cull, *The Cold War and the United States Information Agency: American Propaganda and Public Diplomacy, 1945 – 1989*, New York: Cambridge University Press, 2008, p. 100.

③ NARA, RG 306, Review of Operations Reports; 8/1953 – 12/1971, Container 2, U. S. Information Agency First Review of Operations, August-December, 1953, p. 1.

④ 准确而言,与冷战时期美苏在其他领域的较量是一场"零和博弈"类似,在文化冷战领域双方同样展开了激烈交锋。诚如苏联领导人斯大林所言,"如果我们党的宣传由于某些原因落后,……那么整个国家和全党工作不可避免要衰败",故冷战时期苏联对宣传活动同样非常重视。有关斯大林对宣传重要性的更多论述,可参见 NARA, RG 306, Speeches and Manuscripts, 1952 – 1956, Box 2, Communist Propaganda in the Cold War, July 1, 1955。

⑤ Laura A. Belmonte, *Selling the American Way: U. S. Propaganda and the Cold War*, Philadelphia: University of Pennsylvania Press, 2008, p. 59.

一种对其基本价值观的可怕的和根本性的威胁"。① 艾森豪威尔上台后上述状况并未出现改观,"从一开始艾森豪威尔政府就将苏联这个竞争对手理解为是根本敌对,并认为其终极扩张目的不会改变"。② 引人关注的是,甚至整个冷战时期美国政府在对社会主义国家进行评估时都倾向于夸大其可能的威胁,后来这一分析模式甚至演变成了一种在美国影响深远的著名理论,即"威胁预期最大化",要求美国应该"对遥不可及的可能性做极端保守的评估以此来保卫国家"。③ 不难想象,美国新闻署作为新成立的机构,在评估苏联宣传实力时,完全摆脱美国社会对苏联整体威胁认知的固有成见的影响和干扰几无可能。当然不排除还有这样一种可能,即美国新闻署自身也乐于如此评估。毕竟,采用此举至少会带来两个潜在好处:其一是防止因误判而低估社会主义国家的宣传实力;其二是假若后续对苏联宣传攻势应对不力,还可以将此用作平息公众不满和摆脱责任的重要理由。当然,其危害同样显而易见,最明显的就是很多时候恰恰是美国自己把自己置入了草木皆兵的困境中。

最后,美国新闻署通过夸大美苏在对外宣传领域的差距,有助于向国会施压谋求获得更多财政拨款。长期以来,受美国民意对宣传敌视的影响,美国国会内有很多议员对宣传活动持敌视态度,致使其宣传经费不断遭到压缩。负责美国对外宣传的国务院官员威廉·波顿(William B. Benton)便曾抱怨:"我们的对外宣传活动引人注目,但与传统防卫方式相比,对外宣传是以美分为单位进行投资,传统防卫是以美元为单位

---

① George McGovern, *A Time of War, A Time of Peace*, New York: Vintage Books, 1968, pp. 179 – 180. 转引自王晓德《美国文化与外交》,天津教育出版社2008年版,第225页。
② 转引自 Walter L. Hixson, *Parting the Curtain: Propaganda, Culture, and the Cold War, 1945 – 1961*, Basingstoke: Macmillan Press Ltd, 1997, p. 89。
③ 美国著名冷战战略专家罗伯特·麦克纳马拉(Robert McNamara)提出了所谓的"威胁预期最大化"理论。有关该理论的更多论述,可参见 John Murray Clearwater, *Johnson, McNamara, and the Birth of SALT and the ABM Treaty, 1963 – 1969*, Dissertation.com, 1999, p. 11; Alain C. Enthoven and K. Wayne Smith, *How Much Is Enough? Shaping the Defense Program, 1961 – 1969*, Santa Monica: RAND Corporation, 2005, pp. 177 – 179。

进行投资。"① 尽管随着冷战升级,有越来越多的美国人认识到了对外信息文化交流活动的重要性,并最终促使美国新闻署成立,但国会中仍有部分官员由于对信息文化交流项目缺少了解,坚持认为美国新闻署开展的工作可有可无,并导致其经费被大幅削减。在此背景下,如何采取正确举措赢得国会官员和美国民众的支持就变得非常重要。

1955 年 3 月 22 日,艾森豪威尔为了给美国新闻署争取到更多活动经费,特意召集举行立法领导人会议(Legislative leaders meeting),美国总统特意向与会人员宣称"苏联用于德国的宣传经费比我们用于整个世界的都多",以此突出美苏宣传经费的投入差距。该论断立即引起了与会官员的兴趣,国会议员哈勒克(Halleck)更是表示,"确信众议院所有成员都对该问题非常感兴趣,但是斯特莱伯特及其下属并没有很好地向众议院展示这一事例"。② 在哈勒克的提醒下,美国新闻署认识到"通过评估共产党的宣传花费,可以很好地展示自由世界所从事这些活动的重要性"。③ 后续,美国新闻署在搜集更多美国同苏联在宣传方面存有差距的数据之后,将其在国会予以呈现,同时相关官员还借助媒体大肆宣传,此举促使国会快速决定增加美国新闻署的活动经费。美国新闻署在 1955 年的经费大约是 8000 万美元,到 1957 年其预算已增加到 1.13 亿美元,艾森豪威尔总统要求 1957—1958 财年将美国新闻署的财政预算增加至 1.28 亿美元。④

---

① Nancy E. Bernhard, *U. S. Television News and Cold War Propaganda*, 1947 – 1960, New York: Cambridge University Press, 1999, p. 70.
② FRUS, 1955 – 1957, Vol. IX, Foreign Economic Policy; Foreign Information Program, Washington, D. C.: U. S. Government Printing Office, 1987, pp. 521 – 522.
③ USIA Memorandum on Communist Propaganda Expenditures, October 9, 1958, CIA-RDP80 – 01446R000100080008 – 1, CIA-CREST.
④ NARA, RG 306, Director's subject Files, 1957 – 58, Administration-Private Enterprise Cooperation, Box 1, The American Factory of Slander and Subversion, March 9, 1957.

结　语

需要提醒读者注意的是，尽管随着时间推移美国新闻署在开展对苏文化冷战过程中越来越占得先机，但该机构却并没有放弃强调美苏在宣传领域存有的差距。1958年1月，美国信息顾问委员会颁布第13次年度报告，明确提出"美国同苏联的大众科技教育差距大约是1年，但就大众宣传来讲其差距则可能有30年。……每年都可以看到共产党增加对外广播时间、对外出版图书、输出电影、文化交流以及其他宣传种类和信息活动……我们应该从现在开始，趁着差距没有进一步拉开前，谋划缩小与他们的差距"。① 就此而言，美国新闻署在研究和情报办公室成立初期评估苏联宣传实力时出现前述偏差，究竟是误判还是有意为之实际仍有探讨的空间。与此同时，讨论该话题背后实际还牵涉到一个更为宏大的争议论题，即美苏究竟谁应该为文化冷战爆发负责。如果单纯依据美国新闻署所作上述评估，苏联貌似应承担更多的责任，毕竟美国新闻署是以一个弱者身份来应对苏联发起的"文化攻势"。但有意思的是，很多美国学者却对此提出质疑，例如美国著名广播电视史研究专家埃里克·巴尔诺（Erik Barnouw）在其作品中便明确提出，"虽然很少有美国人认识到，在文字战争中美国在很多时候比苏联更具有进攻性"。② 抛开这些话题不谈，通过研究美国新闻署对宣传情报的重视，它还向我们展示了一个解读美国在文化冷战领域不断扩大战果的原因。毕竟，在研究和情报办公室成立之后，美国新闻署得以更为系统地评估苏联、中国等社会主义国家的宣传实力，更加明晰地了解世界各国的舆论动向，同时更加准确地把握美国对外宣传的得失成败。

---

① Nancy Snow, *Propaganda Inc.: Selling America's Culture to the World*, 2nd Edition, New York: Seven Stories Press, 2002, p. 39.

② Erik Barnouw, *The Image Empire: A History of Broadcasting in the United States from* 1953, New York: Oxford University Press, 1970, p. 86.

戈利钦事件与安格尔顿的"猎鼠行动"

安洪若[*]

内容提要：冷战期间，美苏两大阵营爆发了激烈的情报对抗。在苏联积极渗透西方的背景下，美国中情局反情报处主管安格尔顿发起了旨在调查苏联潜伏间谍的"猎鼠行动"。受安格尔顿、叛逃间谍戈利钦、情报监督体制以及反情报工作本身的特殊性等诸多因素影响，"猎鼠行动"严重偏离既定目标，对中情局的正常情报工作造成重大影响，严重削弱了中情局对苏进行间谍活动的能力。

关键词：戈利钦；安格尔顿；猎鼠行动；反情报；情报对抗

冷战期间，美苏两大阵营爆发了激烈的情报对抗。苏联积极展开情报攻势，渗透了西方多国情报机构和政府高层。基于全球冷战战略以及在西方阵营遏阻共产主义渗透的考量，美国中央情报局反情报处主管詹姆斯·安格尔顿（James Angleton）于1964年开始对有苏联间谍嫌疑的人员（被称为"鼹鼠"）进行调查，调查范围逐步从中情局内部扩展至盟国政府和情报机构，这一调查也被泛称为"猎鼠行动"（Mole Hunt）。而在"猎鼠行动"启动直至结束的全过程中，苏联叛逃者阿纳托利·戈利钦（Anatoliy Golitsyn）发挥了关键作用，对以中情局为首的西方多国情报机构产生了深刻影响。

---

[*] 安洪若，国防科技大学国际关系学院博士研究生，研究方向为情报史、情报基础理论。

戈利钦事件是冷战情报史中的经典案例，其过程非常复杂，涉及情报战中最复杂、最具艺术性的间谍叛逃和反间谍问题。对戈利钦事件，中国学者鲜有专门研究，只有高金虎等的著作《战略欺骗》简要提及了戈利钦叛逃事件，但碍于篇幅和写作定位，还不够系统和深入。① 国外学术界对该问题进行了广泛探讨，成果较为丰硕。但由于情报工作的保密性，有关戈利钦事件的早期研究，大都通过当事人的口述或回忆资料展开，且具有同质化特点。② 随着相关秘密文件和档案的逐步开放，戈利钦事件的研究取得了新进展。中情局苏联分部前副主管坦南特·巴格利（Tennant Bagley）、中情局前局长理查德·赫尔姆斯（Richard Helms）、中情局苏联分部前主管戴维·墨菲（David Murphy）、中情局首席历史学家大卫·罗巴格（David Robarge）等人基于个人的情报工作经历和中情局档案，对戈利钦事件的来龙去脉展开论述。③ 一批记者尝试从第三视角，更客观地还原戈利钦事件，如美国资深调查记者爱德华·爱泼斯坦（Edward Epstein）和英国广播公司高级记者汤姆·曼戈尔德（Tom Mangold）基于解密档案及其对前情报官员的采访调查，分析了戈利钦的观点理论，并对安格尔顿领导的反情报工作进行了评价。④ 此外，戈利钦根据交给中情局的手稿所整理出版的《熟悉的新谎言》详细阐述了其所谓的苏联"欺骗战略"，并就欺骗战略具体实施的方法论展开了论述，⑤ 戈利

---

① 高金虎、张佳瑜等：《战略欺骗》，金城出版社2015年版，第174—175页。
② 参见［美］戴维·马丁《谍影憧憧》，方叙译，群众出版社1986年版；［英］彼得·赖特《抓间谍的人》，梁于华等译，世界知识出版社1987年版；［英］菲利普·奈特利《谍海风云》，林汉等译，军事译文出版社1988年版。
③ 参见 Bagley T. H., *Spy wars: moles, mysteries, and deadly games*. London: Yale University Press, 2007; Helms R., Hood W., *A look over my shoulder: A life in the Central Intelligence Agency*. San Francisco: Presidio Press, 2004; Robarge D., "Moles, Defectors, and Deceptions: James Angleton and CIA Counterintelligence", *Journal of Intelligence History*, Vol. 3, No. 2, 2003, pp. 21–49.
④ Epstein E. J., *Deception: The Invisible War between the KGB and the CIA*, New York: Simon & Schuster, 1989; Mangold T., *Cold Warrior: James Jesus Angleton: the CIA's master spy hunter*, New York: Simon & Schuster, 1991.
⑤ Golitsyn A., *New lies for old: the communist strategy of deception and disinformation*, London: Clarion House, 1984.

钦的许多观点尽管过于偏激、荒谬，但对于研究其"欺骗理论"如何对中情局产生误导仍具有重要价值。

总体来看，学界虽有不少研究对戈利钦事件及安格尔顿在该事件中发起的"猎鼠行动"有所涉及，但以研究范式而论，既有研究大多是故事性较强的"描述性研究"，而从反情报技巧、欺骗等视角考察事件影响及其深层次原因的更具学理性的"解释性研究"尚不多见，这显然与反情报工作在国家安全工作中的重要地位不相吻合。有鉴于此，本文借助解密档案文件、回忆录、专著等文献资料，全面梳理戈利钦事件的概况，阐述戈利钦主张的阴谋理论，剖析安格尔顿发起的"猎鼠行动"，最后从情报对抗的视角，对戈利钦事件及"猎鼠行动"进行评述，实现历史与理论的有机结合，以期从经典的反情报实践中总结经验教训，提炼关于反情报工作的理性认知。

一　戈利钦事件概述

1961年12月，35岁的克格勃少校军官戈利钦携妻女出现在中情局驻芬兰赫尔辛基站站长弗兰克·弗里贝格（Frank Friberg）的家中，意图寻求政治庇护。这是1958年4月克格勃上校戈列涅夫斯基（Mikhail Golenevski）投靠美国后，[①] 又一位投靠西方情报机构的苏联间谍。在弗里贝格的陪同下，戈利钦一行历时四天，抵达华盛顿，[②] 后长期服务于美国中情局，其间只短暂地访问过伦敦。伦敦之行前后的戈利钦判若两人，其提供的情报内容和质量存在明显差异，前中情局苏联分部主管坦南特·

[①] 巴格利对戈列涅夫斯基事件的经过进行了介绍，参见 Bagley T. H. , "Ghosts of the spy wars: A personal reminder to interested parties", *International Journal of Intelligence and CounterIntelligence*, Vol. 28, No. 1, 2015, pp. 1 – 37.

[②] 大卫·怀斯详细记述了戈利钦从芬兰赫尔辛基到美国华盛顿的四天行程。参见 Wise D. *Molehunt*, *The Secret Search for Traitors that Shattered the CIA*, New York: Random House Incorporated, 1992, pp. 5 – 7.

巴格利因此将其划分为"古老的戈利钦"（vintage Golitsyn）和"变质的戈利钦"（diluted Golitsyn）两个时期。①

（一）初到美国：古老的戈利钦

敌对情报机构之间的渗透一直是情报战中的主要内容。戈列涅夫斯基叛逃时，曾暗示中情局核心可能有苏联"鼹鼠"存在。② 在此背景下，中情局迫切需要确定是否已被克格勃渗透。戈利钦的叛逃无疑为确定美国情报机构的安全状况提供了一个契机。

戈利钦叛逃前供职于克格勃的战略规划部门。1961 年，他化名"伊万·克里莫夫"，前往苏联驻芬兰赫尔辛基大使馆，担任副参赞。③ 据弗里贝格回忆，在他负责的初期审讯中，戈利钦全面阐述了克格勃部署在赫尔辛基的战斗序列，指认了克格勃在当地的所有工作人员，讲述了他领导的一次小规模的反间谍行动。④ 克格勃于 1962 年 1 月向部署在全球的 54 个情报站发出指示，要求采取必要的措施，将戈利钦叛逃的损失降至最低，同时暂停与重要特工的会面。⑤

戈利钦抵达华盛顿四天后，中情局安全办公室高级官员布鲁斯·索利（Bruce Solie）与其会面。然而，戈利钦提供的信息表明克格勃在美国情报机构并未有任何重要的渗透活动，他甚至对索利明确表示，他不认为苏联情报机构对中情局总部进行了所谓的渗透。⑥ 1962 年，在中情局苏

---

① Bagley T. H., *Spy wars: moles, mysteries, and deadly games*. Yale University Press, 2007, p. 58.
② ［美］戴维·马丁：《谍影憧憧》，方叙译，群众出版社 1986 年版，第 122 页。
③ 美国国家档案："不公开"（"Withheld", Mar 29, 1962, 104 - 10169 - 10125），https://www.archives.gov/files/research/jfk/releases/2018/104 - 10169 - 10125.pdf, 2018 - 04 - 26/2022 - 08 - 10。
④ Mangold T., *James Jesus Angleton: The CIA's Master Spy Hunter*, New York: Simon & Schuster, 1991, p. 74.
⑤ Mitrokhin V., *The Mitrokhin Archive: The KGB in Europe and the West*, London: Penguin Press, 2000, p. 1040.
⑥ Mangold T., *James Jesus Angleton: The CIA's Master Spy Hunter*, New York: Simon & Schuster, 1991, p. 75.

联分部情报官员唐纳德·詹姆森（Donald Jameson）安排下，戈利钦获得了与刚刚退休的前中情局局长艾伦·杜勒斯（Allen Dulles）共进晚餐的机会，杜勒斯再次询问戈利钦，中情局是否遭到苏联情报机构的渗透，戈利钦断然否认。① 此次会面的正式报告被归入中情局苏联分部的档案。

戈利钦提供的情报线索数量巨大，涉及 150 余名英国人和近 100 名法国人。巴格利回忆，所有线索被按照国家划分，依次按顺序标记，并与相关友好国家的情报部门共享。由于戈利钦在叛逃前的职位是情报分析员，而非克格勃的一线行动官员，其主要职责是翻译、编辑和准备来自海外特工的报告，因此，戈利钦实际上并不清楚这些克格勃特工的真实身份，仅能提供他经手的各类信息，且线索大都不太精确，一条线索可能适用于多个对象，难以核实。一些人因此批评戈利钦的信息造成了北约国家间的紧张局势，甚至认为制造混乱就是他的目的。然而经办戈利钦案件的官员，确实根据他提供的线索发现了相关的间谍。例如，他直接揭露了北约新闻部法国分部副主任乔治·帕克（George Parker）是克格勃间谍，还帮助揭露了另外三名影响较大的苏联间谍，分别是英国驻莫斯科大使馆的海军官员约翰·瓦萨尔（John Vassall）、前加拿大驻苏联大使约翰·沃特金斯（John Watkins）以及加拿大经济学家休·汉布尔顿（Hugh Hambleton）。② 巴格利指出，戈利钦在叛逃之初，曾努力将事实与自己的推测区分开来，所供述的信息准确、宝贵。③ 这些评价无疑增加了安格尔顿对戈利钦的信任。

作为中情局反情报处主管，安格尔顿一直认为，与苏联情报机构精准且专业的行动相比，西方国家的防御措施显得过于软弱且力不从心。戈利钦声称克格勃工作效率极高，苏联对西方正展开大规模的情报攻势，

---

① Mangold T., *James Jesus Angleton: The CIA's Master Spy Hunter*, New York: Simon & Schuster, 1991, p. 78.

② Mangold T., *James Jesus Angleton: The CIA's Master Spy Hunter*, New York: Simon & Schuster, 1991, p. 75.

③ Bagley T. H., *Spy wars: moles, mysteries, and deadly games*, Yale University Press, 2007, p. 57.

这与安格尔顿的观点不谋而合。因此，尽管当时戈利钦的行政控制权归属于苏联分部，但安格尔顿仍抽出大量时间与戈利钦交谈，并对戈利钦的情报分析能力十分赞赏。① 在安格尔顿的建议下，时任中情局局长约翰·麦康（John McCone）授权戈利钦可以自由进出其办公室，后期戈利钦甚至能够接触中情局苏联分部的绝密情报文件。

（二）重返美国：变质的戈利钦

戈利钦抵达华盛顿几个月后，其所汇报信息的准确性明显下降，办案人员甚至发现他有性格偏执的表现。据中情局局长助理沃尔特·埃尔德（Walter Elder）回忆，到1963年，苏联分部、联邦调查局和国防部均对戈利钦失去了兴趣，甚至作为戈利钦忠实信徒的安格尔顿也与其发生了争吵，原因是戈利钦想要获取中情局在苏联行动的全部文件，这明显超越了安格尔顿的权限。② 戈利钦愈发感到受到了冷落，想到军情五局高级官员阿瑟·马丁（Arthur Martin）发出的长期有效的邀请，决定向中情局申请以新身份定居伦敦。苏联分部认为他们已经榨干了戈利钦掌握的所有情报，便同意了他的请求。③

1963年年初，戈利钦抵达英国。彼时英国的情报部门正处于混乱状态，金·菲尔比（Kim Philby）和乔治·布莱克（George Blake）间谍案对英国情报机构损害巨大，且英国对戈利钦在美国期间的争议问题并不掌握，因此英国对戈利钦的到来寄予很大期望。在伦敦期间，戈利钦参与了英国的

---

① 众议院特别调查委员会（1978年10月5日）：詹姆斯·安格尔顿的证词，House Select Committee on Assassinations, October 5, 1978, Deposition of James Angleton, pp. 48 – 54. 藏于美国暗杀档案研究中心（Assassination Archives and Research Center），https://aarclibrary.org/publib/jfk/hsca/secclass/pdf/Angleton_10 – 5 – 78.pdf。

② Mangold T., *James Jesus Angleton: The CIA's Master Spy Hunter*, New York: Simon & Schuster, 1991, p. 89.

③ Bagley T. H., *Spy wars: moles, mysteries, and deadly games*, London: Yale University Press, 2007, p. 58.

鼹鼠搜捕行动，获准查阅了军情五局近千份秘密文件和机密档案。① 1963年7月，英国《每日电讯报》公开披露一名苏联叛逃间谍正居住在伦敦，报道中并未直接提及"Golitsyn"，而是指出这名间谍名叫"Dolnytsin"。② 性格多疑的戈利钦怀疑这件事是克格勃策划的阴谋，随即于8月返回华盛顿。

戈利钦重返美国后，安格尔顿的反情报处获得了对戈利钦的完全行政控制权。在安格尔顿的大力支持下，戈利钦完成了重要的身份转变，不再是一名简单的苏联叛逃者，而成为中情局一名重要的情报顾问。他仔细研究美国的情报文件，根据自己的经验对此作出判别，并得出结论。然而，戈利钦的情报质量大幅下降，许多情报在他接受苏联分部第一次审查时并未提供，而是在反情报处，他却提供了这些情报，里面充满了投机和猜测。③ 戈利钦甚至提供了与其此前证词完全相悖的观点，不仅认为中情局早已被苏联情报机构渗透，甚至指出北约国家的情报机构均受到了克格勃的渗透。这一观点造成了西方情报集团的高度紧张。

1964年2月，克格勃第二总局的情报官员尤里·诺森科叛逃美国。诺森科的叛逃进一步增加了戈利钦事件的复杂性。两人来自克格勃的不同部门，但两人却都掌握克格勃相同秘密行动的情报；两人汇报的情报内容有着惊人的重合，而诺森科的版本经常与戈利钦的版本不同，表现为否定或转移了戈利钦先前报告所引起的怀疑；戈利钦在叛逃之初就推测克格勃会派双重间谍（Double Agent）来干扰中情局的办案思路，而诺森科在一般案件上提供的情报与戈利钦的信息具有互补性，但在涉及表明中情局内部可能存在苏联渗透间谍的关键案件上，诺森科提供的情报

---

① 参见［英］彼得·赖特《抓间谍的人》，梁于华等译，世界知识出版社1987年版，第394页；Mangold T., *James Jesus Angleton: The CIA's Master Spy Hunter*, New York: Simon & Schuster, 1991, p. 93。

② *Daily Telegraph*（London），July 12, 1963, p. 1.

③ 参见 Bagley T. H., *Spy wars: moles, mysteries, and deadly games*, London: Yale University Press, 2007, p. 58；Epstein E J., *Deception: The Invisible War between the KGB and the CIA*, New York: Simon & Schuster, 1989, p. 80。

与戈利钦相反。① 就一般案件而言，诺森科的证词更为精确，帮助办案人员锁定了多名苏联间谍，如英国驻莫斯科大使馆的海军官员约翰·瓦萨尔、前加拿大驻苏联大使约翰·沃特金斯等。诺森科还证实了戈利钦关于美国驻苏联大使馆中装有窃听器的警告。② 就关键案件而言，如在科夫舒克（Vladislav Kovshuk）案件上，戈利钦指出克格勃高级官员科夫舒克曾于1957年前往美国会见中情局官员爱德华·史密斯并听取了他的汇报，而诺森科则表示科夫舒克前往美国只是为了恢复与此前在莫斯科招募的代号为"安德烈"的密码机械师的联系。③ 这不能不令中情局怀疑诺森科的身份和目的，中情局苏联分部主管戴维·墨菲甚至专门给时任行动分局局长的赫尔姆斯写信，认为诺森科叛逃是苏联为了更长远更重要的目标而专门策划的。事实上，戈利钦和诺森科两人的报告均存在矛盾和争议之处，不仅诺森科的证词存在嫌疑，戈利钦自身的供词也并非完美，办案人员根据其提供的线索追查间谍，往往由于查无实据而不了了之。④ 客观来说，诺森科就苏联的渗透问题向中情局提供了许多已经证实的线索，如果不是多于，至少也不少于戈利钦就鼹鼠和假情报行动提出的所有警告。中情局官员约翰·哈特（John Hart）指出，从情报的数量和质量上看，戈利钦明显不如诺森科。⑤ 但以安格尔顿为代表的反情报官员仍然选择相信戈利钦，并为挫败所谓的苏联欺骗战略坚定地实施"猎鼠行动"。诺森科在该行动中被认定为"双重间谍"，遭到长达三年多的审讯，

---

① Bagley T. H., *Spy wars: moles, mysteries, and deadly games*, London: Yale University Press, 2007, pp. 80 – 92.
② ［美］戴维·马丁：《谍影憧憧》，方叙译，群众出版社1986年版，第192页。
③ 冷战结束后，克格勃官员谢尔盖·康德拉舍夫将军在回忆录中承认，克格勃曾于20世纪50年代完成了对中情局官员爱德华·史密斯的招募，并强调1957年科夫舒克前往美国是为了会见史密斯。参见 A. Kolpakidi and D. Prokhorov, *Vneshnaya Razvedka Rossii* [*Russian Foreign Intelligence*]（Moscow: Olma—Press, 2000），p. 70。巴格利在书中详细阐述了戈利钦和诺森科对科夫舒克前往美国的两个版本的信息，并根据康德拉舍夫的信息，指出在这一问题上，戈利钦提供了真实信息，而诺森科在撒谎。参见 Bagley T. H., *Spy wars: moles, mysteries, and deadly games*, London: Yale University Press, 2007, pp. 80 – 92。
④ ［美］戴维·马丁：《谍影憧憧》，方叙译，群众出版社1986年版，第233页。
⑤ ［美］戴维·马丁：《谍影憧憧》，方叙译，群众出版社1986年版，第197页。

后由于证据不足，于 1968 年被中情局重新认定为可信的叛逃者，在中情局安全办公室担任顾问。①

二　戈利钦的阴谋理论与安格尔顿的"猎鼠行动"

戈利钦的一个核心观点是：苏联于 1959 年制定了欺骗战略，西方多国政府和情报机构已被克格勃渗透。这一观点得到安格尔顿的支持，安格尔顿将反制苏联的欺骗战略作为反情报处"猎鼠行动"的主要任务，这对中情局造成了巨大冲击。

（一）戈利钦的阴谋理论

戈利钦在叛逃美国之初便指出苏联正在实施针对西方的欺骗战略。在与中情局官员的多次汇报中，戈利钦将苏联的间谍活动上升到国家战略的高度，指出苏联克格勃于 1959 年秘密制定了旨在使西方国家陷入虚假安全的欺骗战略，最终目的是瓦解西方阵营。1959 年克格勃在莫斯科召开情报会议，会上克格勃主席亚历山大·谢列平（Alexander Tcherepnin）首次提出了"欺骗战略"。戈利钦参加了这次会议，会后成为克格勃"智库"中的一员。戈利钦将这一欺骗战略称为"谢列平计划"（План Шелепина）。

1969 年，戈利钦将零碎的论点系统化，向中情局提交了一份长达 1200 页的手稿，详细阐述了苏联欺骗战略的制定过程和具体实施的方法论。但该手稿并未引起中情局的重视。随后戈利钦决定将手稿出版，四位戈利钦的支持者——中情局和军情五局的联络人戴·莫布雷（De Mowbray）、军情五局苏联反情报处主管阿瑟·马丁、中情局反情报处行动科科长牛顿·迈勒（Newton Miler）和中苏问题专家瓦萨·格米肯（Vasia

---

① Bagley T. H., *Spy wars: moles, mysteries, and deadly games*, London: Yale University Press, 2007, pp. 197 – 220.

Gmirkin）参与了手稿的编辑工作，并为该书作序。① 1984 年，手稿被命名为《熟悉的旧谎言》出版。全书分为三部分，第一部分系统阐述了苏联欺骗战略和欺骗行动（积极措施）的方法论，第二、三部分试图用苏联的欺骗战略解释冷战期间发生的重大国际事件。该书问世后引起了激烈的争论，有评论家批评戈利钦的观点过于武断和牵强附会。② 但是，根据苏联的解密档案，戈利钦所阐述的苏联欺骗行动的方法论并非空穴来风，戈利钦的理论与克格勃的官方理论学说存在很大程度的契合。

戈利钦声称，在 1959 年苏联召开的情报官员会议上，谢列平指出在与资本主义大国的战略、政治、经济和意识形态斗争中，克格勃仅发挥了消极的镇压作用。他要求赋予克格勃新的政治任务，并强调克格勃要吸取列宁时期"信任行动"③的经验，执行更加积极的欺骗行动，向西方传递虚假情报，歪曲或隐瞒真实信息，隐藏苏联的真实意图和实力，减少西方国家对苏联的恐惧，使其陷入虚假的安全感中，进而扰乱对手的政策，诱使西方对手在不知不觉中为达成苏联的目标作出贡献，最终瓦解西方阵营。④ 戈利钦指出，为了实现这一政治目标，谢列平将克格勃改组为内部和外部克格勃，内部克格勃负责骗局的策划、配合和评估，外部克格勃由必须同外国人联系的人组成，包括克格勃相关人员、宣传人员和海外工作的特工等，他们负责传递虚假信息。⑤ 若该信息属实，这就意味着中情局长期认为的易被策反的许多目标，包括外交官、使馆军事

---

① Golitsyn A., *New lies for old: the communist strategy of deception and disinformation*, Clarion House, 1984, xiii；[英] 菲利普·奈特利：《谍海风云》，林汉等译，军事译文出版社 1988 年版，第 333 页。

② Milivojević M., "The KGB", *Intelligence and National Security*, Vol. 2, No. 2, 1987, pp. 341 – 353.

③ "信任行动" 又称 "托拉斯行动"，是苏联国家政治保安局在 1921—1926 年开展的一项反间谍行动。该行动通过设立一个虚假的反布尔什维克抵抗组织 "君主联盟"，诱使真正的君主主义者和反布尔什维克人员现身，进而帮助苏联国家政治保安局清除反动分子。

④ Golitsyn A., *New lies for old: the communist strategy of deception and disinformation*, London: Clarion House, 1984, pp. 10 – 18.

⑤ Golitsyn A., *New lies for old: the communist strategy of deception and disinformation*, London: Clarion House, 1984, pp. 58 – 65.

随员、情报官员、记者等,实际上都是克格勃传递虚假情报的手段。

　　从方法论的角度看,戈利钦的观点并非没有依据。根据苏联的反情报理论,克格勃使用的虚假信息的类型可分为三种:书面(文件)、口头和示范(演示)。① 书面(文件)欺骗信息指准备向外国情报部门提供的文件信息(如命令、报告、报表、设备数据、笔记、草图、图表、清单、日志、备忘录、协议、信件);口头欺骗信息指通过各种谣言、知名人士的言论、私人的言论、电台广播等来传播旨在用于情报或反情报工作的信息;示范(演示)欺骗信息指事先准备好相关场景和材料(数据),然后将其结合起来提供给指定对象,对象可能是政府代表团的成员、商人、记者、驻苏联的外交官或游客。② 成功实施欺骗行动必须满足以下三条原则:一是结合各种虚假信息手段,创造适当的"传说",掩盖实际计划和意图;二是通过多个独立渠道,利用一切可能的手段向敌人提供虚假信息;三是必须集中统一领导欺骗行动,这可以确保对外国情报部门的行动作出迅速及时的反应。③ 巴格利也指出,克格勃一开始就把向西方情报部门进行渗透,即在敌人阵营中安插"鼹鼠"作为首要任务。④ 克格勃内部出版的官方历史文献也承认,针对西方情报部门的侵略性游戏"取得了最佳效果","我们通过招募西方情报人员来实现这一目标"。⑤

　　因此,就苏联展开欺骗行动而言,戈利钦提供的是真实信息。但戈利钦将克格勃的欺骗行动上升为苏联的国家战略,认为苏联派出内奸和双重

---

① *Basic Problems of Counterintelligence Operation of the State Security Organs of the USSR*, *Part I*, *Directions*, *Methods and Forms of Counter-Intelligence Activity*, Warsaw: Academy of Internal Affairs, 1974, p. 253.

② *Basic Problems of Counterintelligence Operation of the State Security Organs of the USSR*, *Part I*, *Directions*, *Methods and Forms of Counter-Intelligence Activity*, Warsaw: Academy of Internal Affairs, 1974, p. 255.

③ *Basic Problems of Counterintelligence Operation of the State Security Organs of the USSR*, *Part I*, *Directions*, *Methods and Forms of Counter-Intelligence Activity*, Warsaw: Academy of Internal Affairs, 1974, pp. 262 – 263.

④ Bagley T. H., *Spy wars: moles, mysteries, and deadly games*, London: Yale University Press, 2007, p. 133.

⑤ *History of Soviet State Security*, *Chapter 5*, Moscow: Dzerzhinsky KGB Red Banner Institute, 1977, p. 4.

间谍等常规的欺骗行动都从属于具有明显政治性质的欺骗战略,并用欺骗理论解释苏南冲突、中苏关系破裂等重大国际事件,将所有共产主义国家间的矛盾和冲突都理解为是用来欺骗西方的虚假阴谋,这显然是错误的。其所谓的"改组克格勃"的信息,也从未得到其他有力证据的支持。当戈利钦提出这类观点时,他的支持者大幅减少。例如,英国军情五局官员彼得·赖特在60年代初曾是戈利钦及其理论的崇拜者,但当戈利钦企图把他叛逃后发生的事情纳入其理论后,赖特就同他分道扬镳了。①

(二) 安格尔顿的"猎鼠行动"

然而,与赖特等理性派情报官员不同,安格尔顿等反情报宗教激进主义者深深陷入戈利钦编织的克格勃的欺骗理论中。安格尔顿近乎偏执地信任戈利钦,将戈利钦的欺骗理论及其提供的苏联向西方渗透的线索完全应用于反情报工作中,在没有足够证据的情况下就指控同事可能是苏联间谍,这在中情局内部造成了麦卡锡主义一般的氛围。②

20世纪60年代初英国军情六局官员金·菲尔比被确认为苏联间谍后,安格尔顿深受打击。在克格勃积极向西方国家情报机构和政府渗透的背景下,安格尔顿怀疑中情局内部可能也存在苏联的"鼹鼠"。戈利钦的到来进一步印证并强化了安格尔顿的怀疑心理。1961年12月,戈利钦曾提供一条模糊的线索,称有一名代号为"萨沙"的苏联渗透间谍曾在中情局驻柏林分部工作,其名字可能以字母"K"开头,以"-ski"结尾。戈利钦声称萨沙曾经向克格勃提供伪造的身份证件,用以帮助苏联特工偷渡到西柏林。依据戈利钦的线索,中央情报局安全办公室的布鲁斯·索利将目标锁定为中情局官员彼得·卡洛(Peter Karlow)。卡洛于1950—1955年在中央情报局设在西柏林的文件中心工作,其出生时的俄语名字为"Klibanski"。然而,在对其进行全面调查后,

---

① [英] 彼得·赖特:《抓间谍的人》,梁于华等译,世界知识出版社1987年版,第391—392页。

② [美] 洛克·约翰逊:《国家安全情报》,李岩译,金城出版社2020年版,第147页。

联邦调查局和中情局安全办公室未发现卡洛有任何嫌疑，但认知偏见促使安格尔顿并不认为卡洛是清白的，进而直接导致卡洛被迫于1963年从中情局离职。1978年安格尔顿面对国会委员会的质询，承认在调查萨沙的过程中偏离了正确的调查方向，对一名雇员造成了巨大伤害。[1] 在排除彼得·卡洛的嫌疑后，索利继续追查"萨沙"。事后证明，正是戈利钦将索利引向了错误的调查方向，因为其提供的线索与实际情况正好相反，萨沙并未协助苏联特工前往西方，而是协助克格勃揭露秘密潜入苏联的西方特工。在搞清这一情况后，索利最终确定"萨沙"为伊戈尔·奥尔洛夫（Igor Orlov），一名中情局的合同特工，曾化名"Kopaski"。中情局对该案件损失的评估表明，奥尔洛夫只暴露了一些低职级特工，未接触过高级别情报，不掌握中情局官员的真实姓名，也从未在华盛顿的中情局总部工作过，这表明"萨沙"只是一次浅层次渗透，[2] "萨沙"案件就此结案。

然而戈利钦并不认同这一结论，他认为奥尔洛夫不可能独自工作，克格勃肯定招募了管理奥尔洛夫的中情局官员。戈利钦对安格尔顿表示，克格勃的欺骗战略已经开始运作，这决定了苏联必须从中情局内部获得欺骗效果的反馈，苏联分部作为中情局的核心和灵魂，鼹鼠一定潜伏在这里。这促使安格尔顿制订鼹鼠搜捕计划。1964年年底，安格尔顿将这一计划转化为行动。

安全办公室隶属于中情局管理分局，负责调查中央情报局的雇员，中情局反情报处隶属于行动分局，只拥有调查权。为确保鼹鼠搜捕行动顺利进行，反情报处必须与中情局安全办公室和联邦调查局展开协作。[3]

---

[1] 众议院特别调查委员会（1978年10月5日）：詹姆斯·安格尔顿的证词，House Select Committee on Assassinations, October 5, 1978, Deposition of James Angleton, p. 25. 藏于美国暗杀档案研究中心（Assassination Archives and Research Center）, https://aarclibrary.org/publib/jfk/hsca/secclass/pdf/Angleton_10-5-78.pdf.

[2] Mangold T., *James Jesus Angleton: The CIA's Master Spy Hunter*, New York: Simon & Schuster, 1991, pp. 254-258.

[3] 冷战期间的中情局组织架构参见［美］洛克·约翰逊《国家安全情报》，李岩译，金城出版社2020年版，第22、24页。

1964年11月，中央情报局和联邦调查局联合小组成立，安格尔顿将负责该项目的委员会命名为"Honetol"。① 曾参与该项目的安格尔顿的助手牛顿·迈勒表示，"Honetol"委员会的运行始于戈利钦的指控，且保密级别很高，间谍名单的流通范围控制在10人以内。在1978年国会特别调查委员会的报告中，安格尔顿也证实，"Honetol"委员会的调查对象来自戈利钦的分析判断。② 资料显示，"Honetol"委员会对不少于40名的中情局高级官员展开了调查，其中有14人被认定为嫌疑人并接受了严密调查，其余人员则受到了较为松散的审查。③ 然而，"Honetol"委员会的存在时间并不长，在委员会未能将任何一条线索转化为有证据支撑的案件后，联邦调查局局长胡佛（Edgar Hoover）命令手下退出该项目。联合小组遂于1965年4月解散。在联邦调查局退出该项目后，中情局继续开展"猎鼠行动"，涉及范围越来越广，并逐渐波及国外。

第一，英国方面。戈利钦透露，30年代苏联在英国曾招募了著名的"剑桥五杰"。④ 在先后确定包括金·菲尔比等在内的四名情报官员为苏联间谍后，英国情报机构开始对所谓的"第五人"展开调查。戈利钦受邀参加英国的鼹鼠搜捕行动。在看过军情五局向其提供的大量情报文件后，

---

① 该代号由安格尔顿命名，是联邦调查局局长胡佛（Hoover）和戈利钦（Anatoliy）的字母组合。参见 Central Intelligence Agency's (CIA) Studies in Intelligence, Vol. 55, No. 4, 2011, pp. 39 – 55。

② 众议院特别调查委员会（1978年10月5日）：詹姆斯·安格尔顿的证词, House Select Committee on Assassinations, October 5, 1978, Deposition of James Angleton, 藏于美国暗杀档案研究中心（Assassination Archives and Research Center）, https://aarclibrary.org/publib/jfk/hsca/secclass/pdf/Angleton_10 – 5 – 78.pdf。

③ 14名中央情报局官员中有10人的身份已公开，均来自苏联分部：保罗·加布勒、乔治·戈德堡、列夫·戈德法布、彼得·汉夫曼、彼得·卡洛、李·卡波夫、乔治·基塞瓦尔特、理查德·科维奇、戴维·墨菲、亚历山大·索戈洛。以下官员中的一人或多人可能在这14人中（全部人员都是40人中的一员）：彼得·巴拉诺夫斯基、瓦西亚·戈米尔钦、彼得·卡普斯塔、谢尔盖·卡尔波维奇。以下官员属于14人以外的40人组：塔南特·巴格利、戴维·查夫查瓦泽、克莱门特·西萨尔、鲍里斯·伊зек恩、唐纳德·詹姆森、爱德华·朱赫尼维茨、爱德华·诺尔斯、拉塞尔·兰格尔、伦纳德·麦考伊。转引自 Mangold T., James Jesus Angleton: The CIA's Master Spy Hunter, New York: Simon & Schuster, 1991, p. 414。

④ ［英］彼得·赖特：《抓间谍的人》，梁于华等译，世界知识出版社1987年版，第202页。

戈利钦首先对军情五局局长罗杰·霍利斯（Roger Hollis）的手下格雷厄姆·米切尔（Graham Mitchell）提出了怀疑。但在对米切尔进行全面监视后，军情五局未发现任何其可能是苏联间谍的线索。1963 年，戈利钦指出，他在苏联时曾接触过一份关于如何破解克格勃密码的文件，这份文件来自英国军情五局。他据此怀疑罗杰·霍利斯是在军情五局高层活动的间谍嫌疑分子。由于霍利斯曾主管著名间谍潘可夫斯基（Oleg Pankowski）①的案件，因此大多数人对戈利钦的观点持怀疑态度。因为如果霍利斯是苏联间谍，那么潘可夫斯基不可能向西方提供如此之多的高价值情报。为使自己对霍利斯的指控合理化，戈利钦指出，潘可夫斯基自始至终一直处于克格勃的控制之下，言外之意潘可夫斯基是一名假叛逃者，即双重间谍。安格尔顿曾在 1961 年认可潘可夫斯基的叛逃者身份，但在戈利钦作出上述分析后又改变了看法，对潘可夫斯基提出了质疑。②然而，克格勃高级叛逃者戈列涅夫斯基上校则非常明确地指出，潘可夫斯基是一个真正的叛逃者。戈利钦的这一判断也从未得到其他叛逃间谍的证实。在经历一系列调查后，军情五局未能掌握霍利斯是苏联间谍的任何确切证据，于 1966 年停止了对霍利斯的调查。③

　　第二，法国方面。戈利钦透露了几条线索：一个重要的克格勃间谍被安插在巴黎的北约官僚机构内；法国国外情报暨反间谍局已经被一个由大约 12 名特工组成的克格勃间谍团伙渗透，代号为"蓝宝石"；克格勃特工已渗透法国国防部、外交部和内政部高层；克格勃在戴高乐政府内招募了一名高级官员。在安格尔顿的建议下，肯尼迪总统向爱丽舍宫发送了一封绝密信件，警告戴高乐在法国可能有"鼹鼠"，戴高乐遂派遣高级军事情报官员前往华盛顿会见戈利钦。同中情局和军情五局一样，

---

①　奥列格·潘可夫斯基，格鲁乌上校。在古巴导弹危机期间，潘可夫斯基共为美军提供了 5000 份以上的机密情报，为美国赢得古巴导弹危机发挥了关键作用。

②　Mangold T., *James Jesus Angleton*: *The CIA's Master Spy Hunter*, New York: Simon & Schuster, 1991, p. 99.

③　[英]彼得·赖特：《抓间谍的人》，梁于华等译，世界知识出版社 1987 年版，第 398 页。

法国情报部门也向戈利钦提供了大量秘密档案。最终，法国审讯人员梳理出约 40 份档案的可能嫌疑人信息，其中包括 9 名法国最高级别的政府官员、一些军人、一批法国国外情报暨反间谍局的情报官员，以及至少 3 名部长级或接近部长级的政治家①，包括戴高乐总统的安全和情报事务私人顾问雅克·福卡（Jacques Foccart）以及前法国驻莫斯科大使路易·约克斯（Louis Joxe）。戈利钦还将嫌疑指向法国国外情报暨反间谍局副局长伦纳德·胡诺（Leonard Houneau）将军、三号官员乔治·德·拉努里安（Georges Lannurien）上校以及反情报主管雷内·德尔森尼（Rene Delseny）上校。② 用中情局官员的话说，同等的指控会给副局长马歇尔·卡特（Marshall Carter）中将、副局长理查德·赫尔姆斯和反情报处主管詹姆斯·安格尔顿贴上涉嫌克格勃间谍的标签，这种情况足以导致该机构完全瘫痪。时任法国情报机构和中情局联络员菲利普·德沃若利（De Vosjoli）回忆，随着嫌疑名单的增加，法国与美国及其他国家的情报联络逐渐停滞。③ 1962 年 10 月，法国国外情报暨反间谍局新任局长保罗·雅基埃（Paul Jacquier）将军访问美国，中情局高级官员对他直言，你的部门被渗透了……美国将不得不将法美情报关系置于深度冻结状态。④ 然而直到 1963 年秋，法国情报部门仍未能发现任何一个可能是克格勃间谍的官员。随着之后雅克·福卡和伦纳德·胡诺将军等高级官员在法庭上为自己正名，"蓝宝石"案尘埃落定，但安格尔顿和戈利钦在两国及其情报部门之间造成的紧张关系仍未消散，乔治·德·拉努里安上校坦言，美国人把"不和谐的苹果"⑤ 扔到了我们的情报机构中，因为他们，每个人都在互相怀疑。⑥

---

① 参见 John Barry, "The Soviet Spy Close to de Gaulle", *Sunday Times*（London）, "Insight", *Sunday Times*（London）, April 21 and 28, 1968, two parts. John Barry, "Broad Impact of 'Martel' Everywhere but France", *Life*, April 16, 1968。

② De Vosjoli, *Lamia*, Boston: Little, Brown, 1970, pp. 307 – 308.

③ De Vosjoli, *Lamia*, Boston: Little, Brown, 1970, p. 307.

④ De Vosjoli, *Lamia*, Boston: Little, Brown, 1970, pp. 309 – 310.

⑤ 出自古希腊神话，喻指不和谐的根源，争端的事件。

⑥ De Vosjoli, *Lamia*, Boston: Little, Brown, 1970, pp. 312 – 313.

第三，加拿大方面。戈利钦和安格尔顿怀疑加拿大皇家骑警的反情报高级督察詹姆斯·贝内特（James Bennett）是克格勃间谍。原因有两点：一是20世纪50年代至60年代初，贝内特管理的许多案件接连出现了失败；二是安格尔顿怀疑贝内特的情报员奥尔加·法玛科夫斯卡娅（Olga Farmakovskaya）是苏联间谍，并据此将怀疑转移到贝内特身上。尽管军情五局和军情六局对法玛科夫斯卡娅的调查证明她是清白的，但安格尔顿对此并不认同。基于对贝内特的怀疑，安格尔顿指示手下克莱尔·佩蒂（Clare Petty）继续调查。1970年5月，佩蒂向两名加拿大情报官员通报了中情局对贝内特的怀疑。加拿大皇家骑警随即对贝内特秘密采取了"网格行动"（Operation gridiron），即对目标进行表面上的晋升，在不引起目标怀疑的基础上对其进行全面调查。在调查没有进展的情况下，安格尔顿邀请加拿大皇家骑警代表团与戈利钦会面，在阅读完贝内特的全部档案后，戈利钦确定贝内特就是克格勃鼹鼠。之后加拿大皇家骑警进行了一番松散且经不起推敲的调查，随即对贝内特进行正式审讯。然而，审讯结果依旧无法证明贝内特是苏联间谍。一名参与对该案进行复查的中情局官员回忆说，贝内特的身份是干净的，这个结果让正在调查他的加拿大人大失所望。① 尽管如此，在1972年的五国反情报大会上，② 加拿大皇家骑警仍然认为贝内特是间谍，并将这种观点传播到其他国家的情报部门中。安格尔顿离开中情局后，他的继任者乔治·卡拉里斯（George Kalaris）认为贝内特案件中所谓的证据并不具备说服力。他指派助手伦纳德·麦考伊进行再次调查，结果表明，安格尔顿对贝内特案件的分析是草率的，他把本不应该关联在一起的事情联系在一起，在

---

① Mangold T., *James Jesus Angleton: The CIA's Master Spy Hunter*, New York: Simon & Schuster, 1991, p. 291.
② 五国反情报大会（CAZAB）由安格尔顿于1964年创建，包括来自加拿大、澳大利亚、美国、新西兰和英国的反情报官员（因此其缩写为CAZAB），五国定期会面，交流关于克格勃和格鲁乌的相关信息。

诸多错误判断的基础上得出最终结论，将错误不断扩大化。① 麦考伊随即代表中央情报局向加拿大皇家骑警正式宣布，反情报处已经改变了对贝内特的看法，中情局现在认为他是清白的。此举在加拿大情报部门内引发激烈争议。1977 年年底，加拿大副总检察长弗朗西斯·福克斯（Francis Fox）对议会委员会表示，没有任何证据表明贝内特先生不是一名忠诚的加拿大公民。②

第四，挪威方面。英格伯格·莱格伦（Ingeborg Lygren）曾是挪威情报局的翻译，精通俄语和波兰语，受维尔赫姆·埃文（Vilhelm Evang）上校的领导。莱格伦后被选为中情局在苏联秘密特工的联络人，1956 年莱格伦在奥斯陆进行培训，后被派往挪威驻莫斯科大使馆，定期与中情局苏联分部官员理查德·科维奇（Richard Kovich）联络。在科维奇被怀疑是鼹鼠后，安格尔顿和戈利钦很快认为莱格伦也有嫌疑，原因就是戈利钦叛逃前看到了克格勃从奥斯陆秘密来源得到的信息，"确信"莱格伦就是克格勃在奥斯陆的消息来源。1964 年 11 月，莱格伦回到奥斯陆，担任埃文上校的行政助理。安格尔顿利用挪威两个情报部门负责人——情报局的埃文上校和安全局的阿斯比约姆·布莱恩（Asbjom Bryhn）之间的职业竞争关系，在布莱恩前往华盛顿进行磋商的时机，安格尔顿向他透露了戈利钦对埃文上校助理的指控。1965 年 12 月 10 日，布莱恩正式建议将英格伯格·莱格伦作为苏联间谍予以起诉，然而仅仅 4 天后，当挪威的国家检察官开始审查戈利钦和安格尔顿所谓的完全不具备说服力的"证据"后，命令立即释放莱格伦。该案件使挪威情报部门的威望大受打击。1966 年 1 月 28 日，延斯·梅尔拜（Jens Mellbye）法官领导的三人调查委员会成立，用以调查挪威情报部门在该案件中的表现。安格尔顿得知此消息后，迅速意识到了问题的严

---

① Mangold T., *James Jesus Angleton: The CIA's Master Spy Hunter*, New York: Simon & Schuster, 1991, p. 294.
② *Standing Committee on Justice and Legal Affairs*, House of Commons of Canada, November 24, 1977, cited in Sawatsky, For Services Rendered, pp. 327 – 328.

重性——挪威的调查报告将损害中情局的威望以及北约的团结。尽管安格尔顿对梅尔拜法官进行了游说,但最终报告仍尖锐指出,戈利钦受到中情局的如此信任,以至于中情局可以向他开放机密情报文件,那么我们必须怀疑,戈利钦提供的信息是基于来自莫斯科的事实,还是基于他所接触的材料的猜测?①

随着鼹鼠调查的深入,安格尔顿的反情报处还将怀疑的目光扩展至情报界以外,多名政客和商人被安格尔顿怀疑为苏联间谍并被秘密调查,其中包括英国首相哈罗德·威尔逊(Harold Wilson)、瑞典首相奥洛夫·帕尔梅(Olof Palme)、德国总理维利·勃兰特(Willy Brandt)、美国石油大亨阿曼德·哈默(Armand Hammer)、美国驻苏联大使埃夫里尔·哈里曼(Averell Harriman)、加拿大总理莱斯特·皮尔逊(Lester Pearson)、美国国务卿亨利·基辛格(Henry Kissinger)② 等。

(三)"猎鼠行动"的结束与安格尔顿的命运

随着"猎鼠行动"调查范围的逐步扩大,中情局内部反对安格尔顿的声音愈发高涨。尽管如此,中情局的两任局长赫尔姆斯和詹姆斯·施莱辛格(James Schlesinger)还是对安格尔顿的"猎鼠行动"拥有某种"默契",这种暧昧的态度一直持续到1973年威廉·科尔比(William Colby)接任中情局局长。不同于前两任局长对安格尔顿的包容,科尔比此前在行动分局任职,曾是安格尔顿"猎鼠行动"的调查对象,因此科尔比不相信所谓的苏联"欺骗战略",并认为安格尔顿主导的"猎鼠行动"给苏联分部的工作造成了混乱。1974年12月22日,美国资深调查记者

---

① Report of the Mellbye Commission, May 12, 1967.
② 关于安格尔顿对哈罗德·威尔逊、奥洛夫·帕尔梅、维利·勃兰特、阿曼德·哈默、埃夫里尔·哈里曼、莱斯特·皮尔逊的怀疑来自美国资深记者汤姆·曼戈尔德对威廉·科尔比、彼得·赖特、牛顿·迈勒的采访,参见 Mangold T. , *James Jesus Angleton: The CIA's Master Spy Hunter*, New York: Simon & Schuster, 1991, pp. 303 – 306。关于安格尔顿对亨利·基辛格的怀疑参见 Daniel Schorr, *Clearing the Air* (Boston: Houghton Mifflin, 1977), pp. 134 – 136; CBS Evening News, January 8, 1975, report by Daniel Schorr。

西蒙·赫什（Seymour Hersh）在《纽约时报》头版公开了安格尔顿早年主持"邮件检查计划"①的丑闻。②在科尔比的要求下，安格尔顿递交了辞呈。随着安格尔顿的离职，长达十年的导致中情局苏联分部情报工作近乎瘫痪的"猎鼠行动"宣告结束。

关于安格尔顿被迫辞职的原因众说纷纭，比较流行的有两种说法。一说是科尔比认为安格尔顿与以色列情报机关的合作过于密切，中情局所有重要的以色列案卷几乎都汇总到反情报处处理。③同时，科尔比还认为安格尔顿的反情报处权力和规模过于集中和庞大，希望通过解雇安格尔顿进而将反情报的职能分散至中情局各个部门。对此，安格尔顿表示，科尔比所主导的中情局组织架构调整使反情报工作遭到严重削弱。④另一说是安格尔顿的反情报理念与科尔比的行动观念冲突。在长期从事反情报工作以及在戈利钦理论的影响下，安格尔顿逐渐对一种观点产生了过于偏执的痴迷：克格勃已经控制了中情局在苏联的所有特工和联络人，并正在设法运用自己的资产渗透到中情局。⑤安格尔顿进一步发展了一套反情报理论，他将其称之为"镜之荒野"，在这一理论中，所谓的叛逃者都是克格勃的欺骗手段。安格尔顿甚至认为，1962年戈利钦叛逃后所有

---

① "邮件检查计划"始于1955年，旨在发现潜伏在美国的苏联特工与苏联情报机构的通信。详见 Church Committee, Hearings, Vol. IV, "Mail Opening", pp. 567 – 611; Rockefeller Commission, June 1975, pp. 101 – 115; Martin D C, *Wilderness of Mirrors: Wilderness of Mirrors: Intrigue, Deception, and the Secrets that Destroyed Two of the Cold War's Most Important Agents*, New York: Simon & Schuster, 2018, pp. 68 – 72; William Colby and Peter Forbath, *Honorable Men: My Life in the CIA*, New York: Simon & Schuster, pp. 334 – 335。

② Seymour Hersh, "Operation Reported Against Antiwar Forcesin the United States bodyguards", *The New York times*, 1974.12.22, p. 1.

③ 详见［美］戴维·马丁《谍影憧憧》，方叙译，群众出版社1986年版，第245页; William Colby and Peter Forbath, *Honorable Men: My Life in the CIA*, New York: Simon & Schuster, p. 334; Epstein E J, *Deception: The Invisible War between the KGB and the CIA*, WH Allen, 1989, p. 83。

④ 洛克菲勒副总统给福特总统的备忘录（Memorandum From Vice President Rockefeller to President Ford），福特总统图书馆情报文件系列（Ford Library, Richard B. Cheney Files, Box 7, General Subject File, Intelligence Subseries, Report by James J. Angleton. No classification marking）。

⑤ William Colby and Peter Forbath, *Honorable Men: My Life in the CIA*, New York: Simon & Schuster, p. 397.

投靠西方的间谍都是假叛逃，他据此对包括诺森科在内的叛逃者展开了从结论到证据的反向推理。在这种心理的作用下，安格尔顿对处理过其认为"可疑"的苏联间谍案件的苏联分部官员也展开了不合理的调查，并最终将鼹鼠调查范围扩展至其他国家。科尔比认为，安格尔顿过度追捕苏联渗透间谍的行为对中情局的正常工作造成了阻碍。科尔比自问："中情局现阶段的关键问题是：我们的行动是否真的像安格尔顿所认为的那样值得怀疑？或者说，中情局是否因过度的猜测和怀疑而受到了束缚？"① 在科尔比看来，积极招募苏联情报源才是中情局的当务之急，而安格尔顿则认为这种方法是徒劳的，因为在他的反情报理念中，所有对苏情报工作都可能被克格勃发现并被其反向利用进而攻击中情局。情报学者洛克·约翰逊（Lock Johnson）认为，表面上的理由是安格尔顿对中情局和以色列情报机关的关系插手太多，但实际原因是安格尔顿在没有充分证据的情况下，就对中情局的一些官员提出苏联间谍的指控，这一过分举止引发了越来越多的争议。②

尽管中情局内部对安格尔顿的反情报工作褒贬不一，但官方仍对其职业生涯做出了积极评价。1975 年 4 月，中情局副局长弗农·沃尔特斯（Vernon Walters）向安格尔顿颁发了中情局第二高荣誉——杰出情报生涯奖章（DISTINGUISHED CAREER INTELLIGENCE MEDAL）。行动分局的表彰信指出，安格尔顿参与了过去 25 年来最关键、最重要的反情报活动，为维护美国的国家安全做出了杰出贡献。③ "退休"后的安格尔顿并未与情报事业划清界限，而是继续为国会下设的反情报工作委员会工作，同时还为退休的情报工作者发表时事通讯。

---

① William Colby and Peter Forbath, *Honorable Men*：*My Life in the CIA*, New York：Simon & Schuster, p. 297.

② Johnson L. K., "James Angleton and the Church Committee", *Journal of Cold War Studies*, Vol. 15, No. 4, 2013, pp. 128 – 147.

③ 中情局备忘录，荣誉和功绩奖励委员会的报告，1973 年 3 月 13 日，转引自 Mangold T., *James Jesus Angleton*：*The CIA's Master Spy Hunter*, New York：Simon & Schuster, 1991, p 348。

三 安格尔顿在戈利钦事件中发动"猎鼠行动"所产生的影响

自1964年"猎鼠行动"启动直至1974年行动结束,反情报处没能发现任何克格勃的渗透间谍,安格尔顿对情报机构绝对安全的追求反而使中情局陷入深深的"安全困境"之中。受戈利钦欺骗理论影响,安格尔顿领导的反情报处在中情局苏联分部实施疯狂的猎鼠行动,反情报工作走入误区,专业人才大量流失,对苏情报工作基本陷入瘫痪。

忠诚是谍报人员最重要的品德。一个不被信任的情报人员是不可能在情报机构找到出路的。凡是被列为嫌疑对象的情报官员,其职业生涯将受到重大影响。在中情局的职业规划中,从 GS-14 级晋升到 GS-15 级是向高级管理层过渡的关键标志,在行动分局,晋升到 GS-15 级需要得到特别晋升委员会的一致通过,该委员会常设一名来自反情报处的高级代表,即安格尔顿本人。[①] 安格尔顿有权力以所谓的安全理由驳回任何人的晋升申请。由于中情局不具备联邦调查局的执法权,因此在联邦调查局退出后,安格尔顿领导下的"猎鼠行动"只能对嫌疑人员采取禁止晋升和调离岗位等措施。中情局高级官员伦纳德·麦考伊估计,共有约一百名苏联分部官员被安格尔顿和戈利钦主导的行动所调查,其中很多人在意识到晋升受阻后选择辞职,而留在中情局的则被调至苏联分部外的低级职位。"猎鼠行动"导致苏联分部年龄在33岁以上的大部分官员受到影响,使苏联分部丧失了约75%的优秀情报人员和语言人才。[②] 苏联分部主管戴维·墨菲向中情局各情报站发出通知,命令撤回隐蔽在苏联

---

① Mangold T., *James Jesus Angleton: The CIA's Master Spy Hunter*, New York: Simon & Schuster, 1991, p. 417.

② Mangold T., *James Jesus Angleton: The CIA's Master Spy Hunter*, New York: Simon & Schuster, 1991, p. 263.

的间谍，苏联分部对苏情报工作陷入停滞。

持续不断的清洗导致中情局苏联分部的工作效率低下。接替墨菲的罗尔夫·金斯利（Rolfe Kingsley）表示，在他接手苏联分部时，整个部门已经完全不工作了，人们担心如果与苏联线人接触密切，会被反情报处误解。在那段时期，苏联分部本可控制至少30个苏联人力情报来源，但在鼹鼠搜捕行动的影响下，实际只能控制5个。① 缺乏可靠的人力情报来源使美国情报机构的预警能力大幅度下降。1968年，在以杜布切克为首的捷共中央领导下，捷克斯洛伐克掀起了被称作"布拉格之春"的全国性政治改革运动，苏捷关系愈发紧张。在此背景下，美国国家安全委员会要求中情局就苏联对捷克斯洛伐克的意图进行紧急分析。然而，在疯狂的"猎鼠行动"作用下，苏联分部的"资产"被严重削弱，中情局在苏联几乎没有可靠的情报来源可以利用。赫尔姆斯令金斯利征询戈利钦的意见。戈利钦宣称，莫斯科和布拉格之间并不存在紧张关系，这场危机是苏联策划的一个骗局。事实证明戈利钦再次提供了错误情报。1977年，奥蒂斯·派克主持的众议院情报特别委员会指出，美国没能发现华约入侵捷克斯洛伐克的意图，这是20世纪60年代六大情报失误之一。②

戈利钦制造的怀疑不仅使中情局的官员个人深受其害，其"病毒"甚至蔓延至盟国的政府和情报机构。戈利钦认为西方国家的情报机构和政府高层普遍遭到苏联渗透，安格尔顿将未经核实的信息与相关国家共享，试图对盟国反情报工作施加影响，加剧了中情局与其他国家情报机构间的不信任，对美国及其盟友之间的关系造成不良影响。据统计，戈利钦的线索制造了许多间谍嫌疑案，其中与美国有关的有一百多宗，与英国有关的有近百宗，与法国有关的有数十宗，与德国有关的有十余宗。戈利钦还就苏联在加拿大、新西兰、澳大利亚、奥地利、希腊和挪威等

---

① Mangold T., *James Jesus Angleton: The CIA's Master Spy Hunter*, New York: Simon & Schuster, 1991, p. 264.

② CIA, *The Pike Report*, Nottingham: Spokesman Books, 1977, pp. 130 – 167.

国的间谍活动提供了诸多线索。安格尔顿将这些线索与盟国分享,不仅使美国正常的反情报工作陷于停滞状态,而且也使盟国的安全部门陷入瘫痪。① 受"猎鼠行动"影响,法国、德国、荷兰等国情报机构都被中情局列入"不安全"级别。② 1977年年初,中情局历史学家克利夫兰·克拉姆(Cleveland Cram)受卡拉里斯委托,对安格尔顿时期的反情报工作进行细致研究,克拉姆在其多达十二卷的《反情报工作人员历史》中指出,安格尔顿的领导严重打击了中央情报局的士气,严重破坏了美国与英国、法国、挪威和加拿大等国的情报联络。③

四 评述

在冷战情报史上,安格尔顿发动的"猎鼠行动"是美苏情报对抗中的经典反情报战例。"猎鼠行动"的雏形是中情局和联邦调查局联合开展的代号为"Honetol"的鼹鼠搜捕行动,之后演变为一个纯粹的中情局内部项目,其初衷是为了调查潜伏在中情局高层的克格勃间谍,但最终行动不仅没能达成理想效果,反而对中情局的情报工作产生巨大冲击。通过对这一案例的剖析,可以得出一些对反情报工作的规律性认识。

一方面,就投诚的间谍而言,其很容易受叛逃者心理影响提供失实情报。从社会心理学角度来看,为获得自尊,某些人想要向外在的观众(别人)和内在的观众(自己)展现一种受赞许的形象,这种现象被称为"自我表现"(self-presentation)。④ 叛逃间谍为维持和增强自尊,吸引西

---

① [美]戴维·马丁:《谍影憧憧》,方叙译,群众出版社1986年版,第228—229页。
② Epstein E. J., *Deception: The Invisible War between the KGB and the CIA*, New York: Simon & Schuster, 1989, p. 64.
③ Mangold T., *James Jesus Angleton: The CIA's Master Spy Hunter*, New York: Simon & Schuster, 1991, p. 345.
④ [美]戴维·迈尔斯:《社会心理学》,侯玉波等译,人民邮电出版社2016年版,第72页。

方情报机构的关注,往往会不断调整自己的言语和行为以迎合情报机构的需求。在该案件中,戈利钦坚持要求获得中情局的平等对待,而不是单纯将其看作是一名苏联叛逃间谍。中情局2013年解密的内部研究报告记录了戈利钦"反制"克格勃的四个步骤:首先,他应获得权限接触中情局的人事和业务档案;其次,他运用其在克格勃工作的背景和经验来分析这些材料;再次,他把他的分析与中情局或其他西方情报部门对克格勃及其行动的了解进行结合;最后,戈利钦给出他的分析和行动建议。① 戈利钦依据他所谓的欺骗理论,使安格尔顿确信中情局的问题不是"是否遭到克格勃的渗透",而是"一定存在克格勃的渗透"。② 由于迎合了安格尔顿的偏见和心理预期,戈利钦获得了多次与安格尔顿甚至中情局局长交流案情并提供对策建议的机会,其大量未经证实的情报分析被用于反情报工作,众多官员的职业生涯毁于一旦,针对苏联的谍报行动陷于瘫痪,同数个友好国家情报机构的关系出现裂痕。③ 安格尔顿离职后,中情局前局长赫尔姆斯的助理布朗森·特威迪受国防部长威廉·纳尔逊的委托,着手对戈利钦展开调查。在长达80页的报告中,特威迪指出,戈利钦是一个真正的叛逃者,但其对中情局的实际价值非常有限。为避免被中情局抛弃,戈利钦试图通过成为一名独特的反情报分析家来提高自己的地位。戈利钦让所有人相信苏联分部已经被渗透,这导致反情报处与苏联分部之间的平衡被打破。④ 因此,就实际效果而言,不论克格勃是否实施过戈利钦提到的针对西方的"欺骗战略",戈利钦事实上扮演了传递假情报的"死间"的角色,达成了扰乱西方情报机构的效果,实现了欺骗西方的目的。

---

① *Central Intelligence Agency's (CIA) Studies in Intelligence*, Vol. 55, No. 4, 2011, pp. 39 – 55.
② *Central Intelligence Agency's (CIA) Studies in Intelligence*, Vol. 55, No. 4, 2011, pp. 39 – 55.
③ [美] 戴维·马丁:《谍影憧憧》,方叙译,群众出版社1986年版,第240页。
④ Mangold T., *James Jesus Angleton: The CIA's Master Spy Hunter*, New York: Simon & Schuster, 1991, p. 334.

另一方面，就反情报工作人员而言，反情报与欺骗是交织在一起的，稍有不慎就可能误入歧途。从反情报处主管安格尔顿的角度出发，对他人提出合理的怀疑是其职责所在，但在长期的反情报工作和错误的情报分析思维影响下，本应发挥积极作用的反情报调查却对中情局产生了消极影响。

首先，反情报人员确实应保持适度的警惕和敏感。在该案件中，反情报的职业性质要求安格尔顿必须永远保持怀疑态度，"猎鼠行动"正是在这一背景下应运而生。安格尔顿指出，中情局仅依靠"苏联分部单一的思考态度"是无法应对克格勃的欺骗行动的。因此在实践中，无论苏联分部官员如何信任苏联叛逃者，安格尔顿的反情报处始终倾向于将其质疑为受克格勃控制的传递虚假情报的手段。这一点在艾伦·杜勒斯的《中央情报主任指令》中得到了确认：来自敌对情报机构的叛变者可能会成为渗透我方或者传递虚假情报的渠道，因此需要重视建立与政治上有不满情绪的苏联特工的"诚意"，[1] 即在把苏联叛逃者确认为可靠的情报源之前，必须与之建立完全的诚意，这是确保中情局正常工作的保障性政策。从1954年开始，安格尔顿的反情报处就担负起了判定"诚意"的任务。中情局前副局长雷·克莱恩指出，安格尔顿的工作性质"必然会驱使几乎所有的人变得偏执"，而中情局恰恰需要一个"半偏执狂"的反情报负责人，以确保他能够一直寻找中情局存在问题的证据。[2] 然而在实际反情报工作中，办案人员很难认识到自己正在被愚弄，在许多情况下，反情报部门甚至会成为敌方间谍的捍卫者，并忽视那些有助于揭露其真实身份的线索。[3] 正如巴格利在书中所言，一位苏联情报官员曾对他正在

---

[1] Director of Central Intelligence Directive 4/2. 藏于美国国家档案与文件署（National Archives and Records Administration），https://www.archives.gov/files/declassification/iscap/pdf/2008-049-doc16.pdf。

[2] Mangold T., *James Jesus Angleton: The CIA's Master Spy Hunter*, New York: Simon & Schuster, 1991, p. 159.

[3] Jervis R., "Intelligence, counterintelligence, perception and deception", *Vaults, Mirrors, and Masks*, 2009, pp. 69–80.

经营的一个紧张的双重间谍说："你不会有问题的，他们愿意相信你。"①
这就要求反情报人员应对叛逃间谍保持高度的质疑态度。但是，罗伯特·杰维斯指出，对于保持何种程度的疑心才是适度的这一问题，并没有简单的答案，过于警觉和不够警觉都会对情报机构和国家安全造成危害。②

其次，在反情报领域过长的任职时间确实会对人的正常工作造成影响，安格尔顿便是反情报的附带受害者。从 1954 年到 1974 年，安格尔顿担任了 20 年的中情局反情报处主管，如此长期的秘密情报工作经历容易使人产生世界充满阴谋的想法。英国记者亨利·布兰登在对安格尔顿进行调查后，将反情报工作形容为"浑浊的世界，充满了风险、危险、个人嫉妒和无休止的怀疑：你身边的同事可能是苏联间谍。这种情况会导致被迫害妄想症，损害人的性格"。③ 由于反情报工作决定工作人员必须保持高度敏感，而这种行为不可避免的代价就是有时将看到不存在的阴谋，忽视准确的信息，无视忠诚的告密者，并在政府内部引发大量的偏执。④ 在反情报人员眼中，最忠诚的人可能变成间谍，而对方的可疑的叛逃者也可能确实是一个好的消息来源，这就导致一个人如果不有点偏执，可能就无法成为一名优秀的反情报官员，而这项工作本身又反过来催生了偏执。⑤ 因此，不止安格尔顿一人，其后续的继任者们均或多或少受到反情报工作的消极作用。前中情局反情报处主管詹姆斯·奥尔森表示，要想每天都沉浸在神秘而扭曲的反情报世界中，最终很难不成为偏执

---

① Bagley T. H., *Spy wars: moles, mysteries, and deadly games*, London: Yale University Press, 2007, p. 274.
② Jervis R., "Intelligence, counterintelligence, perception and deception", *Vaults, Mirrors, and Masks*, 2009, pp. 69–80.
③ Henry Brandon, "The spy who came and told brandon", *The Washington Post*, 1987.08.24.
④ Jervis R., "Intelligence, counterintelligence, perception and deception", *Vaults, Mirrors, and Masks*, 2009, pp. 69–80.
⑤ Jervis R., "Intelligence, counterintelligence, perception and deception", *Vaults, Mirrors, and Masks*, 2009, pp. 69–80.

狂。① 安格尔顿的继任者乔治·卡拉里斯也受到反情报工作的影响，他曾向中情局总监察长申请解除反情报主管的职务，并建议担任反情报主管的最高期限不应超过 2 年。中情局经过综合考量，将反情报主管的最高任期确定为不超过 5 年。②

最后，安格尔顿违背情报伦理的情报分析是中情局遭到反间谍调查"反噬"的重要原因。情报工作者具备做出良好自主判断的能力是情报伦理的重要组成部分。戈利钦之所以得到安格尔顿的信任，是因为他的阴谋理论与安格尔顿对苏联情报机构的渗透认知不谋而合，观点上的认同使安格尔顿对戈利钦有一种天然的亲近感，由此他对戈利钦的观点与材料也进行了选择性的认知，凡是与戈利钦的观点一致的材料，会得到他的首肯，而与戈利钦的指控不相吻合的资料，都被他排斥。这种先入为主、预设结论的反向推理情报分析模式显然违背了情报伦理，极易造成情报失误。情报分析确实从思维模式开始，在此基础上，分析人员填充数据，进行分析。但错误的思维模式会导致分析人员进行选择性认知，即选择与思维模式一致的材料，这将使情报分析和研判陷入认知陷阱。而在情报对抗中，这种选择性认知的缺陷就太明显了。因为在一个反间谍人员眼中，每一个人实际上都有间谍嫌疑，如果以严格的间谍指标去考察任意一个人的职业生涯，那么所有人都无法具有合理性：一个人的成功可以反过来加害于他，因为成功意味着他一定得到了另一方的帮助，而他的失败又可被视为蓄意破坏行动的实据。③ 一个人的全部历史在违背情报伦理的反情报官员眼中都将成为潜在的间谍嫌疑，这就是每次反间谍斗争都不可避免地走向扩大化的原因。"疑邻盗斧"④ 这个典故生动地说明了这一现象。

---

① Olson J. M., "The ten commandments of counterintelligence", *American Intelligence Journal*, Vol. 21, No. 1/2, 2002, pp. 21 – 26.
② Mangold T., *James Jesus Angleton: The CIA's Master Spy Hunter*, New York: Simon & Schuster, 1991, p. 347.
③ ［美］戴维·马丁：《谍影幢幢》，方叙译，群众出版社 1986 年版，第 233 页。
④ 指不注重事实根据，对人对事胡乱猜疑。出自战国·郑·列御寇《列子·说符》。

再一方面,从组织视角来看,情报监督存在薄弱环节是造成"猎鼠行动"扩大化的更重要原因。在这个案件中,监管缺失主要体现在国会监督和中情局内部监督层面。

第一,国会对情报机构的监管体系不健全,无法严肃地履行监督职能。在1974年美国国内间谍丑闻曝光前,《休斯·瑞恩法案》《情报监督法案》等专门监管情报机构的法规文件尚未颁布,专门问责情报机构的国会情报委员会也尚未成立。在大多数情况下,总统和议会授予了中央情报主任和其他情报机构长官宽泛的职权,令其能够在国内外开展他们认为合适的一切隐蔽行动。① 安格尔顿曾表示,难以想象一个秘密情报部门必须遵守政府的所有公开指令。② 这就解释了为什么安格尔顿主导的"猎鼠行动"能够持续长达十年之久。

第二,中情局内部缺乏对安格尔顿的有效监管。20世纪60年代,安格尔顿在反情报工作领域没有竞争者。中情局的内部报告认为安格尔顿在反情报领域拥有巨大的权威。而且他还赢得了中情局局长赫尔姆斯的绝对信任,安格尔顿甚至可以不敲门直接进入局长办公室汇报工作,这意味着本应监督安格尔顿的工作、检查他的心理健康并在必要时施加干预的人实际上并未发挥作用。③ 在对安格尔顿领导反情报处期间的文件进行清理时,工作人员发现多达4万份反情报档案。这些档案专供反情报人员使用,被刻意放置在由专人看守的保险库中,所有档案都未录入中情局的档案系统。这意味着安格尔顿悄悄建立了一个替代版的中情局,这里只遵守他的规则,而不接受同行评估或行政监督。④ 此外,安格尔顿还在没有官方许可的情况下私自向戈利钦提供了多达十二箱机密文件,

---

① [美]洛克·约翰逊:《国家安全情报》,李岩译,金城出版社2020年版,第179页。
② Johnson L. K., "James Angleton and the Church Committee", *Journal of Cold War Studies*, Vol. 15, No. 4, 2013, pp. 128–147.
③ Mangold T., *James Jesus Angleton: The CIA's Master Spy Hunter*, New York: Simon & Schuster, 1991, pp. 153–154.
④ Mangold T., *James Jesus Angleton: The CIA's Master Spy Hunter*, New York: Simon & Schuster, 1991, pp. 328–329.

其中包括大量中情局情报官员的个人档案。① 这表明不受约束的反情报调查会促使情报机构违法行为。对此，洛克·约翰逊指出，肆无忌惮地追求反情报目标，将会对美国制度的基础构成严重威胁。② 所以，加强反情报调查的立法，明确调查权限，确定调查的程序和申诉程序，是确保反情报机构履行维护己方情报机构安全职能的重要保障。

The Golitsyn Affair and Angleton's "Operation Mole Hunt"

An Hongruo

Abstract: During the Cold War, a fierce intelligence confrontation erupted between the U.S. and Soviet camps. Against the backdrop of the Soviet Union's aggressive infiltration of the West, CIA Counterintelligence Chief Angleton launched Operation Mole Hunt to investigate Soviet sleeper spies. Influenced by Angleton, the renegade spy Golitsyn, the intelligence oversight system, and the special nature of counterintelligence work itself, the Operation Mole Hunt deviated significantly from its stated objectives, had a major impact on the CIA's normal intelligence work, and seriously weakened the Agency's ability to conduct espionage activities against the Soviet Union.

Keywords: Golitsyn; Angleton; Mole Hunt; Counterintelligence; Information Confrontation

---

① Mangold T., *James Jesus Angleton: The CIA's Master Spy Hunter*, New York: Simon & Schuster, 1991, p. 335.

② ［美］洛克·约翰逊：《国家安全情报》，李岩译，金城出版社2020年版，第171页。

1949 年美国新闻人劳威尔·托马斯西藏旅行广播报道探析[*]

程早霞 李芳园[**]

内容提要：成立于冷战初期的中华人民共和国不仅身陷两大阵营政治、军事对抗的恶劣国际环境，还面临着来自美国舆论的妖魔化攻讦。1949 年美国哥伦比亚广播公司新闻评论员劳威尔·托马斯父子西藏旅行及其涉藏报道就是冷战时期美国对社会主义中国舆论宣传战的重要体现。托马斯父子是最早在西藏高原向国际社会做新闻报道的主播，他们以讲述西藏旅行故事为载体传播所谓的"共产主义威胁""西藏独立论"等谬误西藏话语，是冷战初期美国政府改变西藏政策的风向标，对冷战时期美国乃至西方西藏话语产生重要影响。

关键词：劳威尔·托马斯；美国广播；西藏话语；冷战

我们知道，"政治价值、信仰和知识不是与生俱来的，而是慢慢形成的，这一形成的过程被称为政治社会化"。"而在美国人的政治社会化过

---

[*] 本文是国家社科基金重大项目"近现代西方知识精英对中国西藏认知历史研究"（项目批准号：20&ZD238）、国家社科基金重点项目"美国政府解密涉藏档案整理与研究"（项目批准号：19AGJ006）与国家社科基金一般项目"近现代美国知识精英的西藏认知及话语体系演变研究"（项目批准号：21BGJ017）的阶段性成果。

[**] 程早霞，浙江大学马克思主义学院教授；李芳园，浙江财经大学马克思主义学院讲师。

程中媒体是不可缺少的媒介"。① 当今美国乃至西方社会大部分人对中国西藏历史地位的谬误认知实际上也是西方媒体在冷战环境里对中国西藏长期谬误报道潜移默化形成的结果。而1949年入藏的美国哥伦比亚广播公司著名新闻人劳威尔·托马斯（Lowell Thomas）和他的儿子小劳威尔·托马斯在其中扮演了重要角色。

20世纪40年代末，国际形势与中美关系都发生了历史性的变化，1949年美国政府一改历史上承认西藏是中国领土的立场，开始秘密支持西藏分裂势力的分裂活动②。就在这一年，有两支美国人的队伍入藏，其中一支是以美国驻中国迪化领馆副领事身份为掩护的美国中情局间谍马克南（Douglas Mackiernan）一行于1949年9月自中国新疆出发秘密入藏③；另一支则是美国哥伦比亚广播公司著名新闻评论员劳威尔·托马斯（Lowell Thomas）父子一行在美国政府支持下于1949年8月28日进入拉萨④。他们父子2人于拉萨旅行途中录播了数十个广播节目，回到美国后又在全美国范围内发表西藏旅行巡回演讲、在大众期刊上发表带有强烈政治色彩的有关中国西藏的文章、出版涉藏著作、制作关于中国西藏的电影等，对冷战时期美国媒体西藏话语的塑造产生重要影响。

在20世纪中叶，广播是美国普通民众获取国际国内新闻的一个重要途径。而劳威尔·托马斯则是这一时期美国最著名的新闻主播。《纽约时报》有文章说：托马斯的广播听众有700亿人次！托马斯的声音可能比历史上任何其他名人的声音如富兰克林·罗斯福、温斯顿·丘吉尔、希特勒及墨索里尼等更为听众所熟悉⑤，所以1949年托马斯父子西藏旅行

---

① David L. Paletz, *The Media in American Politics: Contents and Consequences*, Longman Pub Group, 1998, pp. 143 – 162.
② 程早霞：《二十世纪四十年代美国西藏政策述评》，《历史教学问题》2006年第3期。
③ 在今日美国中情局总部的大厅里，有一面大理石墙上面刻着几十颗星星，代表着在履职中为美国献身的中情局英雄，马克南是其中的第一颗星，他的遗体至今葬在中国的藏北。参见程早霞、李晔：《1949年美国中情局谍员秘密入藏探析》，《历史研究》2009年第5期。
④ 程早霞、王晓亭、李芳园：《1949年美国新闻人劳威尔·托马斯西藏之旅探析》，《美国研究》2021年第6期。
⑤ "Lowell Thomas, a World Traveler and Broadcaster for 45 Years, Dead at 89", *The New York Times*, Aug 30, 1981, p. 1.

相关报道在美国产生重要影响。美国哥伦比亚广播公司每晚6：45—7：00黄金时间15分钟的"托马斯新闻评论"（Lowell Thomas and the News）节目是托马斯谬误西藏话语最早的大众传播窗口。在美国纽约玛丽斯特学院卡纳维诺图书馆（Cannavino library，Marist College）特殊馆藏室，有几十盒关于托马斯父子涉藏活动的一手档案。本文即利用美国政府解密相关档案及托马斯档案剖析这一时期托马斯父子西藏旅行广播报道如何传播谬误西藏观，为冷战初期美国对华意识形态战服务，从而为我们理解当今美国乃至西方社会谬误西藏观的形成提供历史借鉴。

一 被称为"美国广播记者一代宗师"的爱德华·默罗等一众美国名人为托马斯父子西藏旅行报道预热

劳威尔·托马斯出生于1892年，在1949年中华人民共和国成立这一年，年届57岁的托马斯已经是当时美国著名的广播评论员、探险家、作家、演说家和新闻记者，他凭借采访第一次世界大战英国传奇军官托马斯·劳伦斯（Thomas Edward Lawrence）完成经典名篇《阿拉伯的劳伦斯》[①]，并一举成名。作为曾经创造美国广播连续46年新闻评论纪录的著名新闻人，托马斯在美国家喻户晓，他是美国重大历史事件的官方史学家（official historian）——1924年美国首次空军环球飞行的政府指定历史见证者与记录人，他于1949年特殊历史时期在政府支持下高调完成拉萨旅行，从而成为20世纪下半叶美国插手所谓"西藏问题"的文化旗手。在20世纪支持达赖势力"西藏问题"国际化的西方文化名人中托马斯应

---

① 第一次世界大战期间托马斯和他的摄影记者深入前线采访英国军官劳伦斯，并在战后以此为素材在英美进行巡回演讲，获得巨大成功。1924年托马斯出版著作《阿拉伯的劳伦斯》（With Lawrence in Arabia）。参阅 Lowell Thomas, *With Lawrence in Arabia*, 6th edition, Independently published, May 11, 2021。

该是第一位,他的涉藏活动自 1949 年开始一直持续到 80 年代初去世。1959 年达赖外逃印度时,在美国成立了一个所谓的民间组织"美国紧急救助西藏难民委员会"(The American Emergency Committee for Tibetan Refugees),其资金来源相当大的一部分来自美国政府①,这个组织的首要人物就是担任主席职务的劳威尔·托马斯!

托马斯于 1949 年 7 月 19 日离开纽约前往西藏旅行,7 月 18 日在纽约做旅行前的最后一次广播节目。托马斯向听众报告自己将开始一个难得的假期,将一路向西去世界旅行,并大致透露了他的行程是去东方的亚洲,但是没有具体说明他的最终目的地是西藏拉萨。托马斯父子入藏携带当时最先进的广播录音设备,沿途录制广播节目及重要会谈,之后送回美国播放。②

托马斯离开纽约、赴西藏旅行期间有他的诸多名人朋友替他主持晚间新闻评论节目。8 月 22 日,托马斯的旅行目的地第一次向听众公开,这一天的节目由托马斯的朋友、哥伦比亚广播公司著名新闻人爱德华·默罗(Edward Murrow)主持播报。默罗说:"托马斯离开的时候说过,为明智起见不能透露他的目的地——直到他真正到达那里才可以说出来。之所以不敢事先公诸于众的原因是,担心可能会在最后时刻产生小的差池和困难。这是一种什么样的旅行呢?不寻常的、难以安排的甚至是不太可能变成现实的一次旅行。但是现在劳威尔·托马斯已经到达那里。他已经身在西藏那个隐士城市拉萨③——西藏人的上帝之城。"④

---

① 根据美国学者谭·戈伦夫(Tom Grunfeld)教授的统计,这个存在 9 年的"美国紧急救助西藏难民委员会"在其总计募得的 2431868 美元款项中,有 44.6% 的资金直接来源于美国政府。参阅 A. Tom Grunfeld, *The Making of Modern Tibet*, Routledge, 2 edition, February 2, 1996, p. 195;程早霞、闫金红《1959 年西藏叛乱后劳威尔·托马斯及"美国紧急救助西藏难民委员会"涉藏活动探析》,《当代中国史研究》2016 年第 5 期。

② "Lowell Thomas Leaves for Tour Taking Him to Himalayas; Will Broadcast Over CBS From East and Southeast Asia", CBS News, July 19, 1949, 1.22.7.475.7, Lowell Thomas Papers, Marist College.

③ 实际上托马斯此时尚未到达拉萨。托马斯到达拉萨的时间是 8 月 28 日。

④ "Broadcast of Edward R. Murrow", Aug 22, 1949, 1.22.1.3.466.11, Lowell Thomas Papers, Marist College.

可以看到，由新闻人默罗向美国听众播报托马斯西藏旅行目的地是一个很用心的安排。默罗（1908—1965年）是那个年代在美国最受尊敬的专业新闻人之一，曾担任哥伦比亚广播公司副总裁、新闻部主任，是普利策奖与总统自由勋章获得者。经历过第二次世界大战的美国人都会记得，每当德军飞机袭击伦敦、警报拉响的时候，总有一个年轻的美国记者用平静而从容的声音向美国民众播报："这——是伦敦"（Thisis London），这就是被称作"美国广播记者一代宗师"的爱德华·默罗。默罗和托马斯同为哥伦比亚广播公司著名新闻人，同为纽约州波林（Pawling）家乡的邻居，也是很好的朋友，但他们的行事风格不尽相同。托马斯的思维、行为方式是与美国主流政治高度契合，在名人政治圈中游刃自如；而默罗则更具时代批判精神，他对当时美国社会盛极一时的麦卡锡主义深恶痛绝，冒着被麦卡锡之流污为共产党特务的风险，利用媒体的力量向麦卡锡发出致命抨击，并最终导致麦卡锡政治塌方。他深受肯尼迪总统的敬重并受邀成为肯尼迪政府的美国新闻署署长，但由于他不谙华盛顿政治漩涡的纠葛而在2年后辞任。默罗嗜烟成瘾，每天吸烟达60—70支之多，英年早逝。时任美国总统约翰逊称"默罗去世是全体美国人民的损失"。①

在托马斯离开纽约前往西藏的旅途之中，由著名新闻人默罗为托马斯西藏旅行作先声报道，对于托马斯西藏旅行报道收视率的提升无疑是一个很用心的安排。实际上，在托马斯西藏旅行期间有一众美国名人轮流代替他做节目主持，除默罗外，还有著名拳击冠军吉恩·滕尼（Gene Tunney）、著名悬疑小说作者、剧作家、记者富尔顿·奥斯勒（Fulton Oursler）、美国自然历史博物馆前馆长罗伊·安德鲁斯（Roy Chapman Andrews）及美国职业棒球大联盟的执行官布兰奇·瑞基（Branch Rickey）

---

① "Edward R. Murrow, Broadcaster And Ex-Chief of U. S. I. A., Dies (Obituary)", *The New York Times*, April 28, 1965.

等人，用意非常明显，以此扩大托马斯西藏旅行新闻报道的影响受众。①
这些嘉宾主持向听众播报说：托马斯休假去西藏旅行探险的目的地是拉
萨，这是一个被称作香格里拉的禁地，之前只有6个美国人成功进入拉
萨②，而那里又面临着所谓的"共产主义威胁"——这个话题很是契合当
时美国政治的时代主题和听众探奇心理。1947年3月杜鲁门总统国会讲
话揭开冷战帷幕，1949年7月中国共产党在亚洲大陆广大腹地的胜利已
成为一种既定的事实！中美关系正在经历一个历史性的变化，美国国务
院内部刚刚完成对改变传统的美国西藏政策的讨论，美国政府已开始将
西藏纳入其全球反共的棋盘中。美国驻印度使馆甚至提出建议："如果共
产党成功控制中国，或者是进一步发展壮大，我们就应该做好承认西藏
独立的准备。"③ 由此可见，西藏已成为这一时期美国对社会主义中国实
施冷战的前沿。

---

① Scripts [radio] – Microfiche, July-October 1949, Box 430, Lowell Thomas Papers, Marist College.

② 实际上在托马斯父子进入拉萨之前有12位美国人进入过拉萨，他们分别是：威廉·蒙哥马利·麦戈文（William Montgomery McGovern），是第一位进入拉萨并与达赖喇嘛相见的美国人（1923年2月15日—3月24日）；隋丹·卡廷（Charles Suydam Cutting）（1935年10月5—14日、1937年9月4—18日在拉萨）；卡廷夫人（Helen Cutting），是第一位进入拉萨的美国妇女（1937年9月同丈夫隋丹·卡廷进入拉萨）；西奥斯·伯纳德（Theos Bernard），是第一位到达拉萨的白人喇嘛（1937年6月24日—9月15日在拉萨）；美国战略情报局（Office of Strategic Service）官员伊利亚·托尔斯泰（Ilia Andreyevich Tolstoy）和布鲁克·多兰（Brook Dolan）组成的官方使团（1942年12月12日—1943年3月19日在拉萨）；罗伯特·克罗泽（Robert E. Crozier）、哈罗德·麦卡勒姆（Harold J. McCallum）、肯尼思·斯宾塞（Kenneth B. Spencer）、约翰·霍夫曼（John Huffman）、威廉·帕拉姆（William Parram）5位空军飞行员在驼峰航线执行运输任务时飞机坠毁在西藏山南桑耶寺附近，5人成功跳伞，后被蒙藏委员会驻藏办事处及西藏地方政府接送到拉萨（1943年12月15—19日在拉萨暂作休整）；《芝加哥每日新闻》（The Chicago Daily News）记者阿奇博尔德·斯蒂尔（Archibald Trojan Steele），是第一位进入拉萨的美国新闻记者（大约于1944年8—9月在拉萨）。参阅 Cooper, James., "Western and Japanese Visitors to Lhasa: 1900 – 1950", *The Tibet Journal*, Vol. 28, No. 4 （Winter 2003）, pp. 91 – 94; Paul G. Hackett, *Barbarian Lands: Theos Bernard, Tibet, and the American Religious Life*, 2008, PhD Thesis, Columbia University, pp. 970 – 984。

③ "Memorandum by Miss Ruth E. Bacon of the Office of Far Eastern Affairs to the Chief of the Division of Chinese Affairs (Sprouse)", April 12, 1949, FRUS, 1949, Vol. IX, Washington D. C.: GPO, pp. 1065 – 1071.

二 托马斯父子是最早在西藏高原作新闻报道的西方记者

1949年8月28日,托马斯父子从加尔各答出发后的第28天抵达拉萨。托马斯为哥伦比亚广播公司录制了第一个来自拉萨的新闻报道《到达拉萨》:"虽然难以置信,但是我们真的在拉萨了。时间在流逝:1天、1周、1个月,似乎我们还在路上,好像我们永远无法抵达达赖喇嘛的首府。只有很少的西方人到达过这个城市,但是就在今天早上我们做到了。……窗外大概半英里的距离就是布达拉宫,这是世界上最令人瞩目的建筑之一。这几个星期,我们的旅行车队穿越了前所未见的荒凉之路,现在我们看到了布达拉宫,这是达赖喇嘛的宫殿,真是让人无法忘怀、心潮澎湃!"①

拉萨活动是托马斯父子西藏旅行的高潮,因而来自拉萨的报道也特别让远在地球另一端的美国听众期待。托马斯父子在达赖喇嘛夏宫作了一个自比西方旅行家马可·波罗的报道:

> 马可·波罗的名字曾被很多旅行者妄用,拿自己和他做比较。但是今晚我们觉得我们和这位著名的威尼斯旅行家当初抵达忽必烈汗宫的情形相似。我们在拉萨的第一天,西藏政府十分友好地接待我们,为我们打破了2个惯例。到达拉萨后,你会发现这里有严格的规矩就是在见其他人之前必须先对尊贵的达赖喇嘛表达敬意。但是,你要到达这里3天以后才可以被允许进入这个西藏朝圣者的祈福大殿。……那些异域他乡的客人,通常是来自中国、不丹、锡

---

① "Arrival in Lhasa", Tibet Broadcast by L. T. Sr., 1.22.1.2.465.1, Lowell Thomas Papers, Marist College.

金、尼泊尔以及印度这个佛国周边国家的人。① 在西藏历史上这是第一次，他们告诉我们这个规矩被打破了，为什么会为我们破例呢？我们恰好在雪顿节结束的前一天抵达这里，几乎所有的人都在拉萨等待达赖喇嘛的赐福。这是一场中亚的盛会，几个世纪以来从未间断过，在马可·波罗参观忽必烈可汗宫廷之前就有了这个节日，那时蒙古帝国的影响远至西藏北部。这个节日会在每年藏历七月的第一个星期举行，所有的官员以及他们的家人、军队和普通民众都会参与进来。他们一定是不想我们错过这个盛会，所以仅此一次，这个具有强烈传统习俗的国家决定破例：穿着红色和金色长袍的信使气喘吁吁地带来消息，要带我们去罗布林卡，就是达赖喇嘛的夏宫，在那里可以见到达赖喇嘛。这位年轻的外交局官员无法相信这是真的，正如他所告诉我们的那样，以前从未发生过这样的事情。西藏政府打破这个惯例，是为了保证我们不会错过这次盛会。他们给我们安排了一个尊贵的地方，在距离达赖喇嘛 40 英尺的两个矮沙发那里……有 1 万名西藏人参加这个盛会，他们都穿戴着自己最好的服饰。所有人都盯着我们看，对于来自外部世界的我们充满好奇，他们对我们几乎一无所知。第二个为我们打破的惯例是允许我们自由地用摄影机和照相机拍摄，我们的彩色拍照留下了世界上最壮丽的图像。在这之前从没有允许过任何人对这一盛事拍照录像。②

托马斯父子进入拉萨的时间正值西藏一年一度的雪顿节，他们参加第一天的活动做了 2 个节目。除了《在夏宫》，还做了《西藏首府第一日》。托马斯父子使用华丽的辞藻描述拉萨雪顿节，言语中含有各种可以

---

① 托马斯西藏报道的重点是宣扬"西藏独立论"。在这里，托马斯将中国与周边国家并列。看似在不经意之间，却是托马斯西藏话语的核心表达。

② "At the Summer Palace", Tibet Broadcast by L. T. Jr., August 29, 1949, 1. 22. 1. 2. 465. 1, Lowell Thomas Papers, Marist College.

调动人们兴趣神经的元素：神秘的喇嘛、穿着第一次世界大战军服的西藏士兵、西藏军人演奏美国歌曲、国王与活佛、恶魔的故事等。他们说："事实上我真的感觉我们像马可·波罗"，"军人们穿着第一次世界大战时英军的制服，配有同时期的步枪和机关枪，有3个乐队为我们演奏，令人震惊的是还有一组风笛手！我们惊叹于他们演奏的曲目，居然是《进军乔治亚》（Marching Thru Georgia）、《天佑吾王》（God Save the King）和《友谊地久天长》（Auld Lang Syne）"。"我们结束了在拉萨的第一天，令人永远无法忘怀的第一天！晚上我的头还是晕的，感觉我们似乎是在另外一个世界，身处一个古老而华美的仙境。"①

可以看到，托马斯使用华丽的辞藻为从未到达过西藏的美国民众描绘了一幅令人神往的与西方世界迥异的域外世界画面，虽然与实际情况相差甚远，但却足以调动听众探索未知世界的神经，其目的则是通过吸引人们关注西藏旅行报道，传播美国政府所需要的对华意识形态战理念，这在小托马斯的报道《如何对付中共》中也有着清晰的阐释："西藏人在遏制共产主义红色浪潮中可能会发挥关键性作用。"②《纽约先驱论坛报》新闻记者罗伊·安德鲁斯（Roy Chapman Andrews）对托马斯拉萨报道的影响力有这样的阐释："当托马斯父子应达赖喇嘛邀请访问西藏时，我和整个世界一道，收听了他来自那个奇妙城市拉萨的广播。托马斯父子关于那个难以进入的城市——拉萨的精彩故事通过电波飞进千家万户。"③ 这应该是对托马斯父子西藏旅行广播报道影响的最直观表达。

---

① "Our First Day in Tibetan Capital", Tibet Broadcast by L. T. Jr., August 29, 1949, 1.22.1.2.465.1, Lowell Thomas Papers, Marist College.
② "What About the Chinese Reds?" Tibet Broadcast by L. T. Sr., August 31, 1949, 1.22.1.2.465.1, Lowell Thomas Papers, Marist College.
③ Roy Chapman Andrews, "Across the Himalayan Wall to a Legendary Civilization", *The New York Herald Tribune*, Dec 3, 1950, p. E9.

三 托马斯父子西藏旅行报道紧扣冷战时代主题：所谓的"共产主义与战争"

托马斯父子西藏旅行报道从进入印度开始，基本上是父子俩轮换播报。在印度土地上的报道主要聚焦于如何获得入藏许可、美国驻印度使领馆官员及印度、锡金官员如何提供帮助做入藏准备等。在锡金首府甘托克（Gangtok），托马斯父子得到了入藏的最后许可，并完成了入藏前的最后准备。他们从这里出发，穿越乃堆拉山口进入西藏。途中他们非常激动地为美国听众作了《穿越喜马拉雅山脉》的报道：

> 我们已经穿越了喜马拉雅主山脉，今晚我就在西藏为您进行报道。今天我们在地球上最壮观、最美丽的国家行进了 14 英里崎岖的山路——真是太美了！

他说：

当我们到达印度和西藏边界时，我们惊喜地发现这里既没有军事设施，也没有关隘。在乃堆拉山口根本没有人，只看到 3 头牦牛，长着毛茸茸的尾巴。牦牛一看到我们的旅行队就跑远了。过了乃堆拉山口进入禁地西藏，路是平坦的。我们看到有上百面经幡迎风飘舞，它们挂在两块巨石间的牦牛线绳上。我们再次摘下帽子，扔了几块石头、呢喃着西藏的祈祷语以吓走那些恶魔。我们现在所在的地方比美国的任何山峰包括加利福尼亚山脉最高的惠特尼山（The Whitney）还要高。①

可以看到托马斯在讲述西藏旅行故事的时候，特别地把中国西藏称作是一个独立国家，是为托马斯谬误西藏话语最核心内容。完全进入西

---

① "Crossing the Himalayas", Tibet Broadcast by L. T. Sr., 1.22.1.2.465.1, Lowell Thomas Papers, Marist College.

藏境内的第一篇报道《第三次世界大战》（*The Third World War*）更是形象地折射出了托马斯父子西藏旅行报道的政治意蕴。

　　托马斯父子 1949 年西藏旅行正值杜鲁门主义出台两年之后、新中国成立前夕，美苏两大阵营在全球范围内进行冷战较量。伴随着美苏在全世界范围内的激烈争夺和核武器的诞生，所谓的第三次世界大战即将爆发的话题成为当时华盛顿、莫斯科政治圈中一个热门的政治议题，反映了当时美苏政治家们对当时世界政治、军事走向的一种焦虑：

　　你听说过第三次世界大战的故事吗？它是怎么开始的？又是怎么结束的？我是在加利福尼亚红木森林的篝火旁听到的这个故事。《旧金山纪事报》（*San Francisco Chronical*）最年轻的编辑保罗·史密斯（Paul Smith）为我们讲述了这个故事。也许您没听说过，我现在给您再讲一遍。现在我们所在的地方正适合讲这个故事，因为这里是故事结束的地点：喜马拉雅——我们现在就在西藏的一座山上，附近有牦牛在吃草，西藏的祈祷经幡在风中飘舞，周边环绕着西藏东南部的山峰——这，就是世界屋脊。

　　战争（第二次世界大战）后时代到来了，人类遭到了报应。我们的星球充斥着冲突，几乎是一夜之间昔日的盟友变成了敌人。对于地球的争夺比以往更加激烈。地球上的 3 个强国美英苏最终走进了死局。联合国安理会成了摆设。有核国家在同一时间按下了发射原子弹的按钮，瞬间这些装有原子弹弹头的喷气式火箭在地球上穿梭，地球上的每一个城市，所有的码头和工厂，城市和乡村，所有的工人都消失了。人类遭遇了毁灭，这是一场难以置信的灾难。所有的动物、鱼类及爬行动物全部灭亡，是的，甚至是昆虫。原子弹爆发的火焰，几乎等同于太阳中心的热量，导致所有的海洋、河流和湖泊都消失殆尽。我说过，所有的生物都会被杀死，是的，没有例外。但是在喜马拉雅山脉深处有一个洞穴，一只公猴和一只母猴以某种方式避免了这个世界灾难。当他们感觉到所藏身的高山在轻轻摇动时急忙跑到洞口，惊恐地蜷缩在那里。在山的下面，熔岩流入洼地，海洋和河流消失后产生了薄雾，正午的太阳呈现为一个暗淡的红色球，犹如从前日落的景象。……我不希望当我们在西藏高原时发生这样的事情。但是如果发生了，按照这个离奇故事的情节，喜马拉雅高地就是我们应该在的地方。①

多么可怕而悲观的人类战争故事！托马斯通过这个故事给他的听众传达了这样的信息：第三次世界大战可能会爆发，原子弹时代的战争将给人类带来毁灭性灾难，在世界末日来临之际，西藏高原将是人类最后的栖息地！这在一定程度上反映了当时华盛顿政客的某种心境——西藏高原具有无可比拟的战略重要性！所以在冷战时期有海外学者如此论述西藏重要战略地位："谁控制了西藏，谁就控制了喜马拉雅山麓；谁控制了喜马拉雅山麓，谁就能威胁印度次大陆；谁能威胁印度次陆，谁就可能把整个南亚甚至是整个亚洲都控制在自己的势力范围之内。"② 冷战时期美国政府插手中国西藏事务的一个重要前提判断是："如果共产主义真正控制了中国，西藏就将成为亚洲大陆仅存的几个非共产主义堡垒之一……西藏将在意识形态与战略上具有重要意义。"③

托马斯父子西藏旅行报道从《第三次世界大战》开始，不间断渗入政治元素。他们在随后亚东的新闻播报中直抒主题："俄罗斯在向整个亚洲推进。这是共产主义的扩张。"④ 这种所谓的共产主义威胁论与当时美联社关于托马斯父子拉萨行动报道的政治基调是一致的："在拉萨他们调

---

① "The Third World War", Tibet Broadcast by L. T. Sr. , 1.22.1.2.465.1, Lowell Thomas Papers, Marist College.

② George Ginsburgs and Michael Mathos, *Communist China and Tibet*: *The First Dozen Years*, The Hague: Martinus Nijhoff, 1964, p. 210.

③ "Memorandum by Miss Ruth E. Bacon of the Office of Far Eastern Affairs to the Chief of the Division of Chinese Affairs (Sprouse)", April 12, 1949, *FRUS*, 1949, Vol. IX, Washington D. C. : GPO, 1974, pp. 1065 – 1071.

④ "We Meet the Chinese", Tibet Broadcast by L. T. Jr. , Aug 10, 1949, 1.22.1.2.465.1, Lowell Thomas Papers, Marist College.

查了西藏人对亚洲共产主义危机的看法，包括中共渗透的危险性。"① 而远在纽约的新闻人默罗在主持托马斯晚间新闻节目中也说："托马斯访问拉萨远非用浪漫、冒险的词汇可以形容。有消息透露说，达赖政府已经下达命令密切关注中国共产主义的渗透。"② 显然他们都把托马斯父子西藏旅行看成是两大阵营在全世界争夺势力范围中的一个重要行动。所以我们不难理解，托马斯西藏旅行及其新闻报道的政治蕴意：托马斯父子1949年西藏旅行及其广播报道是这一时期美国亚洲冷战的重要组成部分。

四 托马斯父子与西藏分裂势力合谋宣扬"西藏独立论"

美国驻印度使领馆是美国政府制定与执行西藏政策的重要推手。1949年上半年，美国驻印度大使馆不断提出建议，称"鉴于亚洲形势的变化，美国应重新审议对西藏的政策"。所以在1949年4月，使馆郑重提出，"如果共产党成功控制中国，或者是进一步发展壮大，美国就应该做好承认西藏独立的完全准备"。③ 托马斯父子西藏旅行及其涉藏报道就是美国西藏政策转变的情报与舆论准备工作之一。托马斯在题目为《在拉萨与西藏人谈话》的报道中讲述了与所谓的西藏"外交局"官员的谈话，实际上反映了美国插手所谓"西藏问题"的考虑："他们听说美国很重视'自由'，因此他们希望如果中共入侵，美国可以帮助西藏获取自由和独立。大家想过美国可以伸出援助之手吗？如果可以，通过什么方式？

---

① AP, "Lowell Thomas Seriously Injured in Tibet Accident, Army Air Forces to Attempt Air Rescue", September 23, 1949, for immediate release, 1.22.7.475.8, Lowell Thomas Papers, Marist College, USA.

② Broadcast of Edward R. Murrow, Aug 22, 1949, 1.22.1.3.466.11, Lowell Thomas Papers, Marist College.

③ "Memorandum by Miss Ruth E. Bacon of the Office of Far Eastern Affairs to the Chief of the Division of Chinese Affairs (Sprouse)", April 12, 1949, *FRUS*, 1949, Vol. IX, Washington D. C.: GPO, 1974, pp. 1065 – 1071.

可以做到什么程度？这是个很难回答的问题！我们可能都会说自己的国家会愿意提供帮助，但是这在很大程度上取决于民意在参议院和众议院的反应。西藏两位外交官索康和柳霞希望我们可以将他们国家的境遇告知美国。"① 这个报道明确宣示了托马斯谬误西藏话语的主题：所谓的中国共产党军队"入侵"西藏与所谓的"共产主义威胁"。小托马斯在8月31日《如何对付中共》的报道中也借用与索康的谈话报道说："西藏自从1912年起就是一个完全独立的国家。这个国家和共产主义没有任何关系。"② 严重背离历史事实。③

众所周知，所谓西藏"外交局"的僧俗官员索康和柳霞是那一时期西藏分裂势力的代表，是西藏"独立"的积极鼓动者与参与者，托马斯父子与两位西藏分裂势力代表在策动西藏"独立"、对抗中国中央政府解放西藏这一事件上的勾连即是美国与西藏分裂势力合谋的典型范例，也从另一个侧面昭示了托马斯父子1949年西藏旅行的政治目的。正是由于托马斯父子1949年西藏旅行的背后动因是基于东西方的冷战需要，所以不难理解"渲染西藏独立"成为托马斯父子西藏旅行报道的重要主题。

在拉萨，托马斯父子还拜访了达赖喇嘛的家，与达赖喇嘛的母亲及其兄弟姐妹一起观看了罗布林卡戏班的表演，并且做了《拜访达赖喇嘛家》的专题报道。小托马斯在这个报道中说："最后几天的时间里我们和西藏人进行了许多有趣的交流，这些交流很有价值，因为能够反映这个与外界隔绝的大山里人的想法。尽管他们隐居、过着寺庙生活，但是他们有许多和我们同样的担忧，并不是所有的思想都与宗教有关。比如我父亲和外交局官员的谈话，他们讲述了关于中国的故事：西藏在过去的38年间一直保持独立，但是中国却宣称西藏是一个外省，拉萨从来没有

---

① "Conversation with Tibetans in Lhasa", Tibet Broadcast by L. T. Jr., 1.22.1.2.465.1, Lowell Thomas Papers, Marist College.

② "What about the Chinese Reds?" Tibet Broadcast by L. T. Sr., August 31, 1949, 1.22.1.2.465.1, Lowell Thomas Papers, Marist College.

③ 参见王贵、喜饶尼玛、唐家卫《西藏历史地位辨》，民族出版社1995年版。

承认这个说法。"① 如此谬误西藏观实际上也是与历史上美国政府的西藏政策相背离的。在 1949 年美国西藏政策转变前夕,美国驻印度大使格雷迪(Grady)1947 年给国务卿的电报中还讲道:"中国一直宣称对西藏拥有主权,而西藏对此从未提出异议。"②

不仅如此,托马斯还提出建议,加强西藏与美国的文化交流。他说:"首先,西藏政府可以支持在拉萨的印度政府官员黎吉生(原英国驻拉萨官员在印度独立后继续留任)到美国的大学做演讲。他是苏格兰人,杰出的西藏通,他可以以学术的方式将西藏人的生活介绍给美国公众;其次,可以派一个年轻的会说英语的西藏人到美国作为非正式政府代表;最后,可以派年轻西藏人到美国不同地方的大学学习,这样他们就可以带回对于我们国家更加广泛的知识。"③ 这个建议和美国驻印度大使馆代办斯蒂瑞(Steere)1951 年年初给国务院的建议加强美国与西藏关系的电报内容是一致的。斯蒂瑞建议美国政府要加强与西藏关系:(1)修改或简化美国从西藏进口羊毛的规则;(2)研究其他西藏产品在美国开拓市场是否具有可能性;(3)研究阻止那些西藏战略性产品进入中国市场的可能性;(4)研究将西藏纳入目前对国民党势力与南亚经济、财政援助项目的可能性;(5)在适当的时间,以适当的形式,美国政府就承认西藏自治问题发表一个公开声明;(6)美国代表更经常地访问印度噶伦堡,与那里的西藏政要进行非正式联络;(7)通过美国信息局(USIE)给噶伦堡的西藏当局提供信息,帮助西藏唯一的报纸经营者塔钦(Tharchin);(8)向西藏学生提供美国教育机会;(9)如果印度法律规定允许,进一步考虑美国对西藏提供军事援助;(10)就中共"入侵"西藏问题,继续

---

① "A Call on the Dalai Lama's Family", Tibet Broadcast, August 31, 1949, 1. 22. 1. 2. 465. 1, Lowell Thomas Papers, Marist College.
② The Ambassador in India (Grady) to the Secretary of State, New Delhi. FRUS, Aug 21, 1947, Vol. VII, Tibet, Washington D. C.: GPO, 1972, pp. 588 – 600.
③ "A Call on the Dalai Lama's Family", Tibet Broadcast, August 31, 1949, 1. 22. 1. 2. 465. 1, Lowell Thomas Papers, Marist College.

支持西藏人向联合国申诉。① 可以看到，美国政府要加强与西藏的全方位交往，并以此疏离西藏与中国中央政府的关系。所以不难理解，为什么在这样的历史节点美国政府派出著名新闻人托马斯父子入藏。托马斯父子实际上是扮演了特殊历史时期美国政府特使的角色，他们到拉萨一方面可以观察拉萨的政治形势，搜集西藏情报；另一方面可以充当达赖及其分裂势力与美国总统、国务院甚至军方之间的信息传递员，同时为华盛顿西藏政策的转变鼓与呼。1949 年新中国成立前夕华盛顿的西藏政策发生历史性转变，开始积极支持、援助西藏分裂势力，美国需要托马斯这样的新闻人将政府需要的谬误西藏话语传播给公众，由此获得美国公众对美国政府利用西藏议题进行对华冷战的支持。

当然托马斯父子西藏旅行最重要的活动是拜访达赖喇嘛和噶厦，就是通过这次西藏旅行与达赖喇嘛及其噶厦的接触，托马斯与包括达赖喇嘛在内的西藏分裂势力建立起了日后长达 30 年的密切关系。托马斯《拜访达赖喇嘛》的报道说："正如我前面提到的那样，参观达赖喇嘛王国就像是从 20 世纪穿越回到了中世纪。当你和达赖喇嘛面对面交谈的时候这种感觉更加真切。事实上你可能会感觉离开了地球，来到了一个遥远的空间。"② 由此制造了一个异于西方人熟知的域外世界，以满足部分美国人探究独特未知世界的探奇心理。《与摄政交谈并给达赖喇嘛拍照》报道则直奔主题，将他们在西藏获得特权归因于共产主义："早上我们和达赖喇嘛的会面已经是十分罕见的特权了，接下来是更特别的事情，允许我们给达赖喇嘛拍照和录影。……之前从来没有人为达赖喇嘛录影，也没有人为达赖拍摄彩色照片，那么为什么这个限制为我们解除了呢？"托马斯的回答是："依旧是因为西藏感受到了来自于共产主义席卷亚洲的威胁

---

① The Charge in India (Steere) to the Department of State, FRUS, 1951, China, Washington D. C. : GPO, p. 1682.
② "The Dalai Lama Audience", Tibet Broadcast by L. T. Sr., August 30, 1949, 1. 22. 1. 2. 465. 1, Lowell Thomas Papers, Marist College.

以及西藏渴望得到美国的友谊。"① 可以看到，托马斯父子是依托讲述遥远西藏旅行故事传播"西藏独立论"与"共产主义威胁论"，自此托马斯关于"西藏是一个独立国家"的谬误西藏话语在美国乃至西方广泛传播，影响至今。

结 语

1949 年托马斯父子西藏旅行报道反映了美国冷战初期插手所谓"西藏问题"的历史缘由——西藏在两大阵营的对抗中具有地缘战略的重要性。10 月 24 日的《托马斯广播摘要》报道说："世界屋脊的战略意义已经非常明晰——西藏与南亚大陆接壤，那里正遭受共产主义的威胁。最近的新闻曾引用伦敦方面消息说西藏有铀矿，那是制造原子弹的原材料。"托马斯还特别提到西藏在整个佛教世界的影响力，他说："在亚洲有上亿的佛教徒，如果美国承认'西藏独立'，就有可能向达赖政府提供军事援助，那将是一个受亚洲佛教徒高度欢迎的举措，在当前世界危机形势中与他们保持亲善关系具有重要意义。"托马斯甚至报道说"美国或将承认'西藏独立'"②，这是美国西藏政策转变的一个风向标，它宣示了美国西藏政策的一个重要变化。就是在 1949 年美国从传统上"承认西藏为中国一部分"转变为与西藏分裂势力秘密勾结，利用"西藏问题"对中国进行冷战遏制，③ 这也是在 1949 年新中国成立前托马斯父子西藏旅行的真正原因。所以我们看到在 1949 年 7 月美国国务院决定"派人以休假探险为名，去拉萨观察西藏的政治形势，探寻一下在中国的宗主权

---

① "A Chat With His Highness the Regent and Photographing the Dalai Lama", Tibet Broadcast by L. T. Jr. , August 30, 1949, 1.22.1.2.465.1, Lowell Thomas Papers, Marist College.

② "Excerpt From Lowell Thomas's Broadcast", Oct 24, 1950, Tibet Broadcast, Oct 24, 1949, 1.22.1.2.465.1, Lowell Thomas Papers, Marist College.

③ Zaoxia Cheng, "The Historical Changes of the U. S. Policy toward Tibet in the 1940s and 1950s", *Frontiers of History in China*, Dec. 2010, Volume 5 Issue 4.

已不再成为问题之后在拉萨建立永久领事机构的可能性"。①

托马斯父子是中美关系历史上炮制"中国威胁论"的始作俑者。"中国威胁论"在今日美国政界甚嚣尘上，但实际上早在新中国成立之初，美国新闻人就已经开始大肆渲染所谓的"中国共产主义威胁论"。小托马斯在题目为《西藏笔记2》的报道中，比较详细地阐述了美国对遥远西藏感兴趣的原因，即美国改变传统西藏政策所考虑的主要因素。他说："由于中国几乎被共产党的军队占领，这给西方世界拉响了警报。我们都在问这个问题：他们会切断我们的一些重要原材料的资源供应吗？最终他们会将亚洲超过10亿的人口武装起来发动一场终极的一决胜负的战争吗？"小托马斯还蓄意将中国西藏称作为国家，并说："印度半岛拥有4亿人口，如果共产党控制了印度和巴基斯坦这两个新的国家，那么整个亚洲很快就会被红色浪潮吞噬。"② 很明显小托马斯是利用"西藏问题"制造所谓的"中国共产主义威胁论"。

托马斯父子实际上是冷战初期美国政府利用"西藏问题"开展对华冷战的文化旗手。众所周知，"煽动公众是20世纪西方政治的首要特征"③，1949年中华人民共和国成立后美国对华政策是政治上遏制、经济上封锁、军事上包围，在舆论上则是不遗余力进行诽谤和污蔑。与此同时我们也看到，美国新闻记者与政客之间是一种同生共荣的关系。劳威尔·托马斯的西藏旅行及其西藏话语传播实际上得到了来自美国政府最高层的支持，个中原因最重要一点就是托马斯父子系列行动服务于美国亚洲冷战战略。1949年11月9日，小托马斯回到美国后首次来到华盛顿与杜鲁门总统会晤，总统告诉小托马斯：他一直在收听收看托马斯西藏旅行的广播报道和报纸报道，并且希望能够出席1950年1月他们父子计划的在华盛顿全国地理学会举办的西藏旅行演讲。杜鲁门建议托马斯与

---

① "The Secretary of State to the Ambassador in India (Henderson)", April 12, 1949, *FRUS*, 1949, Vol. IX, Washington D. C.: GPO, 1974, pp. 1078–1079.

② "Tibetan Notes", Tibet Broadcast by L. T. Jr., 1.22.1.2.465.1, Lowell Thomas Papers, Marist College.

③ Eric Louw, *The Media and Political Process*, SAGE Publications Ltd; 2 edition, 2010, p. 2.

国务院官员及空军部长会晤报告他的西藏旅行。据说小托马斯与空军部官员的谈话持续了数个小时。① 托马斯还将他的广播文稿转发给国务卿艾奇逊，并对美国外交人员为他西藏旅行提供帮助给予感谢。② 由此可见，托马斯父子西藏旅行与美国政府的密切关系及其所传播的西藏话语与美国政府冷战战略的高度契合性。正是由于托马斯父子实际上扮演了美国政府特殊历史时期对华舆论战的旗手，故而被美国学者称作是"冷战斗士"③。

---

① John F. Ansley, *On the Fringes of the Cold War, Shangri-La, and American Consciousness: Lowell Thomas, Lowell Thomas, Jr. , and Tibet, 1949 – 1970*, A Doctoral Dissertation of the University at Albany, State University of New York, College of Arts and Sciences, Department of History, 2016, p. 163.

② "Lowell Thomas to Dean Acheson", 25 October 1949, Papers of Harry S. Truman, President's Personal File, Box 594, PPF 5100, Presidential Truman Library.

③ John F. Ansley, *On the Fringes of the Cold War, Shangri-La, and American Consciousness: Lowell Thomas, Lowell Thomas, Jr. , and Tibet, 1949 – 1970*, A Doctoral Dissertation of the University at Albany, State University of New York, College of Arts and Sciences, Department of History, 2016, p. 197.

国际战略研究

"一带一路"倡议与"重建更美好世界"计划的比较分析[*]

罗会钧 蒋杨怡[**]

内容提要:"一带一路"倡议是由中国倡导的国家间区域发展与国际合作平台,而"重建更美好世界"计划是以美国为首的七国集团(G7)成员提出的一项为中低收入的发展中国家提供基础设施融资和援助的新计划,被舆论称之为西方的"一带一路"。二者虽在建设基础设施的定位上存在重合,但在主客体的覆盖范围、基本原则以及融资路径的选择上具有各自的特点。"一带一路"倡议秉持共商共建共享的基本原则,与沿线国家共建"一带一路"开放性投资和融资体系。"重建更美好世界"计划强调以价值观为驱动和"高标准"的基本原则,采取政府引导、市场主导的双向融资方式。"重建更美好世界"计划的问世意味着以美国为首的G7集团将采取新的战略方式遏制"一带一路"倡议的建设。

关键词:"一带一路"倡议;"重建更美好世界";覆盖范围及目标定位;基本原则;融资路径

---

[*] 本文为中南大学自主探索创新项目"美国'印太战略'对'一带一路'倡议的对冲效应及我国对策研究"(506021707)成果。

[**] 罗会钧,中南大学马克思主义学院,博士,教授,博士生导师,主要从事马克思主义中国化、国际关系研究;蒋杨怡,中南大学马克思主义学院硕士研究生,主要从事马克思主义中国化研究。

"一带一路"倡议和"重建更美好世界"计划（Build Back Better World，简称 B3W）分别由中国和美国倡导。2013 年 9 月 7 日，中国国家主席习近平提出共同建设"丝绸之路经济带"。同年 10 月 3 日，习近平主席提出共同建设"21 世纪海上丝绸之路"。"丝绸之路经济带"和"21 世纪海上丝绸之路"简称"一带一路"倡议。① 中国倡导"一带一路"近十年来，通过互联互通、共同发展的逻辑，吸纳了越来越多的国家和国际组织积极参与。"重建更美好世界"计划是在 2021 年 6 月 12 日 G7 峰会期间，美国同英国、法国、德国、日本、意大利、加拿大的领导人共同宣布推出一项旨在满足中低收入国家巨大基础设施需求的计划，② 虽然其推行时间短，覆盖范围小，但是其抗衡中国"一带一路"倡议的目标明确，且在建设基础设施的领域上与"一带一路"倡议重合，被视作"一带一路"倡议的"替代方案"。③ 由于"一带一路"倡议与"重建更美好世界"计划的倡导国在历史文化背景、思想和现实基础理论不同，继而导致了两个倡议在主客体覆盖范围及目标定位、基本原则以及融资路径上的不同。因而，将二者做比较性的分析，将有助于我们理解未来世界各国在基础设施领域的发展方向，从而使得中国在面对来自"重建更美好世界"计划的挑战时，能够有针对性地提出有效的应对策略。

---

① 《什么是"一带一路"？》，中国一带一路网，https：//www. yidaiyilu. gov. cn/info/iList. jsp？tm_id=540。

② The White House, "Fact Sheet: President Biden and G7 Leaders Launch Build Back Better World (B3W) Partnership", June 12, 2021, https://www.whitehouse.gov/briefing-room/statements-releases/2021/06/12/fact-sheet-president-biden-and-g7-leaders-launch-build-back-better-world-b3w-partnership/.

③ The White House, "Press Briefing by Press Secretary Jen Psaki and National Security Advisor Jake Sullivan", June7, 2021, https://www.whitehouse.gov/briefing-room/press-briefings/2021/06/07/press-briefing-by-press-secretary-jen-psaki-and-national-security-advisor-jake-sullivan-june-7-2021/.

一 "一带一路"倡议与"重建更美好世界"计划的覆盖范围及目标定位

"一带一路"倡议和"重建更美好世界"计划虽然在基础设施建设领域存在重合，但是在倡导国和目标对象上具有显著的差异性。"一带一路"倡议由中国倡导，面向所有的国家和地区，积极对接各国的共同发展战略，鼓励沿线各国积极参与，平等协商，互利共建，共享发展成果。"重建更美好世界"计划是由美国参加的 G7 集团（美国、英国、法国、德国、日本、意大利和加拿大）主导，总规模覆盖全球范围内的低收入和中等收入国家基础设施需求的倡议。①

（一）主客体覆盖范围

"一带一路"倡议是由中国倡导，与沿线国家共商共建共享的国际合作平台。中国国家主席习近平在"一带一路"国际合作高峰论坛开幕式上指出，"一带一路"倡议根植于古丝绸之路以和平合作、开放包容、互学互鉴、互利共赢为核心的丝路精神。② 古丝绸之路精神对于今天建设"一带一路"和构建人类命运共同体提供重要的历史经验。从"一带一路"的覆盖地域走向来看，其突破了古代丝绸之路只覆盖中亚地域范围的局限性，自上向西延伸至欧洲、印度洋；以中国沿海港口出发向东拓展至南太平洋。"一带一路"倡议作为一个开放包容的国际合作平台，其覆盖了各个发展阶段和不同文明的沿线国家。虽然"一带一路"倡议目前侧重于欧亚大陆，但是向所有志同道合的朋友开放，不排除也不针对

---

① The White House,"Fact Sheet: President Biden and G7 Leaders Launch Build Back Better World（B3W）Partnership", June 12, 2021, https://www.whitehouse.gov/briefing-room/statements-releases/2021/06/12/fact-sheet-president-biden-and-g7-leaders-launch-build-back-better-world-b3w-partnership/.

② 《习近平谈治国理政》第 2 卷，外文出版社 2017 年版，第 506 页。

任何一方。① 中国积极鼓励全世界的各国积极参与，共同打造和谐家园，构建人类命运共同体。

与"一带一路"倡议不同的是，"重建更美好世界"计划是由 G7 集团多元主导，为低收入国家建设基础设施的计划。对此，美国白宫有明确的界定："重建更美好世界"是一项满足低收入和中等收入国家巨大基础设施需求的积极倡议。② 在基础设施建设领域上，相较于美国以往提出的"蓝点网络"计划（Blue Dot Network），"重建更美好世界"计划在地域的覆盖范围上更为广阔，不再只是局限于"印太"地区，而是从拉丁美洲和加勒比到非洲和"印太"地区。尽管 G7 集团中的各个国家对于想要侧重帮扶的国家和地区定位不同，但是将各个国家的划区范围整合起来便覆盖了全球所有的低收入和中等收入国家。这表明，"重建更美好世界"计划在覆盖范围上想要突破美国及其盟友近年来在海外基础设施建设计划上只聚焦于某几个地区的地域局限，试图扩大涵盖范围至全球，将地缘政治上分离的中低收入国家联结起来，横跨东西两个半球，将"价值观"一致的发展中国家都纳为其关注的对象，同时积极争取全世界的"民主国家"参与基础设施建设的融资计划。但是就目前来看，G7 集团国家还没有和具体的某个低收入或中等收入的国家进行基础设施建设方面的商讨，也没有与被支援国家共同建设。

在主客对象的选择上，"一带一路"倡议采取中国倡导，沿线共建；而"重建更美好世界"计划是多元主导，覆盖全球。造成覆盖范围不同的根源在于，中美两国拥有不同背景的历史文化。自新中国成立以来，中国一直同第三世界国家保持着和平友好、平等互助的关系。党的十八大以来，中国一直秉持着"与邻为善、以邻为伴"的周边外交方针，中国与第三世界国家同属于发展中国家，在基础设施建设的问题上都面临

---

① 《习近平谈"一带一路"》，中央文献出版社 2018 年版，第 193 页。
② The White House, "Fact Sheet: President Biden and G7 Leaders Launch Build Back Better World (B3W) Partnership", June 12, 2021, https://www.whitehouse.gov/briefing-room/statements-releases/2021/06/12/fact-sheet-president-biden-and-g7-leaders-launch-build-back-better-world-b3w-partnership/.

着同样的发展问题，两者在合作的过程中能够更加契合。而美国在冷战结束之后，一直谋求维持世界霸权地位。无论是老布什政府的"世界新秩序"战略、克林顿政府的"参与和扩展战略"、小布什政府的"单边主义"，还是奥巴马政府的"亚太再平衡"战略、特朗普政府的"印太战略"，以及拜登政府的"重建更美好世界"计划，美国外交战略的实质都是以"美国优先"，服务于美国的利益为核心，以此来遏制新兴发展中国家，稳固美国的霸权地位。"重建更美好世界"计划就是在 G7 峰会上，美国联合欧洲盟友国家英国、法国、德国、意大利以及加拿大和日本，在应对"一带一路"倡议飞速发展的问题上，达成联合推出"重建更美好世界"计划的共识。这是拜登政府试图突破特朗普政府以印度洋和太平洋的"美日印澳"的盟友伙伴布局关系，跨越到以太平洋和大西洋的两个方向来组建新的盟友伙伴，借此发挥出同盟体系聚合资源作用的同时抗衡"一带一路"倡议。"一带一路"倡议是平等参与、共同建设的倡议，是运用合作力量、凝聚所有参与国之力来实现基础设施建设。而"重建更美好世界"计划的多元主导，覆盖范围和领域宽泛则更有可能导致在较短的时间内无法实现主导国之间的意见统一，在巨额资金的筹集方面则更难满足于基础设施的需求。在这一点上，"一带一路"倡议占据显著的优势。

（二）目标定位

基础设施建设作为"一带一路"倡议重要的合作内容之一，中国在尊重参与国的国家主权安全的前提下，侧重于与各国共同建设传统"硬性"的实体基础设施。习近平主席指出："以中巴、中蒙俄、新亚欧大陆桥等经济走廊为引领，以陆海空通道和信息高速路为骨架，以铁路、港口、管网等重大工程为依托，一个复合型的基础设施网络正在形成。"[①]在共同搭建的基础设施网络中，实现设施联通、促进贸易畅通，大幅降

[①]《习近平谈"一带一路"》，中央文献出版社 2018 年版，第 510 页。

低跨区域交流的资金和技术成本，促进与沿线参与国之间的交流与合作，实现合作共赢的新发展。而"重建更美好世界"计划更加注重以人力资源为重点，在气候变化、公共卫生安全、数字技术、性别平等四个领域上通过协调动员私营部门的资本。① 这表明，美国并没有将实体基础设施作为基础设施建设的重点发展方向，而是选取了具有显著"国际规则制定"意义的全球性议题②作为软性基础设施的发展方向。

通过对比可以发现，"重建更美好世界"以"软性"基础设施建设为重点，仅从二者的目标覆盖领域来看，"重建更美好世界"在传统领域的基础设施建设上，对"一带一路"构成的挑战较少，其更像是对"一带一路"倡议没有涵盖到的基础设施领域，提供另一种方式的补充。③ 但从拜登政府把中国列为"最重要的战略竞争对手"④来看，这不是对"一带一路"的补充，而是对"一带一路"的根本挑战。首先，在领域的覆盖范围上，随着"一带一路"倡议在国际上取得较快的发展，以美国为首的 G7 国家在推行"重建更美好世界"计划时，有意和"一带一路"倡议的领域覆盖范围有明显的重合，甚至扩大至全球，包含了"一带一路"的沿线国家。美国想赢得对中国的竞争，试图通过采用全球霸权思维联合其他的国家组成更大的联盟削弱中国的影响力，并且以意识形态为导向逼迫中低收入国家选边站，进而继续维持自己的霸权统治地位。2021 年 3 月，拜登向英国首相鲍里斯·约翰逊建议："'民主国家'应制

---

① The White House, "Fact Sheet: President Biden and G7 Leaders Launch Build Back Better World (B3W) Partnership", June 12, 2021, https://www.whitehouse.gov/briefing-room/statements-releases/2021/06/12/fact-sheet-president-biden-and-g7-leaders-launch-build-back-better-world-b3w-partnership/.
② 龚婷：《美国对"一带一路"的舆论新攻势及应对建议》，《对外传播》2022 年第 1 期。
③ Council on Foreign Re Lations, "The G7's B3W Infrastructure Plan Can't Compete with China. That's Not the Point", August 10, 2021, https://www.cfr.org/blog/g7s-b3w-infrastructure-plan-cant-compete-china-thats-not-point.
④ U. S. Department of Defense, "Fact Sheet: 2022 National Defense Strategy", March 28, 2022, https://media.defense.gov/2022/Mar/28/2002964702/-1/-1/1/NDS-FACT-SHEET.PDF.

定一项基础设施计划,以与中国的'一带一路'倡议相抗衡。"① 通过为中低收入的发展中国家提供基础设施建设服务为契机,借机拉拢一大批"价值观"相近的国家同美国一齐遏制和打压"一带一路"倡议的发展,并向同盟伙伴灌输和强化共同应对"一带一路"的观念,试图通过舆论上的抹黑和行动上的竞争等方式,联合盟友建立一个替代"一带一路"的高质量和高标准的基础设施项目。显然,"重建更美好世界"计划的出台对"一带一路"有针对性的竞争和敌意,对"一带一路"的发展有着根本性的挑战。

其次,在目标定位上,"重建更美好世界"计划在目标的定位上直接瞄准基础设施建设领域,尤其是在气候方面,针对"一带一路"倡议曾经投资过以化石燃料为主的海外发电厂,污名化"一带一路"的项目。美国国务卿布林肯表明,拜登政府将会推动国际金融机构停止为新的化石燃料项目提供资金,并对中国通过"一带一路"项目资助以化石燃料为主的能源项目表示谴责。② 美国政府试图将全球变暖、全球碳排放量超标等问题归咎于中国,用气候问题来打压和遏制中国。与此同时,标榜"重建更美好世界"计划将始终坚持气候友好型,以遵循气候变化《巴黎协定》的目标进行。③ 通过环境气候等问题,对"一带一路"倡议进行污名化的舆论导向,进而宣传"重建更美好世界"计划走可持续发展道路,为发展中国家提供另一条绿色能源道路。然而,事实上美国只是以气候问题为幌子,用过去碳排放量的数据对中国进行极限施压,在气候领域对"一带一路"倡议的项目提出质疑与挑战。近十五年来,中国积

---

① REUTERS, "Biden says he suggested to UK's Johnson a plan to rival China's Belt and Road", March 27, 2021, https://www.reuters.com/article/us-usa-britain-biden-china-idUSKBN2BI32M.
② One Hundred Seventeenth Congress, "Nomination of Hon. Antony J. Blinken to be U. S. Secretary of State-Part I, Hearing before the Committee on Foreign Relations United States Senate", January 19, 2021, https://www.govinfo.gov/content/pkg/CHRG-117shrg43891/pdf/CHRG-117shrg43891.pdf.
③ The White House, "Fact Sheet: President Biden and G7 Leaders Launch Build Back Better World (B3W) Partnership", June 12, 2021, https://www.whitehouse.gov/briefing-room/statements-releases/2021/06/12/fact-sheet-president-biden-and-g7-leaders-launch-build-back-better-world-b3w-partnership/.

极走绿色经济转型的发展道路，不断自主提高应对气候变化的行动力度，在气候问题上取得了巨大的成效。截至 2020 年年底，中国单位 GDP 二氧化碳排放比 2005 年下降 48.4%。[①] 并且在 2021 年 4 月，由中国人民银行等三部门印发《绿色债券支持项目目录（2021 年版）》[②]，中国在新目录中已剔除了有关煤电等化石能源的发电项目，并不再将化石能源的高碳排放项目纳入绿色债券支持的范围中。由此可见，中国并非像美国国家安全顾问沙利文所说的"在应对气候变化问题上不合群"[③]，反而是积极采取相应的措施应对全球气候问题，将绿色发展理念贯穿至"一带一路"中，以一系列的绿色项目助推沿线国家的可持续发展，为全球环境的治理以及构建人与自然和谐共生的地球家园作出贡献。

二 "一带一路"倡议与"重建更美好世界"计划的基本原则

"一带一路"倡议和"重建更美好世界"计划都明确提出了指导性的基本原则。共商共建共享是"一带一路"倡议践行国际合作的基本原则，也是构建新型国际关系的实践方略。"重建更美好世界"计划则是以价值观为导向和高标准的定位，秉持着以"价值观驱动"（Values-Driven）为指导原则，以筹集资金为目标，从不同的渠道为低收入和中等收入的国家谋取更多的资金来满足基础设施建设的巨额资金需求。

中国遵循共商共建共享作为"一带一路"倡议的理论指导原则，从

[①] 《国新办举行〈中国应对气候变化的政策与行动〉白皮书新闻发布会》，2021 年 10 月 27 日，国新办网站，http://www.scio.gov.cn/xwfbh/xwbfbh/wqfbh/44687/47299/index.htm。

[②] 《绿色债券支持项目目录（2021 年版）》2021 年 4 月 22 日，中国政府网，http://www.gov.cn/zhengce/zhengceku/2021-04/22/5601284/files/48dd95604d58442da1214c019b24228f.pdf。

[③] 《美官员称中国在应对气候变化问题上"不合群" 外交部驳斥》，2021 年 11 月 2 日，央视新闻，http://content-static.cctvnews.cctv.com/snow-book/index.html?item_id=16961142786913031064。

倡议到行动的实践成果，为沿线国家带来了新的发展机遇。共商指的是平等协商，"一带一路"在建设的过程中始终坚持平等协商、集思广益。"一带一路"国际合作高峰论坛是中国与世界各国共同协商"一带一路"国际合作的重要平台，与沿线国家凝聚合作共识，强化伙伴关系，实现合作共赢。共建指的是开放协作，"一带一路"坚持对外开放，共同协作，和谐包容，推动与国际组织、国家、企业之间形成互联互通的合作伙伴关系，各施所长，实现高质量发展。截至 2022 年 12 月，中国已经同 150 个国家、32 个国际组织签署 200 余份共建"一带一路"合作文件。① "一带一路"倡议正不断推动各方以开放的合作谋求新发展，实现高水平合作，共建高质量发展的"一带一路"。共享指的是互惠共赢，"一带一路"倡议将建设成果更公平地惠及沿线各国人民，共享"一带一路"倡议的发展成果，实现互利互惠的合作共赢。截至 2020 年，中国与"一带一路"沿线国家货物贸易累计达 9.2 万亿美元，对沿线国家累计直接投资 1360 亿美元。② "一带一路"已成为中国与沿线各国互惠共赢的命运共同体。共商共建共享作为"一带一路"发展的基本原则，印证了"一带一路"从倡议到实践再到成果的三个不同的发展阶段，也是"一带一路"践行新型国际合作的重要准则。

与"一带一路"倡议不同，白宫特别声明"重建更美好世界"计划是以价值观为导向和高标准的定位，秉持着以价值观驱动为指导原则，目的是区别以往其他的基础设施建设的投资计划，彰显出"重建更美好世界"计划的优越性。然而，也正是因为"高标准"的高额费用以及多方利益相关者的意见难以统一标准，导致了实践过程中可操作性不强，出现效率低下等问题。

首先，在"高标准"的问题上，拜登政府有意让"重建更美好世界"

---

① 《数说共建"一带一路"2022》，2022 年 12 月 31 日，中国一带一路网，https://www.yidaiyilu.gov.cn/xwzx/gnxw/299772.htm。

② 《构建人类命运共同体的伟大实践》，2021 年 6 月 11 日，中国一带一路网，https://www.yidaiyilu.gov.cn/ghsl/gnzjgd/176761.htm。

计划继续延续和发展特朗普政府在 2019 年颁布的对地区基础设施建设提供标准并进行评估的"蓝点网络"计划。2022 年 3 月 21 日,经济合作与发展组织(OECD)发布了蓝点网络认证框架原型的提案,表明该框架适用于经济、环境和社会可持续、有弹性、开放和透明的基础设施项目,并将在不同地区和部门的多个基础设施项目中进行试点。① 由此可见,拜登政府意图以基础设施为依托,将"重建更美好世界"计划与"蓝点网络"计划的"高标准"对接起来。"蓝点网络"计划是"重建更美好世界"计划的基础,其涉及对气候环境的影响、反腐败、保证劳工权益等领域。②

虽然美国在气候、卫生安全等领域对环境制定的"高标准"有助于世界更好地有效应对气候变化和生态破坏等问题。但是"高标准"的制定,也意味着"重建更美好世界"需要以"蓝点网络"认证的严格标准来为中低收入的发展中国家建设基础设施。然而,"蓝点网络的认证过程并不便宜,且在认证过程中多方利益相关者之间需要经过多次的讨论和谈判,最终达成一致的观点可能会持续数年"。③ 由此可见,"高标准"的实施必然会导致更高的投入成本、更严格的审查制度以及更长的时间。那么,对于经济落后的发展中国家,投入过高的物质和时间成本来接受 G7 国家制定的"高标准"显然是不现实的。因而,让所有的基础设施建设项目都落实蓝点网络计划的"高标准"认证相当困难且效率低,即使得到由"蓝点网络"认证的项目可能也一时无法满足相关国家的实际需要。在这意义上,"高标准"的实施反而降低了"重建更美好世界"的竞

---

① OECD, "The OECD proposes a prototype for the Blue Dot Network to operationalise quality infrastructure projects", March 21, 2022, https：//www.oecd.org/newsroom/the-oecd-proposes-a-prototype-for-the-blue-dot-network-to-operationalise-quality-infrastructure-projects.htm.

② The White House, "FACT SHEET：President Biden and G7 Leaders Launch Build Back Better World (B3W) Partnership", June 12, 2021, https：//www.whitehouse.gov/briefing-room/statements-releases/2021/06/12/fact-sheet-president-biden-and-g7-leaders-launch-build-back-better-world-b3w-partnership/.

③ MATTHEW P. GOODMAN, DANIEL F. RUNDE, and JONATHAN E. HILLMAN："Connecting the Blue Dots", Center for Strategic and International Studies, 26 February 2020, https：//www.csis.org/analysis/connecting-blue-dots.

争力。

其次，在以价值观为驱动上，美国试图联合"民主国家"一同遏制"一带一路"倡议的发展，企图通过各领域中的"高标准"来否认"一带一路"取得的成果，甚至污名和抹黑"一带一路"倡议是"低标准"，力求拉拢更多的国家放弃"一带一路"的项目。美国试图通过给中低收入的发展中国家筹集资金的行为举措，在价值观和道德上占据优势地位，在国际上煽动"意识形态"的对抗，逼迫"重建更美好世界"计划中的受援国在"一带一路"倡议和"重建更美好世界"计划之间选边，蓄意干涉"一带一路"的国际合作，散布抹黑"一带一路"的政治谣言，这些谣言往往打着"民主"旗号，但实际上充斥着霸权思维。

然而，美国对"民主国家"的界定主观性较强，即在国家战略的选择上是否能够同美国站在同一条战线上，能否作出为美国所用的"民主战略"。美国—东盟商务协会（USABC）政策事务高级副总裁马克·米利（Marc Mealy）就担忧："如果只有美国定义为民主的国家才有资格参与，那么B3W很难成为可以广泛提供融资支持的可行性替代方案。"[①] 美国以意识形态作为挑选帮扶对象的标准，那么面对"非民主国家"的中低收入国家，美国是仍然坚持帮扶全球中低收入国家的覆盖范围？还是会坚持以"民主国家"的价值观为驱动有选择性地挑选帮扶对象？这二者显然是一个相悖的逻辑。那么，"重建更美好世界"计划是否真的能够成为发展中国家在"一带一路"倡议之外的又一个替代方案是值得商榷的。

综上所述，在基本原则的制定上，"一带一路"倡议采取共商共建共享的全球治理理念；而"重建更美好世界"计划则是以"高标准"自居，以价值观驱动为导向。造成二者基本原则不同的是，中美两国倡议的思想和现实基础理论不同，"一带一路"倡议的基本原则源自马克思主义世界历史，而"重建更美好世界"计划的基本原则来源于美国的"民主价

---

① 《砸40万亿美元拉拢发展中国家，美版海外基建计划能否成功？》，2022年1月23日，搜狐网，https：//mp.weixin.qq.com/s/30wuqtvgnD0i_u-XfpyiiQ。

值观"外交①。

在世界历史理论中，马克思阐释了由民族区域"历史"向"世界历史"转变的规律。在《德意志意识形态》中，马克思首次对"世界历史"进行了阐述，认为"各个相互影响的活动范围在这个发展进程中越是扩大，各民族的原始封闭状态由于日益完善的生产方式、交往以及因交往而自然形成的不同民族之间的分工消灭得越是彻底，历史也就越是成为世界历史"。② 世界历史理论强调的是全世界各民族区域联系在一起。"一带一路"倡议是当代中国的现实实践，同时也是世界历史理论的理论实现。"一带一路"倡议是联结世界各国的实践合作平台，习近平总书记指出："一体化的世界就在那儿，谁拒绝这个世界，这个世界也会拒绝他。"③ 单个国家无法应对人类面临的共同挑战，因而，世界各国之间的联系日益频繁和紧密，国际事务应当由各国一起平等协商，共同助推世界的发展。"一带一路"倡议便是遵循着世界历史理论的逻辑，"一带一路"建设将由大家共同商量，建设成果将由大家共同分享。④ "一带一路"倡议标志着世界历史从一般理论向具体实践的转变。

而美国自由主义价值观是西方国际政治理论的理论形态，美国奉行的"自由主义霸权"价值观外交战略，深深植根于美国政治文化的土壤之中，是美国民主党执政时常用的外交手段，其源自冷战期间，价值观成为美国迅速与欧洲盟友建立盟友体系，进而进行国际合作的重要抓手。⑤ 美国的自由主义价值观是从维护自己国家利益的基点上出发，以相同的"民主价值观"为由联结众多盟友国家对抗和遏制对美国有威胁的国家，以"美国优先"为指导方针，进而称霸全球。"重建更美好世界"

---

① The White House, "Remarks by President Biden and Prime Minister Suga of Japan at Press Conference", https://www.whitehouse.gov/briefing-room/speeches-remarks/2021/04/16/remarks-by-presidentbiden-and-prime-minister-suga-of-japan-at-press-conference/.
② 《马克思恩格斯选集》（第1卷），人民出版社1912年版，第168页。
③ 习近平：《在纪念马克思诞辰200周年大会上的讲话》，人民出版社2018年版，第22页。
④ 《习近平谈治国理政》第2卷，外文出版社2017年版，第516页。
⑤ 张茜：《拜登政府价值观同盟问题评析》，《国际研究参考》2021年第10期。

计划正是美国自由主义价值观理论的现实实践，以意识形态选取"价值观"相同的"自由民主"国家作为挑选帮扶对象的标准。拜登曾与日本首相菅义伟在新闻发布会中提到："在 21 世纪民主国家和专制国家之间的竞争中，我们需要证明民主国家可以实现目标。"① 自由主义价值观源自资本主义制度，其目的是服务于本国的国家利益。美国将"美国优先"的原则赋予了自由主义价值观新的理念，联结"民主价值观"国家组建"重建更美好世界"计划来遏制"一带一路"的发展。

三 "一带一路"倡议与"重建更美好世界"计划的融资路径

资金是推动"一带一路"倡议与"重建更美好世界"计划在基础设施建设层面向前发展的根本要素。"一带一路"倡议的"五通"中，资金融通是"一带一路"倡议的重要支撑。中国与沿线国家共建"一带一路"开放性投资和融资体系。而在"重建更美好世界"计划中，美国在鼓励私有资本投资的基础上，再动用其他的发展金融工具。

"一带一路"倡议以"平等参与、利益共享、风险共担"的原则开展融资②，以沿线国家政府为主导，鼓励沿线各国平等参与，共同推进基础设施硬件建设的资金融通。2017 年 5 月，中国财政部与俄罗斯、阿根廷、捷克等 28 国财政部共同核准了《"一带一路"融资指导原则》。在这一指导原则下，鼓励沿线各国积极利用各国的金融资源，助推"一带一路"沿线国家的基础设施建设。截至 2018 年 9 月，已有 11 家中资银行设立了 71 家一级机构，与非洲开发银行、泛美开发银行、欧洲复兴开发银行等

---

① The White House, "Remarks by President Biden and PrimeMinister Suga of Japan at Press Conference", https://www.whitehouse.gov/briefing-room/speeches-remarks/2021/04/16/remarks-by-president-biden-and-prime-minister-suga-of-japan-at-press-conference/.

② 《"一带一路"融资指导原则》，2017 年 5 月 16 日，中国一带一路网，https://eng.yidaiyilu.gov.cn/wcm.files/upload/CMSydylyw/201705/201705160956043.pdf。

开展联合融资合作。① "一带一路"沿线国家政府的强有力支持是构建良好融资体系及融资环境的重要主体,习近平主席表明:"中国将出资400亿美元成立丝路基金,为'一带一路'沿线国家基础设施、资源开发、产业合作和金融合作等与互联互通有关的项目提供投融资支持。"② 且将贷款与合同联系起来的中国模式,使得中国企业在基础设施贷款机构的竞争性采购中占据主导性地位,世界银行最大的20家建筑承包商,其中就有14家在中国,而没有一家在美国。③ 由此可见,在基础设施建设领域的融资方面,相较于美国,中国政府和企业都对"一带一路"倡议给予了充分的支持。

随着"一带一路"在实践过程中取得的成就,使得美国焦虑地感到自己的霸权地位和强权政策受到威胁。美国开始出于遏制和制衡中国发展的目的,通过舆论否定"一带一路"的共赢性,声称项目缺乏财务透明度,抹黑"一带一路"是"债务陷阱"。然而,美国的报道并没有实际的证据,相反,2018年6月,商务部发言人高峰指出,"一带一路"建设实施以来,中国企业在沿线国家已经建设了75个境外经贸合作区,累计投资255亿美元,上缴东道国的税费将近17亿美元,为当地创造就业将近22万个。④ 此外,中国发布的《"一带一路"债务可持续性分析框架》表明:"结合'一带一路'国家实际情况制定的债务可持续性分析工具,鼓励沿线国家在自愿基础上使用。"⑤ 由此可见,"一带一路"倡议并不是"债务陷阱",给沿线国家带来的是机遇和新发展。

与"一带一路"不同的是,"重建更美好世界"计划采取以政府引导、

---

① 《坚持共商共建共享"一带一路"打造全面开放新平台(3)》,2018年9月12日,中国网,https://news.china.com/zw/news/13000776/20180912/33878136_2.html。
② 《习近平谈治国理政》第2卷,外文出版社2017年版,第498页。
③ [美]查尔斯·肯尼、斯科特·莫里斯:《美国模仿"一带一路"难获成功》,《参考消息》2022年6月28日。
④ 《商务部:"一带一路"项目带去的不是负担,而是希望和发展》,2018年6月2日,中华人民共和国商务部网站,http://fec.mofcom.gov.cn/article/fwydyl/zgzx/201806/20180602754445.shtml。
⑤ 《"一带一路"债务可持续性分析框架》,2019年4月25日,财政部网站,http://www.mof.gov.cn/zhengwuxinxi/caizhengxinwen/201904/t20190425_3234663.htm。

私人资本主导的双向筹资方式。美国白宫的声明表示："将动用一切发展金融工具的全部潜力包括美国国际开发金融公司（DFC）、美国国际开发署、进出口银行、千禧基金和美国贸易开发署，以及交易顾问基金等。"① 此外，政府还将与国会加强合作，为中低收入国家争取基础设施上的投资。然而，B3W 计划要想满足巨额的资金需求仍面临多重障碍。

首先，在政府层面，G7 国家官方筹资的意愿不足，提供的资金数额有限。"2022 年春，美国宣布了一些 B3W 项目，但拜登政府对全球基础设施更新事业的投入加起来还不到 600 万美元。"② 美国政府能提供的资金数额有限，仅依靠美国政府所属的融资机构和国会的支持与合作，难以实现目标。再加之世界各国正处在后疫情时代下，G7 集团的成员国正面临复苏经济的重担，美国及其盟友很难投入大量的资金来满足高达 40 万亿美元基础设施建设的资金需求。因而，美国政府亟须动员大量的私人资本投资 B3W 计划，采取以私人融资为主，公共融资为辅的融资方式。2021 年 6 月 12 日，美国国际开发金融公司发布公告称"DFC 与美国及 G7 集团国家的发展金融机构合作的同时，还将与私营部门合作，为解决当今发展中国家面临的最严峻挑战提供资金"。③ 以少量政府资金投入，撬动大量私营资本参与投资发展中国家基建市场，实现政府资金效率最大化的目的。前任美国国际开发署署长马克·格林（Mark Green）表示，私营部门和私营企业参与美国政府的发展政策是美国的优势所在，美国

---

① The White House, "FACT SHEET: President Biden and G7 Leaders Launch Build Back Better World（B3W）Partnership", June 12, 2021, https: //www. whitehouse. gov/briefing-room/statements-releases/2021/06/12/fact-sheet-president-biden-and-g7-leaders-launch-build-back-better-world-b3w-partnership/.

② ［美］查尔斯·肯尼、斯科特·莫里斯：《美国模仿"一带一路"难获成功》，《参考消息》2022 年 6 月 28 日。

③ U. S. International Development Finance Corporation, "DFC Announces Support for New Build Back Better World Initiative, Bolstering Global Infrastructure Investments", June 12, 2021, https: //www. dfc. gov/media/press-releases/dfc-announces-support-new-build-back-better-world-initiative-bolstering-global.

政府每投入 1 美元所带动私营部门的投资在 50—100 美元。① 且私人资本的大量引入可以在不触动本国财政根基的情况下,在维稳本国经济运转的同时解决中低收入国家基础设施建设资金紧缺的问题,还可以为本国戴上"民主国家"的头衔,拉拢中低收入国家的民心。对于受援国来说,私人资本注入本国的基础设施建设能够促进本国的国际贸易发展、缩小资金供求缺口、改善国际收支赤字、弥补外汇资金严重不足等问题。由此可见,私人资本的引入无论是对于 G7 集团国家还是对于受援的中低收入的发展中国家来说,都是一个利大于弊的举措。

其次,在私营部门层面,G7 国家对于大规模投资中低收入国家的基础设施建设的意愿不足,私人资本将面临潜在的回报和已感知的风险极其不平衡的现状,诸如收益低且不稳定、回报周期长、偿还能力不足的经济风险;法制体系不完善和政治不稳定的上层建筑问题;社会环境不稳定的安全问题。在 B3W 语境下,私人资本投资海外基础设施仍将给自身带来风险,预期的收益能否超过上述风险仍存在很大的不确定性。② 种种不稳定的高风险因素极大地打击了私人资本投资的信心,阻碍了私营企业投资的意愿。2015—2019 年,G7 国家的私营部门投资者向发展中国家的基础设施项目投入了大约 220 亿美元。③ 平均每年私营部门投资者向发展中国家的基础设施项目投入只有 45 亿美元,相较于 B3W 计划预期超过 40 万亿美元的资金目标,私人资本只是杯水车薪。因而,G7 集团国家想要依靠动员私人资本来填巨额的资金空缺,是难以实现的。

"重建更美好世界"计划在资金的融资方面面临巨大的阻碍,到目前为止还未取得较大的突破。"重建更美好世界"计划并没有以政府为

---

① 《砸 40 万亿美元拉拢发展中国家,美版海外基建计划能否成功?》,2022 年 1 月 23 日,搜狐网,https://mp.weixin.qq.com/s/30wuqtvgnD0i_u-XfpyiiQ。

② Rebecca Ray, "B3W and BRI in LAC: Five steps for healthy competition", Global Americas, August 5, 2021, https://theglobalamericans.org/2021/08/b3w-and-bri-in-lac-five-steps-for-healthy-competition/.

③ Center for Strategic and International Studies, "The G7's New Global Infrastructure Initiative", June 15, 2021, https://www.csis.org/analysis/g7s-new-global-infrastructure-initiative.

主导，也没有鼓励沿线各国平等地共商共建共享，导致出现 G7 集团各国政府的有心无力，私营部门融资的不稳定性和不确定性，私人资本重利益轻发展等问题。从某种意义上可以说，中国是国有主导，而美国是私营主导，这一区别的重要意义在于，政府为"无法融资"的项目提供资金的直接融资机制不符合资本主义国家的制度，且不太可能纳入 B3W 计划中来，因而，"一带一路"项目在融资方式上的优势是 B3W 计划所无法比拟的。

结　语

"一带一路"倡议与"重建更美好世界"计划仍处在不断发展的过程中，尤其是"重建更美好世界"计划从 2021 年 6 月提出再到具体实施的时间过短，因而其内涵和具体举措都还需要持续关注。但是对于二者来说，主客体覆盖范围及目标定位、基本原则以及采取何种融资方式是依据其推行的目的和定位决定的，因而具有相对稳定性。对于"一带一路"倡议，中国将继续秉持共商共建共享的原则，继续加强与沿线各国以政策沟通、设施联通、贸易畅通、资金融通和民心相通为核心的"五通"合作内容，与参与国共享"一带一路"建设的发展成果。而以美国为首的 G7 集团国家提出的"重建更美好世界"计划，以"高标准"和价值观驱动联合"民主价值观"国家组建西方版的"一带一路"。面对 B3W 计划对"一带一路"的挑衅和遏制，首先，中国应当加强国际舆论引导，以客观事实回应西方国家对"一带一路"倡议的抹黑与污名化。其次，中国需要妥善处理好与周边国家之间的边界和海洋争端，防止西方国家以争端为"楔子"离间中国与"一带一路"沿线国家之间的关系。最后，"一带一路"倡议可以积极地与"重建更美好世界"计划对接，避免在基础设施领域上出现恶性竞争，共同为中低收入的发展中国家提供基础设施建设上的支持，共建美好世界。

A Comparative Analysis of the Belt and Road Initiative and the "Build Back Better World" Plan

Luo Huijun Jiang Yangyi

Abstract: Belt and Road Initiative (BRI) is an inter-country regional development and international cooperation platform initiated by China, and the "Build Back Better World" Plan is a US-led G7 (G7) member that aims to support the foundation of developing countries. The new plan for facility financing has been dubbed the "One Belt, One Road" of the West by public opinion. Although the two overlap in the positioning of infrastructure construction, they have their own characteristics in the coverage of subjects and objects, the basic principles and the choice of financing paths. The Belt and Road Initiative adheres to the basic principle of extensive consultation, joint contribution and shared benefits, and jointly builds the Belt and Road open investment and financing system with countries along the route. The "Build Back Better World" Plan emphasizes the basic principles of values-driven and "high standards", and adopts a two-way financing method guided by the government and led by the market. The advent of the "Build Back Better World" Plan means that the US-led G7 group will adopt a new strategic approach to curb the construction of the Belt and Road Initiative.

Keywords: The Belt and Road Initiative; "Build Back Better World"; Coverage and Targeting; Basic Principles; Financing Path

拜登政府的"中产阶级外交政策"：
进展、制约与应对*

江 涛 谭纪婷**

内容提要：拜登就任美国总统后，提出了"中产阶级外交政策"。在经济领域，拜登政府以创造新的就业机会和加大国内投资为抓手；在传统安全领域相对保守稳健，非传统安全方面则"积极进取"，重视与盟友的关系，致力于打造对俄和对华的"小圈子"，将中国视为最重要的竞争对手。拜登政府的"中产阶级外交政策"力图将内政与外交结合起来，是特朗普的"美国优先"政策的继承和发展。不过，该政策出现了日益泛化的趋势，其实施前景受到国际体系、国内政治和其执政团队偏好制约，还有诸多不确定因素。对于拜登的"中产阶级外交政策"，中国应该沉着应对，练好内功，管控分歧，保持开放心态。

关键词：美国政治；拜登政府；中产阶级外交

美国是当今世界唯一的超级大国，也是国际政治舞台上至关重要的国家行为体之一，其政策变化会对美国国内和世界产生巨大影响。2021年1月，乔·拜登就任美国第46任总统后，美国的外交政策出现了明显

---

* 基金项目：中央财经大学政府管理学院2021年度科研创新团队支持计划项目"全球经济治理转型背景下中国参与发展治理平台构建和机制变革研究"（ZG202103）。

** 江涛，中央财经大学政府管理学院副教授；谭纪婷，中央财经大学经济学院学生。

的转向。

在拜登政府的外交政策中,一个鲜明的特色是"中产阶级外交"。那么,什么是中产阶级外交呢?拜登就任总统以来,其中产阶级外交取得了哪些进展?在实施过程中又会受到哪些因素的制约?面对着与中国密切相关的"中产阶级外交",我们又应该如何应对呢?这些问题都很重要,本文借助美国政府的官方文件、智库报告和媒体报道分析等材料来初步回答这些问题。

一 拜登政府的"中产阶级外交政策"提出的背景

美国是一个典型的中产阶级人口占多数的国家。在美国,中产阶级不仅是"美国梦"的象征符号、美国社会的"稳定器",还是重要的"经济参数",深刻影响甚至决定了各项经济政策的前景。①

第二次世界大战后的 20 多年里,美国中产阶级享有广泛的繁荣和经济安全,为美国获得全球领导地位奠定了坚实的国内基础。然而,自 20 世纪 70 年代末以来,随着美国国内经济增速放缓,失业率和通货膨胀数值的不断飙升,美国中产阶级的情况却发生了逆转,人数持续萎缩,经济状况及地位不断下降,风光不再。皮尤研究中心 2015 年 12 月上旬发布的研究报告显示,美国中产阶级人口比例已从 1971 年的 61% 下降到 49.9%,这是全美中产阶级人口比例首次低于一半。② 历届美国政府都在试图解决这一难题,拜登政府也不例外。

早在就任总统之前,拜登政府的诸多智囊成员就对中产阶级外交提出了自己的设想和建议。

---

① 陈东进、韩文超:《近年来美国民主党中产阶级政策的取向、逻辑与前景》,《当代美国评论》2022 年第 6 期。
② 田野:《开支猛涨 美国中产阶级萎缩》,2015 年 12 月 22 日,搜狐网,http://money.sohu.com/20151222/n432079252.shtml。

2020年，美国著名智库卡内基国际和平基金会发布了题为《让美国外交政策更好地为了中产阶级服务》（*Making U. S. Foreign Policy Work Better for the Middle Class*）的报告。该报告指出，对美国而言，目前最重要的是重铸信任，尤其是重铸民众对政策决策者的信任以及盟友对美国的信任，而重新构建这样的信任则需要实施更好的"中产阶级外交政策"。

该政策应该包括五个方面的内容。第一，要注意贸易问题，但是更要关注与之相关的问题；第二，解决对外经济政策的分配效应；第三，打破国内外政策之间的壁垒；第四，摒弃陈旧的美国外交政策组织原则；第五，就美国中产阶级外交政策建立新的政治共识。① 这份报告的多名作者在拜登赢得大选后在政府中担任要职，可以看成是拜登政府"中产阶级外交政策"的早期蓝本。

与此同时，拜登本人也于2020年在《外交事务》杂志上发表题为《为什么美国必须再次领先：在特朗普之后拯救美国的外交政策》的文章。在这篇文章中，拜登强调，其政府将助力美国国民在全球经济中取得成功，制定有利于中产阶级的外交政策。为了在与中国或任何其他国家的未来竞争中取胜，美国必须提高创新优势，联合世界各地民主国家的经济力量，以打击滥用经济手段的行为，减少不平等现象。②

2021年3月3日，美国国务卿安东尼·布林肯（Antony·Blinken）在华盛顿发表题为《为了美国人民的外交政策》的演讲。在这次演讲中，他指出："我们通过提出以下几个简单的问题确定拜登政府对外政策的首要事务。我们的对外政策对美国工人及其家庭将意味着什么？为了增强我们国内的实力，我们在世界各地需要做些什么？为了增强我们在全世界的力量，我们需要在国内做些什么？"他特别强调，美国将遏制新冠疫

---

① Salman A., Wendy C., Rozlyn E., *Making U. S. Foreign Policy Work Better for the Middle Class*, September 23, 2020, accessed September 13, 2022, https://carnegieendowment.org/2020/09/23/making-u.s.-foreign-policy-work-better-for-middle-class-pub-82728.

② Joseph R. Biden, Jr. "Why America Must Lead Again: Rescuing U. S. Foreign Policy After Trump", *Foreign Affairs*, Vol. 99, Iss. 2, (Mar/Apr 2020): 64 – 68.

情,加强全球卫生安全,同时将扭转经济危机,打造更稳定和包容性的全球经济。①

不久,拜登政府发布了《白宫临时国家安全战略方针》,该战略认为全球安全环境发生五项重大变化,强调保障美国人民的安全、扩大经济繁荣和就业机会以及捍卫美国的民主价值观,提出了五个方面的重点措施。该战略特别强调,"在我们兑现承诺,将美国人民,尤其是劳动家庭,置于首位的时候,我们的政策必须反映一个基本事实:在当今世界,经济安全就是国家安全。美国中产阶级的力量是美国长期以来的优势。因此,我们的贸易和国际经济政策必须服务于所有的美国人,而不只是少数人。贸易政策必须发展美国的中产阶级,创造新的和更好的就业机会,提高工资,加强社区"。② 至此,拜登政府的中产阶级外交政策初步定型。

二 拜登政府的"中产阶级外交政策"的内涵与特点

(一)拜登政府的"中产阶级外交政策"的具体内容与实施

从 2020 年参加总统大选并提出施政纲领算起,截至 2022 年 11 月,拜登的"中产阶级外交政策"已经提出并实施了近两年的时间。尽管拜登政府从未公布中产阶级外交政策的具体实施框架和细则,但是结合这近两年的拜登政府的政策宣示和具体行动来看,该政策涉及的内容十分广泛,涉及多个领域。

首先,在经济领域,拜登政府以创造新的就业机会和加大国内投资为抓手,改革税制,着力缓解在过去分配不均而导致美国部分群体不能分享经济增长成果的问题。

---

① Antony J. Blinken, "A Foreign Policy for the American People", March 3, 2021, accessed September 13, 2022, https://www.state.gov/a-foreign-policy-for-the-american-people/.

② The White House, *Interim National Security Strategic Guidance*, March 2021, accessed September 13, 2022, https://www.whitehouse.gov/wp-content/uploads/2021/03/NSC-1v2.pdf.

拜登政府认为，实现中产阶级利益必须依托于经济复苏，因此经济政策是政策制定中的重中之重。

2021年1月，拜登政府提出了《美国救援方案法》(American Rescue Plan Act of 2021)，用于对各州和地方政府提供更多援助，提供更多的福利保障和大规模疫苗接种，旨在帮助人民和经济从疫情中恢复，该法案总价值1.9万亿美元，其中1万亿美元用于直接救助家庭，4000多亿美元用于应对疫情，4000多亿美元用于援助社区和企业。该法案最终在2021年3月11日正式成为法律。根据该法案，符合条件的美国人每人将获得1400美元，2020年开始的每周发放的300美元失业救济延长到2022年9月6日；延长税收抵免；拨给州政府的3600亿美元，用以弥补州政府因为疫情遭受冲击的州财政；投资约1600亿美元，阻止新冠病毒的传播以及疫苗开发和分配；提供1300亿美元，帮助学校为所有学生提供服务。①

为了进一步扶持国内企业的发展，拜登政府要求打破国内外政策壁垒，修改美国的国际贸易政策，使其与国内政策相适应，并为国内相关企业服务。2022年2月5日，美国国会众议院通过的《2022年美国竞争法案》(America COMPETES Act of 2022) 即是实现这一目标的主要抓手。该法案要求为国内半导体生产提供资金；要求联邦政府在网络安全、国防采购和通货膨胀方面做出努力；修改国土安全部的活动，包括要求某些采购来自国内；该法案还涉及外交、安全和其他外交关系问题，重点是中国。② 3月28日，美国参议院以68票赞成、28票反对、4票弃权通过《2022年美国竞争法案》。

2022年8月9日，拜登又签署了国会通过的《芯片和科学法案》，该法案将"进一步加强投资，使美国工人、社区和企业能够在21世纪的竞赛中获胜。它将加强美国的制造业、供应链和国家安全，并投资于研发、

---

① The White House, *The American Rescue Plan*, March 2021, accessed September 13, 2022, https://www.whitehouse.gov/wp-content/uploads/2021/03/American-Rescue-Plan-Fact-Sheet.pdf.

② 117th Congress, *H. R. 4521-United States Innovation and Competition Act of* 2021, March 28, 2022, accessed September 13, 2022, https://www.congress.gov/bill/117th-congress/house-bill/4521/summary/53.

科学技术和未来的劳动力,以保持美国在未来产业的领导地位,包括纳米技术、清洁能源、量子技术计算和人工智能",该法案将"为美国半导体研究、开发、制造和劳动力发展提供527亿美元,其中包括390亿美元的制造激励措施……这些激励措施将确保国内供应,创造数以万计的高薪、工会建设工作和数以千计的高技能制造业工作,并促进数千亿美元的私人投资"。①

拜登认为,要解决美国发展中遇到的问题,必须加大国内投资力度。为此,拜登政府推出了《基础设施投资与就业法案》(Infrastructure Investment and Jobs Act)。该法案于2021年3月提出,2021年11月15日正式成为法案,总价值约1.2万亿美元。在1.2万亿美元计划中有一些是现有的基础设施项目。在新增的约5500亿美元支出中,2840亿美元用于道路、桥梁、客运和货运铁路、公共交通、机场、港口和航道、管道现代化、卡车运输安全和交通安全、电动汽车充电基础设施、低碳和电动巴士及渡轮等交通基础设施,2690亿美元用于电力、宽带、水利、网络和气候复原力、环境修复、西部储水等其他基础设施建设。② 相比于初始的2.3万亿美元投资计划,该法案正式通过时的投资金额有了大幅度缩水,但拜登政府仍认为该法案能够对美国的经济增长、环保减排、基础设施建设等发挥积极影响。据估计,2026年时该法案将累计创造56.6万个工作岗位,使美国就业总人数增加0.33%。③

为了着力解决收入再分配问题,为中产阶级"减负",拜登政府提出大规模税收改革计划。其税改的主要内容包括最高个人联邦所得税税率将从37%上升到特朗普执政前的39.6%。公司税率将从21%提高到

---

① The White House, *FACT SHEET: CHIPS and Science Act Will Lower Costs, Create Jobs, Strengthen Supply Chains, and Counter China*, August 9, 2022, accessed September 13, 2022, https://www.whitehouse.gov/briefing-room/statements-releases/2022/08/09/fact-sheet-chips-and-science-act-will-lower-costs-create-jobs-strengthen-supply-chains-and-counter-china/.

② 117th Congress, *Infrastructure Investment and Jobs Act* (H. R. 3684, Public Law No: 117-58), November, 2021, https://www.congress.gov/bill/117th-congress/house-bill/3684/text.

③ 马雪:《缩水版基建投资计划对美国影响几何》,2021年11月22日,大众日报网站, http://dzrb.dzng.com/articleContent/17_935782.html。

28%；对大公司的账面收入征收最低 15% 的税；美国公司依靠国外子公司赚取的利润税率将提高一倍至 21%。收入超过 100 万美元的纳税人将就资本收益缴纳 43.4% 的税。提议将可全额退还的儿童税收抵免从每名儿童 2000 美元增加到 6 岁以下儿童 3600 美元和 6—17 岁儿童 3000 美元（到 2025 年），提议将儿童和受抚养人税收抵免的最高限额从 3000 美元增加到 8000 美元（延长至 2021 年以后）；扩大和增加年轻工人的所得税抵免等。① 2022 年 8 月 24 日，拜登宣布减免学生贷款的新措施。根据新规，如果借款人年收入低于 12.5 万美元，或者是合计年收入低于 25 万美元的共同纳税夫妇，可免除高达 1 万美元的联邦政府学生贷款债务。拜登的税改计划部分已经通过，并开始实施。

拜登政府还强调要打击美国企业的避税和逃税问题，"公司将不可能把它们的收入隐藏在开曼群岛、百慕大等避税天堂"。财政部部长珍妮特·耶伦（Janet Yellen）就任后，积极推进经济合作与发展组织（OECD）框架内解决税基侵蚀和利润转移（BEPS）的谈判（其中议题包括通过全球数字税收和最低公司税收等相关规则等）。②

其次，安全政策是中产阶级外交的重要组成部分，与美国历史上的其他政府相比，拜登在就职初期在传统安全领域相对保守稳健，俄乌冲突爆发后开始加大国防开支，而在非传统安全方面则相对"积极进取"。

上任伊始，拜登政府对待传统安全的整体态度偏向于克制紧缩。拜登政府认为，只有纠正冷战后美国政策中长期存在的过度扩张态势才能够重振美国的中产阶级。不过，要想维护美国的经济利益，必须保持强大的国防力量，因此不能直接大规模地削弱国防预算，可以逐步减少国防开支，将更多资源转向投入更广泛的国防领域，如提高劳动力发展水

---

① Michelle P. Scott, *Biden's Tax Plan：What's Enacted，What's Proposed*, April 28, 2021, accessed September 13, 2022, https：//www.investopedia.com/explaining-biden-s-tax-plan-5080766.
② Parry Matthew, *The emerging contours of President Biden's foreign policy*. March 6, 2021, European Parliamentary Research Service, accessed September 13, 2022, https：//www.europarl.europa.eu/RegData/etudes/BRIE/2021/690650/EPRS_BRI（2021）690650_EN.pdf.

平、维护网络安全、投资研发技术竞争、保护关键供应链和防范流行病等。① 此外，美国还应该收缩军队任务范围，使其更紧密地围绕反恐、反扩散和冲突遏制进行，以减少长期冲突，降低区域和财政风险同时淡化国内的反弹。在传统安全政策领域，美军在阿富汗的长期驻扎被认为是美国"一个长期流血的伤口"，而拜登就任前就曾发誓要解决这一痼疾，确保美军正式从阿富汗撤出是拜登政府克制收缩政策的重要体现。②

2022 年，俄乌冲突爆发后，美国大幅度增加了国防开支。拜登政府的 2022 年国防开支约为 7700 亿美元，比上年增加了约 5%，③ 2023 财年国防开支预计为 8130 多亿美元，增长约 4%。④

与在传统安全领域的保守稳健相比，拜登在非传统安全领域提出了积极而富有野心的目标，尤其是在新冠疫情应对、全球气候、环境治理等领域。

在应对新冠疫情方面，拜登政府重返全球疫情治理组织和机制，积极向其他国家提供疫苗。拜登上任后的第一天就决定重返世界卫生组织，在 2021 年 2 月举行的七国集团峰会上宣布要向世卫组织牵头的 COVAX 计划捐款 40 亿美元，以向低收入和中等收入国家分发疫苗。⑤ 由于美国是目前世界上新冠疫苗（尤其是 Moderna 和 Pfizer-BioNTech 疫苗）的重要制造商之一，2021 年 5 月 5 日，拜登政府宣布美国支持南非和印度在世

---

① Salman A., Wendy C., Rozlyn E., *Making U. S. Foreign Policy Work Better for the Middle Class*. September 23, 2020, accessed September 13, 2022, https：//carnegieendowment.org/2020/09/23/making-u.s.-foreign-policy-work-better-for-middle-class-pub-82728.

② 《拜登：美军撤出阿富汗正确，阿局势恶化快于预期》，2021 年 8 月 17 日，新华网，http：//www.xinhuanet.com/world/2021-08/17/c_1127768087.htm。

③ 《拜登签署国防授权法案 7600 亿美元军费终于落地》，2021 年 12 月 28 日，和讯网，http：//news.hexun.com/2021-12-28/205016635.html。

④ 《八千多亿还嫌不够花！美国防预算"刷新纪录"》，2022 年 3 月 30 日，新华网，http：//www.xinhuanet.com/mil/2022-03/30/c_1211626786.htm。

⑤ The White House, *Fact Sheet*：*President Biden to Take Action on Global Health through Support of COVAX and Calling for Health Security Financing*, February 18, 2021, accessed September 13, 2022, https：//www.whitehouse.gov/briefing-room/statements-releases/2021/02/18/fact-sheet-president-biden-to-take-action-on-global-health-through-support-of-covax-and-calling-for-health-security-financing/.

贸组织放弃对新冠疫苗的知识产权保护，同时拜登还放弃了特朗普政府要求疫苗生产者优先考虑美国的订单、禁止出口的政策，同意将部分疫苗分发至其他国家。①

在能源和气候方面，拜登提出了减排新目标，建立新机构，采取新方式，力图引领气候和能源变革。拜登政府提出在2050年之前实现100%的清洁能源经济和净零排放总目标，同时以这个总目标为基础，在涉及气候和能源的多个领域又建立了分级目标，兼顾气候和能源议题，将两者通盘考虑，把气候问题上升到国家安全层面来考虑，分别任命了两名内阁级别的国内和国际气候协调员，建立美国气候特别工作组，采取政府各部门共同参与的方式来协调相关政策；拜登提出美国能源行业要为普通民众提供大量的就业机会，设想通过创造新的就业机会、重建美国基础设施来促进美国能源的转型和升级。2022年8月16日，拜登签署了《美国降低通货膨胀法案》（Inflation Reduction Act of 2022），该法案其中有3690亿美元支出计划用于遏制气候变化和促进清洁能源使用。②

最后，在地区与国别领域，拜登政府重视与盟友的关系，致力于打造对俄和对华的"小圈子"，将中国视为最重要的竞争对手。

与特朗普政府相比，拜登政府显然更重视与传统盟友的关系，强调与盟友的合作。在2022年10月公布的《国家安全战略》中，拜登政府除了维持与北约国家、日本、韩国、澳大利亚等核心联盟国家的关系外，还努力在世界各地建立伙伴关系以应对共同的挑战。③

美国国务卿布林肯在一次重要的演讲中指出，"拜登政府从就职第一天起，就努力地为美国无与伦比的联盟及伙伴关系网络注入活力，并重

---

① Parry Matthew, *The emerging contours of President Biden's foreign policy*. March 6, 2021, European Parliamentary Research Service, accessed September 13, 2022, https：//www.europarl.europa.eu/RegData/etudes/BRIE/2021/690650/EPRS_BRI（2021）690650_EN.pdf.

② The White House, *By the Numbers：The Inflation Reduction Act*, August 15, 2022, accessed September 13, 2022, https：//www.whitehouse.gov/briefing-room/statements-releases/2022/08/15/by-the-numbers-the-inflation-reduction-act/.

③ The White House, *National Security Strategy*, October 2022, accessed November 13, 2022, https：//www.whitehouse.gov/wp-content/uploads/2022/11/8-November-Combined-PDF-for-Upload.pdf.

新参与国际机构。我们正在鼓励伙伴方相互合作,并通过区域性和全球性组织合作。而且我们正在建立起新的同盟,服务于我们的人民,并迎接未来世纪的考验"。①

为此,拜登缓和了与欧洲盟友的关系,并且借着俄罗斯对乌克兰发动特别军事行动之机重新激活了北约。重申了同韩国及日本的至关重要的安全联盟,启动了印太经济繁荣框架(Indo-Pacific Economic Framework for Prosperity),组建澳大利亚、英国和美国之间的新的安全伙伴关系,拼凑澳大利亚、日本、印度和美国四国集团,拉拢东盟国家选边站,还召开所谓"全球民主峰会"等。

在对华政策方面,拜登政府认为,中国是唯一不仅具有重塑国际秩序的意图,而且其日益增强的经济、外交、军事和技术力量又使之具备这样做的能力的国家。同时,中国是全球经济不可或缺的一部分,也是美国应对从气候到新冠疫情等各种挑战的能力的一部分。简而言之,在可以预见的未来,美国和中国都不得不与对方打交道。②

拜登上台后,开始对特朗普时期的对华政策进行调整。美国一方面指责"中国是唯一有能力将其经济、外交、军事和科技力量结合起来并持续挑战国际体系的竞争对手","美国要与盟友和伙伴国家一道,在各个领域与中国竞争";另一方面,也指出美国"同中国的关系将在应当竞争的时候具有竞争性,在可以合作的时候具有合作性,并在必须对抗的时候具有对抗性。其共同点是应当从实力地位出发同中国接触"。换句话说,在对华政策上,拜登政府突出"用实力说话"和"区别性施策",即一方面要示强,另一方面力图根据不同情况,采取不同做法。

布林肯指出,拜登政府的战略可以用三个词概括:"投资、协同、竞

---

① Antony J. Blinken, *The Administration's Approach to the People's Republic of China*, May 26, 2022, accessed September 13, 2022, https://www.state.gov/the-administrations-approach-to-the-peoples-republic-of-china/.

② Antony J. Blinken, *The Administration's Approach to the People's Republic of China*, May 26, 2022, accessed September 13, 2022, https://www.state.gov/the-administrations-approach-to-the-peoples-republic-of-china/.

争","我们将投资于我们在国内的实力基础——我们的竞争力、创新和民主。我们将与我们的盟友和合作伙伴网络协同,追求共同的目标,促进共同的事业。基于这两项关键举措,我们将与中国竞争,以捍卫我们的利益,推进我们对未来的愿景"。①

(二) 拜登政府的"中产阶级外交政策"的特点

首先,拜登政府的"中产阶级外交政策"力图将内政与外交结合起来,打破两者的界限,给"中产阶级利益"这面旗帜镶上国际主义的金边。

第二次世界大战以来,尤其是在冷战期间,美国国家安全战略家和外交政策规划者们往往更多的是从安全和地缘政治竞争的角度来界定美国的国家利益,制定外交政策,但是随着美国国内问题与外交政策之间界限日益模糊,这样的政策风格已经不能很好地适应当前变化的国际形势,因此,拜登政府强调政策制定者应该通过机构间协调、跨学科专业素养来尽力打破国内外政策壁垒。

拜登政府所提出的"中产阶级外交政策"的初始母本是卡内基国际和平基金会组织发表的一系列研究报告,报告主要以美国国内的科罗拉多州、内布拉斯加州和俄亥俄州为样本进行了研究,通过对州内中产阶级相关问题的调研分析,进而推广至全国相关外交政策的制定,这决定了这一系列政策是无法明确按照内政外交的范畴进行区分。

拜登就任总统后,其"工作重心"首先聚焦国内,如通过加强新冠疫情治理和缓解国内矛盾来缔造更和谐的国内秩序等。同时,拜登认为,"外交政策"是一个包含内容十分宽泛,国防、国内发展、国际经济、贸易等领域都可以被纳入外交考虑的范畴,由于这些领域十分宏大,同时会受到来自国内外各方的影响,其相关政策也只有辐射全局,打破国内

---

① Antony J. Blinken, "The Administration's Approach to the People's Republic of China", May 26, 2022 accessed September 13, 2022, https://www.state.gov/the-administrations-approach-to-the-peoples-republic-of-china/.

外的政策壁垒才能发挥更好的作用。2021年2月4日，拜登在美国国务院发表的上任后的首次外交政策演讲中指出，"国内政策和外交政策之间不再有明显的界限。我们在国外采取每一次行动、做出每一个行为时，心里都必须想到在国内的工薪阶层。要提出一个有利于中产阶级的外交政策，我们就需要立即将重心放在恢复国内经济上"。①

其次，拜登政府的"中产阶级外交政策"在很多方面是特朗普的"美国优先"政策的继承和发展。

特朗普政府政策的核心是"美国优先"。该政策是过去几十年美国国内矛盾重重积累带来的必然结果，是特朗普政府主要为了解决国内财富分配不均的利益冲突而开出的药方。他们选择为利益受损的一方——"美国工人"的利益抗争。而拜登政府所提出的"中产阶级外交政策"也是出于对美国国内矛盾的回应，只不过拜登政府将利益受损者的范围从特朗普政府界定的"美国工人"扩展至美国的"中产阶级"。

在对华政策方面，特朗普将中国定义为美国在"全球层面的竞争者"，而拜登政府则认为中国是"唯一一个可以在经济、外交、军事和技术实力等多方面对现存的国际体系、规则和价值观产生挑战的国家"。从拜登对华定位和就职后的诸多实践来看，拜登政府对于特朗普对华政策更多的是继承，而不是扬弃，是"新瓶装旧酒"，而不是"另起炉灶"，执行的是没有特朗普的特朗普主义。②

特朗普政府的"美国优先"政策带有浓厚的经济民族主义色彩，在以获取实际利益为目标的导向下，在盟友问题上也主要采取了某种"交易主义"的策略，在要求盟友们承担更多义务的同时，对于维持同盟的价值观基础较为轻视。特朗普上台后宣布美国退出《跨太平洋伙伴关系协定》《巴黎协定》、世界卫生组织等一系列国际多边协议和机制都是在

---

① Joe Biden, "Remarks by President Biden on America's Place in the World", February 04, 2021 accessed September 13, 2022, https://www.whitehouse.gov/briefing-room/speeches-remarks/2021/02/04/remarks-by-president-biden-on-americas-place-in-the-world/.

② 王建伟：《拜登对华政策：没有特朗普的"特朗普主义"？》，《二十一世纪》2021年4月号（第184期）。

这一战略指导下的必然结果。特朗普政府仍然重视和支持北约，但是要求北约成员国增加军费支出，甚至威胁重新考虑对北约及其成员国的安全承诺。这些行为大大降低了盟友对美国的好感和信任，进而引发了盟国对美国可靠性的担忧和不满。

拜登政府与特朗普政府不同，他始终强调要加强与盟友的联系与合作，并坚持要维护所谓"自由民主的价值观灯塔"。除了传统的北约国家盟友以外，美国通过强化与澳大利亚、日本和韩国的条约联盟来加强与北美和欧洲以外的"民主伙伴"的集体能力，同时深化从印度到印度尼西亚的伙伴关系。此外，美国还维持对以色列安全的坚定承诺，通过将拉丁美洲和非洲的国家融入更广泛的"民主国家网络"的方式发展与这些地区的合作机会。

特朗普政府对于外交政策中的意识形态等价值观问题关注度很低，"美国优先"战略就带有一种排斥"普世主义"的民族主义色彩。相较于维持这些价值观软权力，特朗普政府更青睐加强硬实力为基础的安全秩序。而拜登政府始终将价值观问题作为其"中产阶级外交政策"的核心基础之一，并把所谓"民主峰会"的召开作为自己第一年总统执政生涯中的重要成就。布林肯也曾指出美国将民主和人权置于外交政策核心地位，指出"拜登总统致力的外交方针是，将我们的民主价值观与我们的外交领导作用相结合，并以捍卫民主和保护人权为核心"。[①]

最后，拜登政府的"中产阶级外交政策"号称以符合中产阶级利益为衡量标准，但是很多时候政治口号色彩浓厚，过于空泛，很难说是真正为中产阶级服务。

拜登及其政府成员多次在讲话或文章中指出，美国外交政策的制定应该以"增加中产阶级群体的福祉"为标准。《让美国外交政策更好地为了中产阶级服务》报告提出，目前而言对美国来说最重要的是重铸信任，

---

① Antony J. Blinken, *Putting Human Rights at the Center of U. S. Foreign Policy*, February 25, 2021 accessed September 13, 2022, https://china.usembassy-china.org.cn/putting-human-rights-at-the-center-of-u-s-foreign-policy/.

包括民众对政策决策者的信任以及盟友对美国的信任,而重新构建这样的信任需要依靠更好的为了中产阶级的外交政策。布林肯也在演讲中指出判断政策是否符合中产阶级利益的标准是美国的外交政策对美国工人及其家人的影响。拜登在《国情咨文》中也多次强调各项具体政策的实施所追求的根本目标是使中产阶级的福祉获得增加。这些文件和政策宣示表明,拜登政府在外交政策必须符合中产阶级的利益这一核心问题上已经达成普遍共识。

同时,也必须看到中产阶级外交政策存在口号化的趋势。从反腐败网络到疫苗捐赠,拜登的很多政策都被打上了对中产阶级有推动作用的标签。大量此类政策被堂而皇之地冠以"中产阶级外交"的名字,导致"中产阶级外交"这个名称开始被滥用。以拜登在 2022 年《国情咨文》中所列出的"中产阶级外交政策"一系列重大成果为例。拜登宣布"美国正回归常态,无需让新冠疫情支配我们的生活",但是美国为此至少付出了 100 万人的生命。就在拜登发表国情咨文的同时,美国累计新冠肺炎确诊病例达 79075115 例,累计死亡病例 952224 例,均居全球第一。拜登在演讲中强调美国 2021 年强劲的新增就业情况及 5.7% 的经济增长率,但是普通民众感受到了严重的通货膨胀。拜登执政之后通过的两个巨额经济刺激法案,包括疫情纾困和基建法案加在一起,总额已超过 3.1 万亿美元,这进一步推高了通货膨胀,增加了民众的生活成本。①

另外,还有很多非经济领域的政策被置于"中产阶级外交政策"中显得有些名不副实,比如,很难说加强与美国、澳大利亚的军事联盟能给美国国内的中产阶级带来什么好处;中产阶级可能对北约或阿富汗撤军或核武器控制有意见,但这些事情都不会对他们的日常生活产生实质性影响。

---

① 《拜登发表任内首次国情咨文演讲》,2022 年 3 月 3 日,新浪网, https://finance.sina.com.cn/world/2022-03-03/doc-imcwiwss3837675.shtml。

三 拜登政府"中产阶级外交政策"的制约因素

展望未来,拜登政府能否继续真正落实其承诺,完全实现其既定目标呢?整体看,拜登政府的中产阶级外交政策主要受到国际体系、国内政治斗争和拜登执政团队个性三个方面的制约。

(一)国际体系和国家关系的变化对于拜登的政策喜忧参半

外部因素尤其是国际体系的属性和主要国际政治行为体之间的关系是影响美国外交实现的重要因素。冷战结束后,国际体系进入了一个转型期。旧的国际格局已经终结,新的国际格局尚未形成,现有的国际格局,只是旧格局向新格局的特殊过渡阶段。进入21世纪,我们面对百年未有之大变局。习近平总书记指出,当前中国处于近代以来最好的发展时期,世界处于百年未有之大变局,两者同步交织、相互激荡。①

百年未有之大变局,概括起来说,就是当前国际格局和国际体系正在发生深刻调整,全球治理体系正在发生深刻变革,国际力量对比正在发生近代以来最具革命性的变化。② 2020年暴发的新冠疫情和俄乌冲突再次强烈地冲击了当前国际政治,给国际体系带来了深远的影响。

国际体系的历史性变化对美国外交的影响是两方面的。一方面,美国作为唯一超级大国的地位不保,综合国力相对衰落,外交和军事上为所欲为的时代彻底结束。美国著名学者理查德·哈斯在2017年出版的著作《失序世界:美国的外交政策与旧秩序的危机》中指出,美国依然是全球最强大的实体,但是在全球的权利占比却在缩小,而且将其巨大实

---

① 《习近平关于中国特色大国外交论述摘编》,中央文献出版社2020年版,第75页。
② 何成:《全面认识和理解"百年未有之大变局"》,《光明日报》2020年1月3日。

力转变为实际影响的能力也逐渐变弱。① 连拜登在其临时国家安全战略也承认，世界各地的权力分配正在发生变化，正在产生新的威胁，美国建立起来的国际秩序、国际机构、协议和规范正在经受考验。②

另一方面，国际体系的变化也为美国改善与传统盟友关系提供了新的机遇。特朗普任内奉行"美国优先"战略，认为经济全球化使得世界多个国家都在贸易上占美国的便宜。即使面对美国的盟友态度也丝毫不加软化，称"美国在贸易上受到了北约国家的损害"，同时威胁要对欧洲的汽车施加关税，此类举动大大破坏了美国与盟友之间的关系。主动退出各类条约框架，积极推动北美自由贸易协定重新谈判、退出《巴黎协定》等举措也造成了盟友对美国的战略信誉失去信心。拜登上台后，主动修复与盟友的关系，而俄乌冲突爆发后，美国及其盟友展现了超强的政治凝聚力，有效改善了跨大西洋联盟内部矛盾不断的局面。③

（二）美国国内府会之争与政治极化以及中产阶级诉求的多元化给拜登的中产阶级政策带来不确定性

作为一个典型的三权分立的国家，美国国会凭借着宪法赋予的立法权、财政权和批准任命权等分享国家权力，对总统政策的制定和实施形成制约。20世纪90年代以来，美国社会的分化和政治的极化愈演愈烈，府会之争从来没有真正停止过。

尽管拜登希望能够凭借自己的力量弥合美国社会以及两党之间的矛盾和分歧，但是事实上，两党分歧和社会矛盾都是长期存在不断累积的结果，拜登很难通过4年总统任期解决这个问题。从两党分歧来看，虽然拜登希望通过"中产阶级外交"这个概念来团结大多数人，重振美国的中产阶级也确实属于两党的共同追求，但是对于如何振兴中产阶级的

---

① ［美］理查德·哈斯：《失序世界：美国的外交政策与旧秩序的危机》，黄锦桂译，中信出版集团2017年版，序言第X页。
② The White House, *Interim National Security Strategic Guidance*, March 2021, accessed September 13, 2022, https://www.whitehouse.gov/wp-content/uploads/2021/03/NSC-1v2.pdf.
③ 倪峰等：《俄乌冲突对国际政治格局的影响》，《国际经济评论》2022年第3期。

具体措施时,两党分别有各自的对策。

2022年11月,美国中期选举后,共和党以微弱的优势控制了众议院,而在参议院两党力量依然是势均力敌。虽然共和党没有取得预期的大胜,同时控制参众两院,但是两党的内斗更加严重,分裂和内斗的国会使得拜登政府不可避免地陷入"跛脚"局面,拜登政府的诸多涉及中产阶级外交的提案会受到共和党人的强力阻击,难以落实,司法和行政职位提名也困难重重。未来两年,全力维护其在前两年施政取得的成果或成为拜登政府的主轴。

从国内社会分裂的角度来说,拜登政府的很多政策也无法起到缓解矛盾的作用。以弗洛伊德之死案件为例,该事件是美国种族矛盾、警民矛盾等多重矛盾综合作用下的共同产物,而拜登政府主要官员表达了对弗洛伊德及其家人的支持与同情,对警察的谴责,甚至要求削减警察部门的经费等,此类行为经过时间和社交媒体的传播和发酵,反而导致美国警察群体举行罢工游行活动。这种在矛盾两方"选边站"的行为不但不能缓和矛盾,反而可能会导致矛盾的进一步激化。

对美国民众而言,拜登的支持率一直不高。在2020年大选时,不少选择拜登的选民只是选择了不是特朗普的一方而非真正支持拜登。2022年7月29日,美国盖洛普发布的民意调查显示,仅38%的美国人支持拜登担任总统一职。① 此外,还有相当多特朗普的铁杆支持者仍然坚定地认为拜登的总统宝座是在大选中作弊而偷来的。在这种情况下,拜登本身就是一个加深民众分裂的因素,更遑论弥合分歧修补裂痕。

另外,美国中产阶级不是铁板一块或一成不变的,中产阶级群体人数也会扩大和缩小。虽然目前制造业仍然为美国大约2/3没有大学学历或高级学位的劳动力提供着薪酬最高的工作,但随着技术进步,制造业工作岗位的数量将继续稳步下降。与此同时,网络安全、信息技术、护理和远程医疗以及专业商业服务等领域的中产阶级工作岗位将继续扩大。

---

① 《美民调:拜登支持率仅为38%》,2022年7月30日,环球网,https://world.huanqiu.com/article/49232tj4EJ。

这些中产阶级工人的利益并不总是与制造业工人或构成美国中产阶级的其他重要群体保持一致。

（三）拜登及其执政团队的偏于保守的特质使得其中产阶级政策的实施会趋于稳健，不会像特朗普那样激进

基于大五人格框架以及对拜登过往经历的分析发现，亲和宜人与积极外向是拜登的两项核心特质，顺势而为、执着不弃和激励渴求为其三项重要特质。拜登权力欲望较低、不愿意控制下属，但能够从总统职位中获得较大满足感，属于"消极—肯定"型的领导人。低主导性决定拜登较少干涉决策信息的收集与甄别过程、对专家团队的高度依赖以及对分散化决策模式的偏好。①

拜登普遍被定性为温和派民主党人和中间主义者。作为参院外交委员会资深成员，拜登在1997年后长期担任民主党在参院外交委员会的领头人，2001年6月至2003年和2007—2009年担任该委员会主席。拜登总体上持偏向自由主义的国际主义立场。他在1991年反对海湾战争，但支持将北约联盟扩大到东欧，并支持美国介入科索沃战争；他支持2001年的阿富汗战争以及2002年授权发动伊拉克战争的决议。但拜登并不偏好战争，甚至最终成为战争的批判者，他将自己曾经投票支持战争视为一种错误。②

奥巴马外交政策的信条是不做蠢事（don't do stupid shit），同时他本人还想名留青史。拜登延续了奥巴马执政的路线，但是风格迥然不同。拜登的信条是"如果它没有坏，就不要修理它"（if it ain't broke, don't fix it）。拜登在许多方面都是一位制度主义者和传统主义者，甚至在某

---

① 李宏洲、尹继武：《拜登的人格特质及决策特点》，《现代国际关系》2021年第2期。
② Michael R. Gordon, In Biden, Obama chooses a foreign policy adherent of diplomacy before force, August 24, 2008, accessed September 13, 2022, https：//www.nytimes.com/2008/08/24/world/americas/24iht-policy. 4. 15591832. html. Paul Richter And Noam N. Levey, On foreign policy, he's willing to go his own way, August 24, 2008, accessed September 13, 2022, https：//www.latimes. com/archives/la-xpm-2008-aug-24-na-foreignpol24-story. html.

种程度上是一位"保守主义者"。①

拜登中产阶级外交政策的核心成员主要包括国务卿安东尼·布林肯（Antony Blinken）、中央情报局局长威廉·伯恩斯（William Joseph Burns）以及国务院政策规划司司长萨勒曼·艾哈迈德（Salman Ahmed）等人。这些人长期活跃在美国政坛，有着丰富的外交经验或者专业知识，能力比较强，但是，这个团队相对比较保守，倾向于保持现状而不是做出根本性的变革。

四 中国的应对

拜登政府的"中产阶级外交政策"是针对美国国内出现的问题以及重新寻求在国外恢复和提供影响力的应对之策，但是拜登政府在兜售这一政策时，"念念不忘"中国，将"与中国竞争"作为新政府政策推进的集结号，显然不利于中美关系的良性互动，也将给中美关系的未来发展蒙上阴影。② 经济上，中美两国在贸易等问题上的竞合关系影响着中国经济发展的方方面面；军事上，美国及其盟友在中国周边地区不断施压带来的军事威胁也不容小觑；意识形态和人权问题上，西方国家依托手中掌握的媒体霸权，在国际舞台不断对中国进行污名化和妖魔化报道，也使中国的国际形象受损，等等。

针对拜登推出"中产阶级外交政策"给我们所带来的挑战，我们需要足够重视，冷静应对。

第一，修内功，专注国内建设，以自身经济韧性维持国内稳定。

中国是一个超大型国家，只要我们内部不出事，保持战略定力，外

---

① Frédéric Gilles Sourgens, "The Biden（energy）Doctrine", *ILSA Journal of International & Comparative Law*, Vol. 27：Iss. 2（2021）：293 - 314.

② 韦宗友、张歆伟：《拜登政府"中产阶级外交政策"与中美关系》，《美国研究》2021年第4期。

部挑战都是可控的。习近平总书记也特别强调,我国经济韧性强、潜力大、活力足,长期向好的基本面不会改变。在看到困难的同时,也要看到危中有机,只要我们保持战略定力、坚定做好自己的事,是完全能够化险为夷、化危为机的。①

面对美国的"中产阶级外交"攻势,我们首先必须做好内功。要明确在相当长的时间内,发展仍然是第一要务。加快构建以国内大循环为主体、国内国际双循环相互促进的新发展格局,集中力量办好自己的事,打造未来发展新优势。②面对当前竞争最为激烈的高科技技术领域,要保持底线思维,探索多方渠道,努力解决芯片、光刻机等关键技术领域的"卡脖子"问题,"要发挥我国社会主义制度能够集中力量办大事的显著优势,强化党和国家对重大科技创新的领导,充分发挥市场机制作用,围绕国家战略需求,优化配置创新资源,强化国家战略科技力量,大幅提升科技攻关体系化能力,在若干重要领域形成竞争优势、赢得战略主动"。③

第二,稳顶层,管控分歧,在竞争与合作中发展中美关系。

中美建交四十多年历史经验表明,美国始终是中国推进改革开放、建设中国特色社会主义事业和实现中华民族伟大复兴的最重要外部影响因素。

习近平总书记强调,"中美关系不是一道是否搞好的选择题,而是一道如何搞好的必答题","中美合作,两国和世界都会受益;中美对抗,两国和世界都会遭殃"④,"从战略竞争的视角看待和定义中美关系,把中国视为最主要对手和最严峻的长期挑战,是对中美关系的误判和中国发

---

① 《中共中央召开党外人士座谈会》,《光明日报》2022年7月29日。
② 中国宏观经济研究院:《加快构建双循环新发展格局的9大着力点(上)》,2021年5月30日,国家发改委网站,https://www.ndrc.gov.cn/xxgk/jd/wsdwhfz/202105/t20210507_1279327.html?code=&state=123。
③ 《健全关键核心技术攻关新型举国体制 全面加强资源节约工作》,《光明日报》2022年9月7日。
④ 《习近平同美国总统拜登通电话》,《光明日报》2021年9月11日。

展的误读，会对两国人民和国际社会产生误导。双方要保持各层级沟通，用好现有沟通渠道，推动双方合作。"① "当前，时代之变正以前所未有的方式展开，人类社会面临前所未有的挑战，世界站在十字路口。……国际社会普遍期待中美处理好彼此关系。"②

在中美两国进入竞合的"新常态"背景下，首先应该建立并维持两国政府高层对话机制畅通无阻，管控风险；在积极沟通中划清自身底线，也摸清对方底线，减少战略误判出现的可能，同时将战略误判可能导致的后果影响降至最低。在此基础上可以与美方在各个领域进行充分的斗争并最终形成"斗而不破"的动态平衡，要接受并尽快适应这种动态平衡。可以在气候、环保等关乎全人类命运的共同问题上，与美方进行合作，而在贸易、科技等中美两国竞争激烈的领域促进自身发展，在意识形态和人权问题方面，坚定四个自信，争夺话语权，讲好中国故事。

第三，巧应对，保持开放心态，借助多边外交化解不利影响。

在中美两国政治、经济、军事、文化等领域交流合作确实面临一定阻碍的情况下，要秉持开放心态，积极与其他国家开展全方位、多层次、宽领域的合作与交流。中国要经营好自己的朋友圈，以"一带一路"倡议为依托，秉持共商共建共享原则，构建共同而非排他的"朋友圈"，开辟结伴而不结盟、对话而不对抗的国与国交往新路。③

当前乃至未来相当一段时期内，要特别重视中间地带国家。欧洲是中国应对美国战略竞争的重要区域，不是对抗对象。东盟不会被美国拉入对华战略竞争的阵营，中国对东盟"中间地带"的争取工作依旧存有较大的战略空间。继续做好睦邻友好工作，稳定周边国家关系，进一步

---

① 《习近平同美国总统拜登通电话》，《光明日报》2022 年 7 月 29 日。
② 《习近平：找到中美关系发展正确方向，推动中美关系重回健康稳定发展轨道》，2022 年 11 月 14 日，外交部网站，https：//www.mfa.gov.cn/zyxw/202211/t20221114_10974519.shtml。
③ 中国外交部：《以习近平外交思想为引领开创新时代外交工作新局面》，2021 年 12 月 30 日，外交部网站，https：//www.fmprc.gov.cn/web/wjbxw_673019/202112/t20211207_10463376.shtml；王毅：《高举习近平外交思想光辉旗帜 书写民族复兴壮丽篇章》，2021 年 10 月 20 日，中国政府网，http：//www.gov.cn/guowuyuan/2021-10/20/content_5643743.htm。

强化与俄罗斯"新时代全面战略协作伙伴关系"。①

多边外交长期以来是中国外交的重要传统。改革开放以来，中国坚持多边外交机制，在联合国和其他国际组织中发挥着日益重要的作用，为维护世界和平与发展做出了应有的贡献。中国应进一步强化与国际组织的联系，提出全球治理的中国主张，提供更多公共产品，打破美国单边主义的束缚。同时强化与区域机制的合作，与其他国家结伴而不结盟，维系地区的稳定和发展。应高度重视在上海合作组织、金砖国家合作机制以及"区域全面经济伙伴关系协定"等机制中的相互沟通与协调，阐明中国的立场和政策，并加大对这些机制的支持力度，从侧面争取相关机制不被美国逐一击破。

此外，拜登政府"中产阶级外交政策"主要是为了应对日益严重的国内挑战，同时在美国国际地位日渐衰落的背景下对紧张加剧的国际态势做出回应。由于美国内部的结构性问题痼疾极深，在未经触及深层次改革的情况下，其倾颓之势远非一届政府的一纸政策可以改变。拜登政府"中产阶级外交政策"在短期内给中国带来的挑战不可小觑，但是我们应该以一种乐观审慎的态度来面对未来与美国的交流交往。

The Biden Administration's Foreign Policy for the Middle Class：Progress，Constraints，and Responses

Jiang Tao　　Tan Jiting

Abstract：After Biden took office as President of the United States, he

---

① 滕建群、韦洪朗：《论"中间地带"对中美战略竞争的含义》，《和平与发展》2021 年第 5 期。

proposed a foreign policy for the middle class. In the economic field, the Biden administration focuses on creating new employment opportunities and increasing domestic investment; it is relatively conservative and stable in the traditional security field, and relatively aggressive in the non-traditional security field. The Biden administration attaches importance to the relationship with allies, and is committed to building "small circle" towards Russia and China, regards China as the most important competitor. The foreign policy for the middle class of the Biden administration seeks to combine domestic and foreign affairs, which is the inheritance and development of Trump's America First policy. However, this policy is increasingly generalized, and its implementation prospects are constrained by the international system, domestic politics and the preferences of Biden's team with many uncertainties. Regarding Biden's foreign policy for the middle class, China should deal with it calmly, mind our own business, manage differences, and keep an open mind.

Keywords: American Politics; Biden Administration; Foreign Policy for the Middle Class

俄乌冲突下的美俄信息博弈：
动因、特点及影响

樊文进[*]

内容提要：近年来，美俄之间的软实力较量日益加剧，俄罗斯大力发展新闻媒体，在克里米亚入俄、叙利亚战争、美国大选等事件中，通过大众媒体等传播工具，逐渐打破美西方国家的传播垄断。但是，以美国为首的西方国家按照符合自己利益和标准操纵信息空间的运作，在全球话语权、影响力和信息传播技术上依然拥有优势，实现信息霸权。2022年2月24日，俄罗斯特别军事行动导致乌克兰局势急转直下，除了战场上俄乌两国的军事冲突，美西方同俄罗斯展开了激烈的信息博弈。而对于此次冲突中信息博弈的动因、特点和影响研究不仅可以清楚认识到俄乌两国冲突的本质，更可以深刻理解这场冲突中各利益攸关方的战略手段和宣传手段，对于理解百年未有之大变局具有深刻意义。

关键词：大国博弈；俄乌冲突；信息战；议程设置

随着大国制衡、和平与发展成为世界主流，人员伤亡和病毒传播成为威胁全球安全最主要因素之外，各国冲突在本质上还在急剧增加，政治、军事、经济、外交、安全、科学和文化各个层面的竞争与对抗还在

---

[*] 樊文进，上海外国语大学上海全球治理与区域国别研究院2022级博士研究生。

进一步加剧；近年来的俄格战争、叙利亚战争、乌克兰危机、克里米亚入俄、美国大选以及俄乌冲突等事件证明了各国大量使用信息舆论实现其战略战术目的。事实证明，信息博弈在国际冲突中显示出巨大的威力。所谓的信息博弈，其含义是可以使用各种技术和概念手段，包括策略、心理影响、计算机网络操纵和信息宣传。① 本质就是向对手和中立联盟实施信息影响，以便为实施政治和军事行动创造信息环境，以控制信息空间。② 简而言之，就是利用信息舆论实现其政治目的和外交政策，这是一个广泛又笼统的概念。

2022年2月24日，俄罗斯发起特别军事行动，乌克兰局势急转直下，而此次俄乌冲突的原因和意义已经远远超出了苏联解体后共和国的过渡和乌克兰与俄罗斯的国家间关系。③ 事实上，美西方国家除直接军事行动外已全面参与此次冲突。目前，美西方国家与俄的关系处于低谷，民众的好感度创下历史新低，双方之间的不信任感和矛盾在2022年的俄乌冲突中达到顶峰，而这种不确定性国际关系给国际社会带来更大的威胁和挑战。

俄乌冲突是一场全方位的大国博弈，我们除了关注以军事冲突和经济制裁为主的硬实力比拼外，也应该看到其中以"信息博弈"为代表的软实力竞争。当局借助媒体之力，从符合本国利益的角度设置国际议程，为本国政治行为披上"合理、正义、合法"外衣，赢得国内外舆论的理解和支持，正是信息博弈作为软实力的影响所在。④ 在全球竞争中，强大

---

① Саймонг. Украина и《Неизбежное》вторжение России：новые средства массовой информации как орудия пропаганды и манипуляций. Вестник Московского государственного областного университета（электронный журнал）. 2022.，URL：www.evestnik-mgou.ru.

② Битиева Зарина Руслановна. Бикметова Дарина Дамировна. Информационная войнав современных международных отношениях. Либерально-демократические ценности. 2020, № 3, C1—4.

③ Выступление Владимира Путина на форуме в Давосе. Полный текст//［Электронный ресурс］. — Режим доступа-URL：http：//www.kremlin.ru/events/president/news/64938.（date：2022.07.12）.

④ ［俄］夏蒂洛·雅罗斯拉夫、切尔卡索夫·瓦列里：《信息战》，《地区信息安全》2009年第2期。

的舆论力量已经成为重要保障。① 鉴于俄罗斯和美西方国家博弈呈现结构性和长期性的特点，双方的信息博弈也将不断加码。为此，我们要清晰地认识到此次冲突中信息博弈的动因、特点和影响，这不仅可以清楚认识到俄乌两国冲突的本质，更可以深刻理解这场冲突中各利益攸关方的战略手段和宣传手段，这对于理解百年未有之大变局具有深刻意义。

一　俄乌冲突下信息博弈的动因

一直以来，美西方国家同俄罗斯进行激烈的信息博弈，抢占先机，就是为了赢得"精神战"。所谓的"精神战"是指一系列以"占领"敌人意识为目的的各种规模的协调行动，麻痹敌人的意志，改变民众意识，破坏国家精神、价值观、传统文化、社会道德和国家历史的基础，从而"抹去"人民的民族认同。② 此次乌克兰局势紧张，很大的原因就在于经过此前的激烈博弈，相关各方尤其是美俄之间的矛盾日益激化，双方的策略都没有达到既定的目标，为此，攸关各方为了抢占先机，赢得"精神战"进行了激烈的信息博弈。通过研究发现，此次冲突中的信息博弈并非一时兴起，其背后有着深层次的背景和动因。

第一，此次俄乌冲突是 2014 年乌克兰危机的延续，本质上是美西方与俄之间矛盾的激化，当事方的敌视进程直接催化矛盾转向质变。拜登政府上台以后，美国很快对俄罗斯摆出一系列前所未有的强硬架势，白宫公布《过渡时期国家安全战略指南》将俄罗斯列为全球新威胁之一，以及美国因所谓俄罗斯"干涉美国大选"与网络攻击美国企业、政府网

---

① Уткин А. И. XXI век. М. : Институт экономических стратегий, Международная Академия исследований будущего, 2011, No. 04, C352.

② А. М. Ильницкий, Стратегия ментальной безопасности России. Военная мысль, 2022, No. 4, C23.

站而对俄罗斯实施一系列新制裁，包括驱逐外交官和军事演习等。① 2022年美国新版《国家安全战略》声称努力约束"危险的俄罗斯"，这都让俄美关系的紧张和对抗程度再上一个台阶。拜登宣称，对美国来说，俄罗斯是一个侵略性的复仇势力，美国向俄罗斯靠拢的日子已经结束，美国将通过修复特朗普时期欧洲大西洋联盟的裂痕，联合整个西方共同应对俄罗斯的威胁。② 为了进一步遏制俄罗斯，联合欧洲盟友，美国密集声援乌克兰并不断向其发出错误信号。

一直以来，美西方国家与俄罗斯关系中仍然存在恐俄症和"战略互疑"，双方在国际关系中展开博弈，特别是在国际传播和舆论塑造能力层面的较量。2007年，普京在慕尼黑宣布，由于意识到西方对俄罗斯的敌意而导致俄罗斯政策转向。五日战争中格鲁吉亚的失败意味着西方对俄罗斯的不友好转变为准备与其进行大规模对抗阶段，这体现在2014年的克里米亚入俄，俄罗斯联邦加快主权进程，对叙利亚政府的支持，军队的重新武装，与中国的合作以及"转向东方"的外交政策——这些在西方看来都像是危害其利益的地缘政治挑战。③ 2014年以来，西方通过乌克兰民族主义者之手"清理乌克兰"，成功实施"反俄"工程。克里米亚入俄后，俄罗斯开始被西方视为"世界自由秩序"的主要反对者之一，便对俄罗斯展开大规模制裁，一场旨在妖魔化俄罗斯当局形象的大规模信息攻击由此开始。④ 俄罗斯也采取了相关举措，为冲突做准备：军队武装、媒体活跃，在叙利亚打击国际恐怖主义，等等，俄罗斯与西方的矛盾越来越达到"临界点"，话语冲突也尤为激烈，导致无法就安全问题进

---

① 黄登学、刘佩鹏：《新一轮乌克兰危机背后的大国战略博弈及前景》，《当代世界社会主义问题》2021年第4期。

② Тренин Д. Какое место займет Россия во внешней политике Байдена. https：//carnegie.ru/commentary/83303.

③ Константин Сивков, Украина-только начало Геополитическим последствием спецоперации станет изменение всей нынешней картины мира, Опубликовано в выпуске № 11（924）за 29 марта 2022 года：https：//vpk-news.ru/articles/66370（date：2022.10.30）.

④ Константин Сивков, Украина-только начало Геополитическим последствием спецоперации станет изменение всей нынешней картины мира, Опубликовано в выпуске № 11（924）за 29 марта 2022 года：https：//vpk-news.ru/articles/66370（date：2022.10.30）.

行对话。

2014 年 2 月的"广场革命"和血腥政变发生后,西方以及乌克兰开始对俄进行信息攻击,其主要目标是塑造俄罗斯的负面形象,在各种媒体、政客、公众和平民口中,对"俄罗斯恐惧症"的提及越来越多。特别是克里米亚入俄后,"俄罗斯恐惧症"已经成为乌克兰国家外交和国内政策的基础。2014 年 6 月,在民族主义势力的帮助下上台的乌克兰新总统波罗申科在反俄政策上的言论冲突有所凸显。2019 年,讲俄语的乌克兰人弗拉基米尔·泽连斯基上台,遏制了"俄罗斯恐惧症"的蔓延。相反,乌克兰的反俄政策呈现出更为严重的形式,形成反俄情绪的最后一个关键因素是乌克兰的大众媒体。自 2014 年以来,多位乌克兰领导人一直致力于封锁俄罗斯渠道和互联网资源,他们声称这些渠道和互联网资源正在乌克兰传播假新闻。作为操纵手段,乌克兰民族主义者设法进一步提高心理上的反俄压力,在乌克兰社会中煽动对俄罗斯的敌意,加剧了俄乌之间的矛盾。

2022 年,美国统治集团依托乌克兰民族主义政权,押注对俄罗斯至关重要的国家利益进行决定性打击。乌克兰总统泽连斯基关于制造核武器的必要性、乌克兰融入北约的声明成为克里姆林宫最后"溢出耐心之杯"的一滴水。乌克兰的政治立场及其狂热的恐俄政治路线是俄罗斯面临的最大、最危险的地缘政治挑战。[1] 早前,俄罗斯国防部长绍伊古表示,信息战正在全面展开,我们无权输掉它。[2] 可以看到,拜登上台后俄罗斯与美国为首的整个西方关系逐渐恶化,为了遏制"危险的俄罗斯",美国借助久而不决的乌克兰问题从军事安全和经济领域对俄展开压制和制裁,从不断向乌克兰释放援助消息开始,点燃战火。因此,俄乌两国冲突的本质是俄美结构性矛盾的激化与升级,并真正聚焦于乌克兰的地

---

[1] К. В. Блохин. Россия и Запад. Военно-политический конфликт 2022 года. URL:https://vpk-news.ru/articles/66370.

[2] Ю. Г. Екатерина. Валерия Владимировна Антонова. Роль лексики в формировании стереотипов в текстах теленовостей на примере освещения украинского конфликта. Политическая лингвистика. 2022,№. 1,С. 20 – 26.

缘政治争夺，①而美国正是这场冲突的始作俑者。

第二，美国借助乌克兰问题，通过信息手段遏制俄罗斯，是为实现其外交政策而做出的战略选择。拜登政府的乌克兰政策将延续美国的战略目标，但将有限度地提升对乌克兰的支持力度，遏制俄罗斯，并寻求与欧洲盟友的合作。②这场冲突爆发前，是美西方针对俄罗斯的舆论攻击。美国配合情报、政府和媒体的信息攻击，多次声称"俄罗斯即将入侵乌克兰"引发国际社会的高度关注。自2021年年底，美国就不断散播相关消息，不管俄罗斯是否真正采取行动，最后都非常被动。这样一来，美国就能在同俄罗斯进行博弈的过程中先发制人，掌握先机。

早前，美国国务卿布林肯表示，随着各国越来越依赖信息空间来推动地缘政治目标，美国在乌克兰推动的信息战或将成为其未来决策蓝图中不可或缺的一部分。事实上，关于"俄罗斯即将入侵乌克兰"的叙述自2014年乌克兰总统维克托·亚努科维奇在美国和欧盟的支持下被推翻后，西方政府、组织和媒体不断重复并且频繁传播。2021年下半年，美国政府不断地披露有关"俄罗斯集结军力，随时可能入侵乌克兰"的情报，通过列举俄军在俄乌边境的军事动态和数据细节，极力证明俄方"入侵"乌克兰的意图。③2022年2月12日起，美国、英国、加拿大相继从乌克兰撤军，美国言之凿凿俄罗斯将于2月16日进攻乌克兰。西方媒体根据"俄罗斯即将入侵"的说法进行的军事宣传具有明显的地缘政治色彩，使公众相信毫无根据的说法，这是实现更大地缘政治目标的关键。2021年11月，俄罗斯进行了军事演习，西方情报机构声称俄罗斯军队在"乌克兰边境"大规模集结，西方这种具有操纵性和误导性的报道让受众对俄罗斯形成"入侵"的刻板印象，推动西方的政治议程，将俄罗斯变成国际关系的被动对象。

---

① 庞大鹏：《乌克兰危机折射俄罗斯与西方关系结构性困境》，《当代世界》2022年第2期。

② 杨双梅：《美国的乌克兰政策：战略目标及前景》，《国际关系研究》2022年第2期。

③ 张帆：《以公开披露情报为武器——乌克兰危机期间拜登政府对情报的另类使用及其战略逻辑》，《美国研究》2022年第5期。

近二十年来，美国的对外关系陷入全球反恐战争的泥潭，美国内政也因此在政治、经济、社会和文化上困境重重，其国家能力不断下降，国家主权千疮百孔，这促使当代美国政府回到原则现实主义，美国朝野凝聚共识，将对外战略放在大国之间的长期战略竞争上，以外促内。① 美国企图实现协调国际行动，合作反恐，巩固盟友关系，同时以乌克兰危机困住俄罗斯，调整全球战略，集中全力同中国展开竞争，避免对手坐大，让美国再次强大。② 随着俄乌矛盾的变化与升级，美国采取遏制打压俄罗斯的外交手段，背后声援乌克兰。事实上，拜登政府使用一系列策略，以公开、分享有关俄罗斯军事集结及其意图的信息和相关分析，其中包括授权泄露相关信息给新闻机构，其目的是通过先发制人披露有关俄方的情报，使莫斯科打消意图，即便莫斯科没有改变策略，也会影响之后的行动节奏，使得俄罗斯在国际社会的形象被丑化，让国际舆论不断向俄罗斯施压。③ 同时，美国能联合欧洲盟友站在同一条战线上。这是西方实现地缘政治的机制，旨在让俄罗斯在这个问题上为自己辩解，使得乌克兰获得可能利用军事解决冲突的优势，从而"完成"2014年欧洲所谓"民主运动"发起的政权更迭。④ 不仅如此，为了吸取经验教训，美国主动出击，在此次乌克兰危机中要实现其战略目标，即在俄罗斯边境制造混乱渲染俄罗斯威胁，颠覆俄欧关系，分化俄欧在政治和经济领域的联系，从而使俄罗斯承受更大的安全威胁和战略挑战，实现美国共同打压俄欧的目标。利用国际舆论"声讨"俄罗斯，俄罗斯"扩张主义计划"的想法不仅在西方公众中传播，更是引起国际社会的关注。

---

① 陈雪飞：《美国的原则现实主义外交战略》，《东方学刊》2022 年第 3 期。

② 陈雪飞：《美国的原则现实主义外交战略》，《东方学刊》2022 年第 3 期。

③ Коротков Сергей, Где и как рождаются фейки Дезинформационные кампании стали способом обоснования Западом 《права на войну》, https://vpk-news.ru/articles/65425（date：2022.09.27）.

④ СаймонГ. Украина и 《Неизбежное》 вторжение Росии: новые средства массовой информации как орудия пропаганды и манипуляций. Вестник Московского государственного областного университета（электронный журнал）. 2022., №.2, URL：www.evestnik-mgou.ru（date：2022.11.02）.

二 俄乌冲突下信息博弈的特点

信息博弈改变了有组织的信息运作的方式,在冲突和博弈的历史上,使用信息作为说服和操纵的工具并不是什么新鲜事。随着信息技术的发展、大国博弈和全球地缘政治冲突的加剧,这种现象越来越普遍。在此次俄乌冲突中,美西方国家除军事行动外已经全面参与,特别是在信息领域,由于攸关各方目标的明确和果断,一场全面的信息博弈正围绕乌克兰局势展开,并呈现出复杂性和不确定性的特点。

(一)舆论控制的博弈手段

信息博弈不只是单一的释放消息,更是在全球信息空间争夺舆论控制权。①在国际危机和冲突发生时,能否掌控舆论,将本国的政治议程转化为国际社会的议程是信息博弈的最终目的。为此,美西方国家与俄罗斯围绕此次冲突设置了不同的叙事议程,旨在掌控舆论,争夺话语权,为自身行为谋求舆论支持,迫使对方陷入舆论困境,在信息空间争夺舆论控制权的博弈尤为激烈。

在争夺舆论控制权中,俄罗斯声称此次特别军事行动中目的是在乌克兰"去军事化、去纳粹化和迫使乌克兰保持中立"。可见俄罗斯并未将双方的冲突称为战争,认为一场"闪电战"特别军事行动就可以解决争端。②在冲突爆发前,普京发表两次电视讲话,在俄罗斯的叙事话语中,乌克兰纳粹主义兴起,以种族为由表现出来的人为煽动仇恨程度也是前所未有的,俄罗斯必须面对这些挑战。与俄罗斯媒体不同,美西方利用

---

① Александр Бартош, НАТО озадачено Альянс нащупывает линию поведения в тумане стратегической неопределенности Опубликовано в выпуске № 10(923)за 22 марта 2022 года: https://vpk-news.ru/articles/66283(date:2022.09.18)。

② 许华:《乌克兰危机中美俄混合战:演化、场景与镜鉴》,《俄罗斯学刊》2022 年第 4 期。

媒体在议程设置中追踪了对冲突"语言"的讨论。西方媒体对这场冲突的术语最初就已经设定，并在冲突一开始就达成一致。西方媒体将此次冲突中乌克兰的形象构建到其行为的定位上，将俄罗斯视为"入侵者、侵略者"，乌克兰是"捍卫者、战士"，在美西方国家选择性舆论框架的主导下，乌克兰军队被塑造成为抵御外来侵略的人道主义英雄形象。① 除此之外，美国不顾俄罗斯安全诉求和乌东地区的"人道主义危机"，反而污蔑俄罗斯国家和总统形象，把总统普京描述成一个情绪化的"孤立"政治家，并大肆宣传俄罗斯"入侵"。总的来说，我们可以看到信息传播中强调冲突一方行为的故意性，并将其归因于俄罗斯，而乌克兰的行为被视为"正当"的回应。从报道内容上看，美西方媒体对俄罗斯的报道基调几乎是"俄罗斯战斗力量已经萎缩，不断被击退""乌克兰人积极抵抗""俄军直接攻击居民区，迫害平民"等。② 美西方媒体给乌克兰军队打气，民众受到蒙蔽，这些在一定程度上加剧了反俄情绪。正如汪晓风教授所言，否认和贬低对方的作战能力，夸大自己的作战成果，正是信息博弈的重要方式。而在此基础上能进一步对对方的决策者产生心理影响。信息宣传不一定能控制公众的想法，但它们确实会影响公众的想法。③

俄罗斯认为，以美国为首的西方国家的目标是击败俄罗斯，并通过发动该国政变来消灭以普京为首的现任政府，从而实现对全球以及西方精英的绝对控制。俄罗斯联邦安全会议秘书帕特鲁舍夫表示："美国及其盟友将乌克兰人民视为地缘政治博弈的筹码，这些国家希望俄罗斯在乌

---

① Константин Стригунов, Развитие России в новых реалиях Кризис и разрыв с Западом как шанс для рывка, Опубликовано в выпуске, 2022, No. 11, C. 29.

② ПотанинаА. М. анализ новостного медиа-дискурса вокруг трудноразрешимого межгруппового конфликта. Вестник Московского государственного областного университета. Серия: Психологические науки, 2022, No. 1, C. 71 – 73.

③ отанина А. М., Стефаненко Т. Г. Направления изучения трудноразрешимого конфликта//Инновационные ресурсы социальной психологии: теории, методы, практики: сборник научных работ/под ред. С. А. Липатова, О. В. Соловьёвой, Т. Г. Стефаненко. М.: Издательство Московского университета, 2017. C. 137 – 143.

的特别军事行动能够拖延下去，甚至转移到俄本土上。"就俄罗斯而言，行动的目的是挫败和遏制西方国家进一步扩张到后苏联空间的企图，维护国家安全。在信息博弈的过程中，俄罗斯高调宣扬并广泛传播北约的威胁，引起国际社会的警惕以及谴责。事实上，俄罗斯借助网络和媒体不断为自己发声，并没有改变客观威胁或改善俄罗斯自身的处境。但是，这在"信息和心理领域的对抗"以及"对政治和社会稳定造成威胁"的背景下有着深刻意义。俄罗斯希望通过舆论影响对方社会和政治精英，使他们对现有的"新纳粹"政治制度和西方民主制度感到失望，同时也减少国内民众的反战情绪。

我们可以确定在俄罗斯和西方媒体的议程设置中构建棘手冲突形象的趋势。在俄罗斯和西方媒体话语中构建的各方形象的一个特征是，一方的形象被建构为对手的形象，借助特殊的"标签"，将这一方作为"侵略者"的负面刻板印象具体化，这一结果与社会心理中关于知觉扭曲现象的研究以及媒体中冲突表征的研究是一致的。[①] 此外，在定位当事人的行为时，千方百计强调"侵略方"行为的主动性和故意性，而将对方的行为定为"回应"，旨在将"受害者一方"的行为合法化，呈现为公平和正确的行为。在全球化和一体化时代，国际关系中其他参与者对他国的认知是该国主要利益和战略任务之一，[②] 因为这关系到该国与国际社会其他成员国的互动与交往，对每个国家来说，创造和展现其积极形象非常重要。因此，俄与美西方媒体积极塑造政治议程，传递本国立场，激烈争夺舆论控制权和国际话语权，通过议程设置来塑造符合国家利益的自身和对手的形象，从而改变其军事行动和外交政策。另外，在话语权争夺的背景下，舆论对于各国政府的压力也越来越大。

[①] А. М. Потанина. Анализ новостого медиа-дискурса вокруг трудноразрешимого межгруппового кофликта. 2022, No. 1, С. 71 – 77.

[②] А. Д. Казун, С. В. Пашахин. 《Чужие выборы》: новости соседнего государства о выборах президента РФ в 2018 г. Экономическая социология. 2021, No. 1, 80 – 82.

(二)"人道主义"的宣传策略

信息博弈不仅是主流媒体的表达,更是信息碎片化的传播,而这些碎片化信息更多的是情感的带动,这对于控制国际舆论来说尤为重要。一直以来,美国对外政策中的实用主义色彩深厚,克林顿政府时期,美国规定实施对外军事干涉行动必须基于人道主义的条件和元素。对此,美国国内一些分析人士认为,这与"干涉与国家主权国际委员会"提出的"保护的责任"其实非常一致:同样是强调国家负有首要责任,只有在国家无力承担该责任时,国际社会基于人道主义考虑进行干涉。[1] 事实上,这是美国基于西方利益和人权信念的干涉手段。[2] 随着新兴国家的崛起,美国国力的相对衰落,美国立场的"保护的责任"也逐渐阻碍形成一种有关人道主义干涉的主流思想,公众和政治家都不能从美国国家安全战略的高度来制定外交政策,更加凸显美国的地缘政治野心。[3] 因此,以美国为首的西方国家擅于挥动"民主""人道主义"的旗子,掩盖其真实目的,近几十年来,人道主义干预已经成为国际关系不可分割的一部分。

冲突爆发后,信息博弈的焦点聚集在战场上,俄方初期几乎主导了战场的信息发布。随着战事持续,双方围绕国际社会关注的粮食、难民、民生等问题展开信息博弈。特别是美西方借助道义问题以谋求信息博弈的优势。首先,在粮食危机日益凸显的背景下,美西方将其归咎于俄罗斯。在联合国安理会关于饥饿和武装冲突问题的会议上,西方官员指责俄罗斯在粮食安全领域制造问题,几乎将其描述为人类的主要敌人。七国集团外长会议最后声明的内容中,包括对俄罗斯采取单方面行动破坏

---

[1] Lee Feinstein and Erica De Bruin, "Beyond Words: U. S. Policy and the Responsibility to Protect", in *The Responsibility to Protect: The Global Moral Compact for the 21st Century*, p. 180;史晓曦、蒋余浩:《美国对外政策中的"保护的责任"立场》,《美国研究》2016 年第 3 期。

[2] 张旗:《道德的迷思与人道主义干预的异化》,《国际政治研究》2014 年第 3 期。

[3] 史晓曦、蒋余浩:《美国对外政策中的"保护的责任"立场》,《美国研究》2016 年第 3 期。

乌克兰农业潜力和恶化全球粮食安全状况的指责。① 其次，在难民问题上，美西方指责俄罗斯利用难民对乌克兰政府施压，并强行将难民驱赶到西方，通过媒体不加审核地报道"战场父女分别""大批难民流动""平民住宅被炸"等场景，指责俄罗斯造成人道主义灾难。西方媒体完全抛开事实，通过角色预定，把地缘政治冲突上升到意识形态层面。最后，美国媒体宣传手腕多，一直重视发展舆论宣传的软实力和硬实力，且善用宣传谋略，甚至不惜进行欺骗性或诱导性宣传。大量的信息轰炸以及常规的报道方式和节目制作不足以赢得关注，往往需要具有"冲击"性的新闻。"蛇岛事件"和"布查大屠杀"的报道都引起了国际社会的广泛关注。美西方的媒体大肆报道，给布查事件打上"大屠杀"的标签，② 俄罗斯备受争议，随后欧盟国家针对俄罗斯展开新一轮制裁，俄乌此前谈判中展现的"和平意愿"遭到逆转。西方媒体通过角色预定设置的报道议程和报道框架，把报道新闻融入个人主观意见和评价标准，营造出一种拟态环境。③ 由于进行专业性的选择，同时这一过程是在一般人看不见的地方进行的，人们往往意识不到这一点，而把拟态环境作为客观环境本身来看待。也就是说，西方媒体所营造的拟态环境虽然不是真实环境，却会对人们的态度和行为产生实际影响。④ 因此，尽管俄罗斯宣传机构试图破解美西方的议程设置，大力传播俄罗斯援助国际社会应对粮食危机，美西方借助难民问题向俄罗斯政府施压，乌克兰伤害平民、试图将责任转移到俄罗斯方面等宣传内容，却抵不住美西方的信息"诱导"。在美西方媒体就所谓的"布查大屠杀"展开协调一致的媒体宣传后，俄罗斯两次请求召开联合国安理会特别会议被拒；而美国"实验室风波"销声匿迹。可以证明，美西方媒体的宣传具有明显倾向性，美借助"保护的责

---

① Новые международные отношения: основные тенденции и вызовы для России/под ред. А. В. Лукина. М.: Международные отношения, 2018, No. 02, С. 110.
② 许华:《乌克兰危机中美俄混合战：演化、场景与镜鉴》,《俄罗斯学刊》2022 年第 4 期。
③ 魏明革:《从俄格冲突看西方媒体的舆论战》,《声屏世界》2009 年第 2 期。
④ 魏明革:《从俄格冲突看西方媒体的舆论战》,《声屏世界》2009 年第 2 期。

任"，大打"情感牌"，随意报道，按照预先设置的报道议程和报道框架，误导舆论。

在高度发达的信息时代，国际社会也面临越来越多的舆论压力，此次俄乌冲突的舆论影响范围也远远超过当事国，给国际社会带来了重大影响。俄罗斯将利用"实验室风波"，团结国际任何希望和平发展的力量，占据国际社会舆论的制高点，作为维护国家利益、瓦解西方制裁的重要手段。但是，俄与美西方国家通过各种手段的宣传，利用网络媒体就道义问题进行的碎片化信息传递不仅会使得新闻媒体失真，更使得国际社会对真相的混乱加大，甚至导致两极分裂和对立，造成国际关系的不稳定性。①

（三）传播渠道的"封杀"方式

俄乌冲突中双方信息博弈程度异常激烈，美西方国家与俄的信息博弈从开始的"互殴"变成相互封杀。其中，美西方国家加强官方和非官方媒体的管理、控制甚至是封锁，阻断俄罗斯的传播途径。相较于"颜色革命"和俄格战争时期的传播能力，俄罗斯在2014年的乌克兰危机中展现出快速、有效的信息宣传，一定程度上影响了乌克兰和西方国家在媒体报道中的议程设置，使其措手不及。虽然美国等西方国家在信息宣传领域具有优势，但不具备压倒性的影响力，俄罗斯抢占先机，打破西方媒体对全球新闻议程的垄断，很大程度上消解了西方在乌克兰问题上的话语权，最终以"闪电战"实现克里米亚入俄。然而，在2022年的俄乌冲突中，美国等西方国家吸取2014年乌克兰危机中信息宣传的经验和教训，一直以来紧密关注俄罗斯媒体，利用各种手段压制俄罗斯的信息战略。② 从冲突前期开始在国内外传播中进行舆论预热，同时制裁俄罗斯

---

① Davis E. U. S. Warns of Imminent Russian Invasion of Ukraine//U. S. News： [сайт]. [11.02.2022]. URL： https：//www.usnews.com/news/national-news/articles/2022 – 02 – 11/u-s-warns-of-imminentrussian-invasion-of-ukraine（date：2022.04.20）.

② Ю. А. Юдина. Возможность применения средств обеспечения международной безопасности к информационному пространству. Актуальные проблемы российского права. 2022. No. 06，С. 119.

相关媒体机构，遏制俄罗斯媒体的发声渠道。

近年来，俄罗斯在信息宣传和舆论引导领域的话语权越来越大，自2014年乌克兰危机中俄罗斯的信息能力被美国所警觉，美西方国家就利用各种手段破解和压制俄罗斯的信息战略手段和传播途径。事实上，美西方媒体颠倒是非，操纵社交媒体，一方面宣扬对俄罗斯不利的新闻，另一方面在官方层面限制俄罗斯媒体的发声。2020年美国国家情报工作的重点仍然是针对俄罗斯的信息干预，将俄罗斯妖魔化为"邪恶帝国"成为美国国会、国家情报委员会和五角大楼情报机构的重点工作。为此，欧洲的政治结构也按照美国的模式运作——欧洲议会、德国联邦宪法保护局、芬兰安全警察、爱沙尼亚主要情报局和其他一些部门相继发布了关于俄罗斯在信息领域进行信息战的准调查。[1] 欧洲当局创建并推动了表面独立的非政府组织，专门揭露"克里姆林宫虚假信息的宣传活动"，其中最活跃的是瑞典国防研究局分析中心和德国民主安全联盟。[2] 除了此类正式的非营利组织外，位于拉脱维亚和其他波罗的海国家、波兰和芬兰的所谓北约战略通信中心正在积极提高其打击俄罗斯宣传的能力。[3] 这实际上限制了俄罗斯媒体的活动，俄罗斯国有（今日俄罗斯、俄罗斯卫星通讯社、塔斯社）和私人（战略文化基金、新东方展望等）媒体都被归为虚假信息甚至是有害信息活动的来源，同时，社交网络 Facebook、Twitter 和 YouTube 视频平台的管理部门封锁了俄罗斯媒体的账户。不仅如此，北约主体的一些组织，特别是战略传播卓越中心（拉脱维亚的里加）；波兰武装部队特种作战部队心理行动中央小组（波兰的比得哥什）；北约网络防御卓越中心（爱沙尼亚的塔林）等机构捏造和指控俄罗斯当局和情报机构违反各种国际准则，干涉别国事务，针对俄罗斯发起大规

---

[1] К Сергей. Можно заблокировать, можно убить Независимая журналистика мешает ведению информационной войны против России URL：https：//vpk-news. ru/articles/65202.

[2] Олевский В. Стратегическая пропаганда как средство реализации Запaдомполитики сдерживания России//Зарубежное военное обозрение. 2020. №. 4. C. 29 – 30.

[3] К Сергей. Можно заблокировать, можно убить Независимая журналистика мешает ведению информационной войны против России URL：https：//vpk-news. ru/articles/65202.

模的信息战。①

在 2022 年的俄乌冲突开始之后，西方主流媒体纷纷限制俄罗斯媒体的权限，欧盟境内包括今日俄罗斯电视台和俄罗斯卫星通讯社等"获得俄罗斯当局支持"的 TIKTOK 账号均已被封。欧洲官员对各大社交平台施压，Facebook、Twitter 和 YouTube 纷纷宣布将对俄罗斯国家媒体在其平台上发布的内容进行限制。很多欧洲国家宣布对俄罗斯媒体今日俄罗斯进行封锁，暂停播放。甚至俄罗斯媒体被直接封禁、限流，或是被贴上"虚假新闻"的标签。今日俄罗斯电视台和俄罗斯卫星通讯社是西方各国重点的防范对象。② 苹果将今日俄罗斯电视台和俄罗斯卫星通讯社的应用从除俄罗斯以外地区的应用商店中下架；微软下架今日俄罗斯等俄媒的应用；谷歌旗下的优图在全球范围内阻止用户访问"俄罗斯官方媒体"频道。③ 一直以来，在俄罗斯宣传舆论战中的俄罗斯官方和与当局保持联系的非官方媒体、网站、出版物等宣传机构被封禁或制裁。由于传播渠道受阻，俄罗斯的信息舆论很难在国际舆论中争夺话语权，美西方通过"乌东儿童被杀""蛇岛事件""战场父女分别"等事件吸引广大国际受众的关注，引导舆论导向，还直接影响政治谈判和军队作战。过去美国针对俄罗斯的宣传渠道和信息压制手段都有单向性、非对称性和低对抗性等特点，④ 2014 年乌克兰危机后，美国打破低对抗性的特点，联合欧盟国家合力对俄信息领域全面压制，在俄乌冲突中几乎全面封锁俄罗斯宣传渠道，而俄罗斯对此进行了强有力的回击，打破美国的单向性压制，其潜在影响不容忽视。

俄罗斯评估了当前的政治局势，克里姆林宫得出了许多重要结论。

---

① К. Сергей, Враг в прямом эфиреИнтернет как главный инструмент гибридной войны. URL: https://vpk-news.ru/articles/64860.

② 许华：《乌克兰危机中美俄混合战：演化、场景与镜鉴》，《俄罗斯学刊》2022 年第 4 期。

③ 许华：《乌克兰危机中美俄混合战：演化、场景与镜鉴》，《俄罗斯学刊》2022 年第 4 期。

④ 汪晓风：《社交媒体在美国对华外交中的运用》，《美国研究》2014 年第 1 期。

首先，西方没有放弃咄咄逼人的反俄政策，俄罗斯联邦仍是其主要对手。为此，俄罗斯也必须积极应对。其次，在摧毁俄罗斯的斗争中，西方主要集中在信息领域。为了防止俄罗斯最终崩溃，有必要从根本上识别出主要在信息空间中出现的新威胁。当局决定采取与当前形势相符的措施，由国防部、内政部、联邦安全局、外国情报部门和其他在俄罗斯联邦安全委员会领导下的联邦执行机构共同应对信息攻击。[①] 目前，俄罗斯已经做了很多工作来消除西方国家（主要是美国）在这一领域的挤压。特别是俄罗斯开发了评估信息空间以确保国家安全的新方法，组织了联邦行政当局在信息空间的联合活动，并制定了适当的监管框架。除此之外，为了使俄罗斯民众免受西方信息的影响，阻止俄罗斯民众访问 Facebook 和 Twitter，关闭了对美国自由电台的俄语新闻广播的访问权限，关闭了独立的俄罗斯新闻服务机构 Meduza（被俄当局指认为"外国代理媒体"），封锁了两个著名的独立媒体网站 Echo Moscow 和 Dozhd。早些时候，俄总统新闻秘书德米特里·佩斯科夫表示，针对美国发动的信息战，有必要对有关俄罗斯武装部队行为的虚假信息传播行为进行刑事处罚。为此，俄罗斯通过了将传播"假新闻"定为犯罪的法律，最高可判处 15 年监禁。[②] 俄罗斯认为这一步骤是对 Twitter 以及其他美国 IT 公司直接参与华盛顿官方发起的前所未有的信息侵略的明确确认，指责其极度扭曲乌克兰事件中的事实真相，并采取大规模措施来掩盖和渗透纳粹意识，为进一步向俄罗斯施加政治和制裁压力制造借口，不断向乌克兰输送武器。值得注意的是，在此次信息博弈过程中，俄罗斯首次对社交网络 Twitter 采取公开审查行动。这是对美西方国家限制和封锁俄罗斯新闻机构的强硬回击。另外，与此前的规定相比，新规定对针对俄罗斯军方的虚假信息的处罚刑期从 5 年增加到最长 15 年。更严厉的惩罚是

[①] 侯霞：《俄罗斯在乌克兰危机中的情报支援》，《情报杂志》2021 年第 2 期。
[②] Todd C. Helmus, Andrew Radin, "Keeping Russians Informed About Ukraine Could Help End This War", URL: https://www.rand.org/blog/2022/03/keeping-russians-informed-about-ukraine-could-help.html.

为了从舆论层面维护俄罗斯"特别军事行动"的正义性,减少国内的反战声音。① 通过民调发现,俄罗斯针对乌克兰的"特别军事行动"获得国内舆论绝大多数的支持。2022 年 9 月,全俄舆论研究中心公布了一项关于俄罗斯人对俄罗斯在乌克兰的特别军事行动的态度的调查数据。在六个月的监测过程中,公众对在乌克兰进行特别军事行动的决定的支持率一直很高,保持在 70%—73%。在 8 月的民意调查过程中,平均 70% 的俄罗斯人表示他们支持这一决定。② 同时,俄罗斯总统弗拉基米尔·普京的个人支持率也在逐渐提高。但是,由于美西方掌握信息空间的运作秩序,加之对俄传播渠道和内容的联合遏制,俄罗斯在国际舆论中的信息手段和方式都受到美西方国家的打压。尤其是在冲突爆发的背景下,单方面塑造国际议程不仅影响了事件本身的真实性,更诱导了国际舆论,使得国际关系更为复杂。

三 俄乌冲突下信息博弈的影响

对于这场信息博弈的胜负,通过分析来下结论还是为时过早。在目前的传播格局下,美国利用传播优势,按照自己的利益和标准制定游戏规则,从而获得国际关系中的优势地位和主动权。但是,美西方为实现战略目标而散播的"虚假信息"是一把双刃剑,向世界暴露了西方新闻媒体的"虚假",毁掉其在国际舆论中的信用度。虽然俄罗斯在一开始的整个舆论场上是失利的,但是,伴随着俄罗斯总统普京签署局部动员令,北溪天然气管道被炸,俄罗斯签署顿涅茨克、卢甘斯克、扎波罗热和赫尔松四个地区加入俄罗斯的条约,乌克兰申请加入北约,等等,俄乌局

---

① 吴非、李旋:《地缘政治博弈下俄美信息战中的媒体角色》,《对外传播》2022 年第 6 期。

② Специальная военная операция: полгода спустя. URL: https://wciom.ru/analytical-reviews/analiticheskii-obzor/cpecialnaja-voennaja-operacija-polgoda-spustja.

势以及国际社会的复杂变化，博弈双方要想稳定实现战略目标还存在诸多的不确定性。

无论俄乌冲突以什么样的结局收场，都为国际政治博弈过程中的传播和国际舆情分析提供了丰富案例，同时对国际社会以及现代战争的理念和实践产生影响。首先，在国际冲突中，信息媒体可以成为实现地缘政治目标的有效手段。当事方甚至利用信息手段和话语预定迫使对方做出战略误判或错误决策，这也是一国以较小的成本获取较大政治利益的有效手段。以前很难想象，如果不使用武力，美国及其北约盟国如何实现征服波罗的海国家（爱沙尼亚、拉脱维亚、立陶宛）以及乌克兰、格鲁吉亚、摩尔多瓦的政治意愿？事实证明，美国等西方国家通过信息传播，采取混合手段，实现其战略意图，这都成为现实。[1] 因为在常规战争中，进攻方使用武装斗争的手段代价是非常昂贵的，其后果不堪设想，而信息战中的信息博弈成本低，避免人员伤亡，成为冲突各方使用的优先选项。但是，基于当前世界政治的现实，以及国际关系的恶化和俄罗斯周边地缘政治局势的复杂化，在可预见的未来，军事力量在国际关系中的作用不会减弱，信息博弈的程度也将更加激烈，手段更加多样，影响更为深远。

其次，强大的信息宣传和舆论塑造能力是国际竞争取胜的重要力量。一个国家在激烈的国际竞争中不仅要发展经济、科技和军事力量，更要从战略层面增强国家软实力。国际传播是软实力的重要来源，其目的不仅是传递信息，更重要的是在国际上获取支持和认同，甚至实现战略合作，以更好地推行外交政策，维护国家利益。在全球化的背景下，李普曼关于"现代政治最重要的问题是如何控制公众舆论"的论断仍然具有现实意义，新闻能影响舆论，舆论能引导民众，强大的国际传播能力可以增强一国的政治和社会影响力。[2] 从俄乌冲突中的信息博弈可以看出，真正有效的传播博弈并非一时的舆论攻势，而是国家软实力的真正较量。

---

[1] А. Е. Шагов. Феномен информационных войн и вопросы военной истории: к осмыслению прблемы. URL: http://www.mir-politika.ru/17570-u-nas-byli-zavyshennye-ozhidaniya-ot-rossii.html.

[2] 许华：《从乌克兰危机看俄罗斯的国家传播能力》，《俄罗斯学刊》2015 年第 3 期。

最后，俄乌冲突下的信息博弈使得国际社会对事实真相更加混乱，加剧战略互疑，导致大国关系极度尖锐，对今后国际政治、经济和地缘格局将产生重大影响。诚如布热津斯基所言："没有乌克兰，以独联体或以欧亚主义为基础重建帝国都是不可行的。"① 作为区域内的支轴国家，乌克兰不仅影响着美俄关系的演变，也对欧亚地区秩序构建尤为关键，同时关系到整个欧洲地区的安全与稳定。② 从当前形势来看，俄乌冲突导致的能源危机、粮食安全、运输成本倍增、产业链中断等问题使全球化面临更为严峻挑战，美俄之间将会在更多领域处于"脱钩"状态。③ 同时，美俄关系的恶化加剧国际社会的不安和动荡，国际秩序和国际安全面临挑战。另外，在信息领域，世界上的大多数国家都参与了此次冲突，形成"如果不支持我，就是反对我"的原则。可以说，俄乌冲突可以说是信息领域的"世界大战"。不管俄乌冲突结果如何，一场无限的美西方同俄罗斯的信息博弈甚至是信息战争将继续进行。

The U. S – Russia Inforoation Game under the Russia-Ukraine Conflict：Motivation, Characteristics and Influence

Fan Wenjing

Abstract：n recent years, the soft power contest between the United

---

① ［美］兹比格纽·布热津斯基：《大棋局：美国的首要地位及其地缘战略》，中国国际问题研究所译，上海人民出版社 2007 年版，第 92 页。
② 杨双梅：《美国的乌克兰政策：战略目标及前景》，《国际关系研究》2022 年第 2 期。
③ 张建：《俄乌冲突背景下的俄美关系及其前景》，《和平与发展》2022 年第 3 期。

States and Russia has intensified. Russia has vigorously developed the news media. During events such as Crimea's entry into Russia, the Syrian War, and the U. S. election, Russia has gradually broken the barriers between the United States and the West through mass media and other communication tools. spread monopoly. However, Western countries headed by the United States manipulate the operation of the information space according to their own interests and standards, and still have advantages in global discourse power, influence, and information dissemination technology to achieve information hegemony. On February 24, 2022, Russia's special military operation led to a sudden turn for the worse in Ukraine. In addition to the military conflict between Russia and Ukraine on the battlefield, the United States and the West launched a fierce information game with Russia. The research on the motivation, characteristics and influence of the information game in this conflict can not only clearly understand the essence of the conflict between Russia and Ukraine, but also deeply understand the strategic means and propaganda means of various stakeholders in this conflict. The major changes unseen in a century are of profound significance.

Keywords: Great power game; Russia-Ukraine conflict; Information warfare; Agenda setting

尹锡悦政府外交政策探析：
目标、进展与特征

刘天聪　胡宇恺*

内容提要：尹锡悦上台以来，在外交政策上总体延续了韩国保守派外交的亲美路线，以"全球中枢国家"作为外交政策的基本出发点，确立了推动朝鲜半岛无核化、推行基于"民主自由价值"和共同利益的东亚外交、建立共同繁荣的区域合作网络、推进积极的经济安全外交、加强"全球中枢国家"作用等优先事项。尹锡悦上台一年以来，韩朝关系紧张，日韩关系缓和，美韩同盟升级。尹锡悦政府将"价值观外交"与"利益外交"相结合，积极参与区域事务，外交政策呈现出阵营化特点，韩国外交政策的自主性与灵活性不断提升。

关键词：韩国；外交政策；尹锡悦；美韩同盟

韩国处于大国博弈的中间地带，兼具地缘价值与经济、科技实力，作为美国印太盟友体系中的重要成员，韩国的外交路线选择对东北亚区域稳定、朝核问题、中韩关系等都有较大影响[①]。尹锡悦上台以来，在外交政策上总体延续了韩国保守派外交的亲美路线，主张深化美韩同盟关

---

* 刘天聪：中国现代国际关系研究院朝鲜半岛研究中心副研究员，研究方向为朝鲜半岛问题、亚太安全、东亚地区合作；胡宇恺：清华大学战略与安全研究中心研究助理。

① 王付东：《韩国尹锡悦政府外交政策探析》，《和平与发展》2022年第3期。

系，强调价值观外交。在基本保守派路线之上，尹锡悦政府外交的平衡性、灵活性也逐渐提升，实用主义特点也日益凸显①。当前，尹锡悦政府外交政策的总目标是将韩国建设为"为自由、和平与繁荣做出贡献的全球中枢国家"②，并以此为出发点确立了外交领域的八件优先事项：推动朝鲜半岛无核化、推行基于"民主自由价值"和共同利益的东亚外交、建立共同繁荣的区域合作网络、推进积极的经济安全外交、加强"全球中枢国家"作用、构建全球韩国人社区、加强国家网络安全应对能力以及申办2030年釜山世博会③。本文将重点梳理尹锡悦政府外交政策中的部分优先事项与政策目标，结合当前尹锡悦政府外交目标的具体进展，就其外交政策的特征进行分析。

一 尹锡悦政府的外交政策目标

从政策目标来看，将韩国建设成"为自由、和平与繁荣做出贡献的全球中枢国家"是尹锡悦政府的外交总目标，基于这一目标，尹锡悦政府提出了外交领域的八个优先事项。总体来看，尹锡悦政府延续了韩国保守派的外交优先事项，如主张美韩同盟，主张韩国积极参与全球事务，例如同为保守派总统的李明博也曾提出与"全球中枢国家"类似的"全球外交"概念。在尹锡悦政府的若干外交优先事项中，推动半岛无核化依然摆在首位。此外，"推行基于民主自由价值和共同利益的东亚外交"这一优先事项表明，"四强外交"依然处在韩国外交政策的关键位置，尹锡悦政府正在推行"价值观外交"与"利益外交"相结合的新均衡战略。

---

① 刘天聪：《尹锡悦将采取何种内外政策》，《世界知识》2022年第7期。
② 국정비전, https://www.president.go.kr/affairs/vision.
③ 韩国外交部：외교정책 목표, https://www.mofa.go.kr/www/wpge/m_24965/contents.do。

（一）推动朝鲜半岛无核化

半岛无核化是韩国历届政府的外交优先事项。尹锡悦政府将推进半岛无核化的政策构想分为以下步骤：首先，在韩美密切配合下，提出无核化路线图，而后与朝鲜进行无核化谈判，同时加强国际合作以维持对朝鲜的制裁。其次，加强韩美日对朝政策合作，并鼓励中俄在朝鲜无核化进程中发挥建设性作用，在朝鲜无核化取得实质性进展的情况下推动和平谈判[①]。

2022 年 8 月，尹锡悦在韩国光复 77 周年纪念仪式上提出半岛无核化政策构想——"大胆构想"，称若朝鲜采取实质性无核化措施，韩方将帮助朝鲜划时代地改善经济状况和居民生活质量。"大胆构想"是为了推动半岛无核化而制定的分阶段的战略路线图，其具体构想如下。

第一，在无核化谈判开启前，努力"创造一个朝鲜别无选择只能重返无核化谈判的战略环境"；第二，如果进入谈判阶段，则考虑推行"朝鲜半岛资源和粮食交流计划"，该计划利用制裁豁免制度，允许朝鲜在一定限度内出口矿产资源；第三，如果朝鲜走上实质性无核化道路，韩国政府愿意在政治、经济、军事等领域提供相应措施。经济方面，支持朝鲜发电和输配电基础设施建设，国际贸易港口和机场现代化，支持医院和医疗基础设施现代化，支持朝鲜农业技术、国际投资和金融建设；在外交领域，韩国表示届时将支持美朝关系正常化[②]。

尹政府对朝政策大纲包含"完全无核化""互惠"这两个主要事项，在推动朝鲜无核化的同时提议分阶段提供人道主义和经济援助。"大胆构想"与李明博政府曾提出的"无核、开放、3000"政策[③]逻辑类似，都是以经济援助谋求半岛无核化。

---

① 120 대 국정과제, 북한 비핵화 추진, https://www.opm.go.kr/opm/info/government06.do.
② 韩国外交部：담대한 구상, https://www.mofa.go.kr/www/wpge/m_25492/contents.do.
③ "无核、开放、3000"：若朝鲜走上无核化和开放之路，韩国承诺对朝提供经济援助，帮助朝鲜人均国民收入提高到 3000 美元。

"大胆构想"以"朝鲜完全弃核"作为韩朝合作前提,体现出保守派政府对朝政策一贯的强硬路线。朝鲜方面为实现经济发展目标进行安全让步的概率较低。

金正恩在2021年1月第八次党代会上提出军事现代化目标,称朝鲜已经从优先考虑经济和军事同步发展,转变为将军事发展视为维护朝鲜制度的必要条件①。此前,朝鲜将文在寅政府的"半岛统一经济愿景"视作韩国对朝鲜经济的"吸收",朝鲜十分抵触朝韩经济一体化建设,其经济的脆弱性使其领导层对韩国提出的基础设施项目缺乏信任,近十年前朝鲜对开城工业区项目的限制就证明了这一点。

(二)基于"民主自由价值"和共同利益的东亚外交

在周边外交策略上,尹锡悦政府对美西方推行"价值观外交",对周边尤其是中俄采取"共同利益外交",以实现新型的"东北亚均衡"。对于这一目标,韩国外交部的具体表述为"基于共同的价值观和利益加强与美国、中国、日本和俄罗斯的合作,从而为朝鲜半岛创造和平与繁荣的环境,提升韩国在地区和全球层面的地位"。② 从具体政策文本来看,这一政策依然是韩国历届政府所重视的"四强外交"。

在韩美关系上,尹锡悦政府提出:通过扩大韩美同盟的合作范围,将韩美关系发展成为超越安全合作、共同应对新挑战和新机遇的全面战略联盟,继续巩固韩美联合防御态势,扩大经济安全和科技领域合作,加强印太地区合作,深化全球伙伴关系。

对于韩中关系,尹锡悦政府提出:在相互尊重的基础上构建韩中关系,通过韩中两国元首互访,加强高层交流与沟通,推进实质性合作。关于中韩之间的合作,尹锡悦政府列举了半岛无核化、经济、供应链、

---

① Scott A. Snyder, "Why North Korea Might Reject Yoon Suk-yeol's Audacious Initiative", Aug 18, 2022, https://www.cfr.org/blog/why-north-korea-might-reject-yoon-suk-yeols-audacious-initiative.

② 韩国外交部:자유민주주의 가치와 공동이익에 기반한 동아시아 외교 전개, https://www.mofa.go.kr/www/wpge/m_24964/contents.do#none。

卫生、气候变化、环境、文化交流等重点合作领域。

在韩日关系上，尹锡悦政府提出：要建立符合共同利益和价值观的、面向未来的韩日关系，恢复"穿梭外交"，解决历史遗留问题。为此，尹锡悦政府提出了"金大中—小渊联合声明2.0时代"这一愿景。1988年，日韩通过"金大中—小渊联合声明"同意"建立以和解为基础的面向未来的关系"，但双方近年来因领土问题、历史遗留问题等争端不断。在韩日关系方面，竞选期间尹锡悦多次批判文在寅政府在韩日问题上努力不足以至于韩日关系恶化并长期处于僵局。

在韩俄关系上，韩国提出要以国际准则为基础谋求韩俄关系的稳定发展，继续努力稳定韩俄关系，与国际社会共同解决乌克兰危机，但是不放弃对俄罗斯的制裁。在地缘政治方面，韩国是美国盟国中少数对俄政策较为友好的国家之一，俄韩关系也是中美战略博弈、俄美战略对抗不断深入背景下的重要缓和性因素，在俄罗斯看来，虽然韩国的外交政策不可避免地将受到美国的影响，但是俄韩之间总体来说存在合作与对话的基础。

尹锡悦政府在外交上进一步向美西方国家靠拢，在意识形态、国际规则和人权等事务上进一步与美西方保持一致。在中美关系中从"战略模糊"向"战略清晰"转变，深化美韩同盟，但同时也加强了战略自主，发展新型对华关系，"价值观外交"与"利益外交"并重，推动日韩关系缓和，谋求韩俄关系稳定发展。

（三）建立共同繁荣的区域合作网络

尹锡悦政府提出"建立共同繁荣的区域合作网络"，其任务目标是通过建立和加强各地区的合作网络，扩大韩国的外交和经济合作空间。该任务主要涉及几个重点方向：第一，尹锡悦政府计划加强与东盟的互利务实合作，扩大亚洲地区的多边和小多边合作网络；第二，随着印太地区崛起，尹锡悦政府计划与澳大利亚、新西兰、太平洋岛国等印太地区国家加强战略务实合作，拓展多层次合作；第三，加强与欧洲的"价值观外交关系",基于自由民主、市场经济、法治、人权等所谓"普世价值",与欧盟、英国等建立"价值观外交伙伴关系",并以此为基础,加强韩国与欧洲在全球性问题、人道主义、经济等领域的实质性合作;第四,促进区域合作,加强韩国与中东、拉美、非洲、中亚等重点区域的定制化合作。

通过建立共同繁荣的区域合作网络,韩国政府希望拓宽外交视野,建立并巩固"全球中枢国家"地位,与各地区建立多层次的合作网络,为自身拓宽外交空间,通过发挥自身的国际影响力来最终实现"全球中枢国家"的外交总目标。

(四)推进积极的经济安全外交

"推进积极的经济安全外交"旨在通过创造以韩国利益为出发点的外部经济安全环境,实现国家利益最大化。具体推进路径为积极参与多边组织,包括积极参与二十国集团、亚太经合组织、经合组织、世贸组织等多边经济合作组织,推进有关韩国利益议程的讨论。其中的关键优先事项有以下三项。

第一,强化供应链等经济保障,通过政府协同加强供应链风险防范,与拥有原创技术的国家(美国、日本、欧洲国家等)建立互为补充的合作体系。通过韩美经济安全"2+2"会议等,确保对半导体、电池等韩国重点企业的支持,扩大联合研发,加强国际合作,支持私营部门海外资源开发、应对全球粮食安全危机。

第二,引领"基于价值观"的全球经济秩序,积极回应印太经济框架(IPEF)、区域全面经济伙伴关系协定(RCEP)、全面与进步跨太平洋伙伴关系协定(CPTPP),积极支持韩国企业的海外扩张。特别是作为"全球中枢国家",在数字经济、供应链、气候、脱碳等领域为印太经济框架制定规范。

第三,深化多边经济合作,在多边经济合作机构中反映符合韩国国家利益的立场,扩大双边和多边经济协定网络。通过举办2025年亚太经合组织峰会，加强亚太地区的经济合作并提升韩国在该地区的地位。

（五）加强"全球中枢国家"地位

将韩国建设成"为自由、和平与繁荣做出贡献的全球中枢国家"是尹锡悦政府的外交总目标。尹锡悦政府希望扩大多边外交在重点领域的主导作用，在和平与安全、民主、人权、法治等领域的国际合作中发挥主导作用，强化韩国在多边外交中的领导地位，引领建立开放包容的国际秩序，提出全球性问题的解决方案，领导预防性外交，例如预防冲突，加强对国际危机中弱势群体的保护和支持。此外，尹锡悦政府还计划加强"气候变化外交"与"碳中和外交"，通过积极参与应对气候变化的国际讨论来推动发达国家国际合作，为实现可持续发展目标做出贡献。

韩国的"全球枢纽国家"愿景目前来看存在一定的局限性。"全球中枢国家外交"意味着韩国要实现带有发达国家性质的外交，但尹政府的核心是强化韩美同盟，强调以韩美同盟为基础的合作，这与强调战略自主性的"全球中枢国家"战略存在逻辑上的不自洽。韩国此愿景的提出一方面是改变了文在寅时期北方战略与南方战略两手抓的思路，明确韩美同盟在韩国外交中的中轴地位，积极参与以美国为首的印太事务，谋求自身经济、安全利益。然而，在妥善解决朝核问题之前，这种"中枢国家"地位十分脆弱，因为朝核问题悬而未决，一旦美朝、韩朝矛盾激化或发生战略误判，韩国的外交资源和外交努力可能被朝核问题完全牵制。

尹锡悦政府强调"全球中枢国家"的愿景，一方面延续了保守派的外交主张，另一方面借助这一愿景，韩政府不会一味地陷入"半岛无核化"谈判泥潭，拓展了韩国与全球国家的多边合作，使韩国在中美大国博弈的背景下具有更高的外交灵活性。再者，美国鼓励并支持韩国更多地参与国际事务，因为在国际事务上韩国会自然地与美国站在同一战线。以"全球中枢国家"为外交目标，更有助于美韩在印太地区开展更多超越双边的全面合作，同时也有利于韩国在印太地区发挥其自主性。

二 尹锡悦政府外交目标的进展

韩国政府上台以来,以深化韩美同盟为基础,提高对朝威慑,构建朝核问题进展基础;以国家利益为基础,发展同盟、周边国家关系;推行以所谓"普世价值"和规则为基础的全球价值外交等,开展"全球中枢国家外交"。韩国外交部发布的《2022年外交部报告》对2022年韩国外交目标的进展情况进行了梳理,在推动朝鲜无核化问题上,该报告指出:尹锡悦政府的"大胆构想"为朝核问题的进展奠定了基础,然而从朝鲜回应来看,"大胆构想"遭到了朝方的严厉抵制。在周边外交方面,该报告称尹锡悦政府在2022年恢复了高水平的韩美信任关系,创造了日韩和解的条件,并就构建新型中韩关系达成了共识。在区域外交方面,韩国发布了独立的"印太战略"及"韩国和东盟共生连带关系构想"(KASI)[①]。

(一) 半岛无核化进展

尽管韩国外交部称尹锡悦政府的"大胆构想"为朝核问题的进展奠定了基础。但朝韩关系在尹锡悦上任以来持续呈现出紧张趋势,尹锡悦政府所提出的"大胆构想"几乎导致了南辕北辙的政策效果。2022年8月,朝鲜劳动党中央委员会副部长金与正发表谈话,批驳韩国总统尹锡悦涉朝言论。金与正表示,尹锡悦此前公开的对朝"大胆计划"构想荒谬至极。朝方绝不会用核武器这一国体的根本保障交换"经济合作"项目,尹锡悦"若北方采取无核化措施"的前提本身就是错误的假设。

朝鲜自2022年以来加快了导弹试验的步伐,仅2022年一年就进行了

---

① 韩国外交部:2022 외교부 업무보고, https://www.mofa.go.kr/www/brd/m_4175/view.do?seq=366696&page=1。

创纪录的至少 65 次导弹试验①。朝鲜谴责美国和韩国的武力示威，称美韩筹划的 20 余次各种联合军演，预示着朝鲜半岛和地区局势将会再次陷入严重的紧张激化漩涡。尹锡悦政府的半岛无核化构想短期来看不具有可行性，目前半岛紧张局势仍处在不断升级的过程中。

（二）东亚外交：日韩和解重启"穿梭外交"

随着美国印太战略的推出，美国明确将日本与韩国置于构筑美国同盟网络的关键位置，韩日关系自 2022 年以来呈现出向好发展的趋势。近年来，韩日政权先后更迭，保守派尹锡悦上台后，客观上为韩日两国关系发展提供了契机。在俄乌冲突背景下，朝鲜示强举动也加剧了韩日的安全焦虑，有利于推动韩日搁置分歧、加强合作②。

2023 年 3 月 1 日，尹锡悦在"三一独立运动 104 周年"致辞中表示，如今日本从过去军国主义侵略者转变为与韩国共享"普世价值"、在经济安保及全球议题上携手合作的伙伴③。韩国政府公布了解决日本强征劳工赔偿问题的"第三方代偿"方案后，韩国国内对尹锡悦政府此举爆发了剧烈的争议。反观 2022 年 3 月 1 日，时任总统文在寅于"三一讲话"中依然强调了日韩之间的历史遗留问题，称日本必须正视历史，在历史面前保持谦逊，且"只有当日本能够同情邻国人民的伤痛时，才能为人所信赖"④。文在寅政府依然将妥善解决历史遗留问题视作韩日合作的前提和基础；朴槿惠在 2013 年 3 月 1 日讲话中也明确表示，"肇事者和受害者的历史地位不能改变"⑤。

---

① Mitch Shin, Yoon Says North Korea Poses 'Serious Threat', Jan 11, 2023, The Diplomat, https://thediplomat.com/2023/01/yoon-says-north-korea-poses-serious-threat/.
② 翟福生：《美国新版"印太战略"下的韩日关系》，《东北亚学刊》2023 年第 2 期。
③ YONHAP, "Yoon calls Japan 'partner' in tackling security, economic challenges", Mar 1, 2023, https://en.yna.co.kr/view/AEN20230301002451315? section = search.
④ YONHAP, Full text of President Moon Jae-in's speech on 103rd March 1 Independence Movement Day, Mar 01, 2022, https://en.yna.co.kr/view/AEN20220301002900315.
⑤ Mitch Shin, "South Korean President Calls Japan 'Partner' on Independence Day", Mar 01, 2023, https://thediplomat.com/2023/03/south-korean-president-calls-japan-partner-on-independence-day/.

尹锡悦政府在韩日关系上实现了历史性的突破，日韩就两国政府间最大悬案的原被征劳工诉讼问题解决方案达成一致后，拟重启两国首脑每年一次互访的"穿梭外交"。"穿梭外交"是指韩日领导人随时互访并举行首脑会谈，由韩国前总统卢武铉 2004 年 12 月与时任日本首相小泉纯一郎共同商定。机制形成后，曾数次中断。经韩日双方商定，日本解除 3 项半导体产品对韩国的出口限制，韩国则表示撤回在世界贸易组织提起的相关仲裁。

韩国在历史遗留问题上的转变以及韩日共同建设"面向未来的"双边关系也离不开美国从中斡旋。美国方面对韩国的"第三方代偿"表达了肯定，称尹锡悦政府的声明标志着"美国两个最亲密盟友之间的合作和伙伴关系开启了新篇章"，并表示将继续支持日韩领导人，以维护和推进"自由开放的印太"这一共同愿景[①]。

韩日和解与尹锡悦政府"金大中—小渊联合声明 2.0 时代"的愿景相吻合，韩日和解一方面是由于韩日两国在安全、经济、贸易等诸多领域的利益相互交织，另一方面，这一动向为美日韩三边机制的进一步深化铺平道路，韩国由此也可能进一步成为美国在印太地区开展战略竞争的工具，使东北亚的不稳定局势加剧。

（三）美韩同盟升级为"全面战略联盟"

尹锡悦政府通过与美国在印太地区的合作来实现"美韩全面战略联盟的愿景"，积极支持拜登政府的印太战略，努力转向与美国更全面的联盟。尹锡悦领导下的韩国将成为更积极的印太地区参与者[②]。从韩国保守派的一贯立场来看，与倾向于关注周边地区的自由派政府相比，保守派

---

① White House, "Statement from President Joe Biden on Japan-ROK Announcement", March 05, 2023, https：//www.whitehouse.gov/briefing-room/statements-releases/2023/03/05/statement-from-president-joe-biden-on-japan-rok-announcement/.

② Saeme Kim, "Prospects for an Indo-Pacific South Korea Under the New President", Mar 16, 2022, https：//rusi.org/explore-our-research/publications/commentary/prospects-indo-pacific-south-korea-under-new-president.

政府通常为韩国寻求更广泛、更国际化的角色。竞选时期，尹锡悦已经提出将积极参与以美国为首的新印太经济框架①。在经济安全、半导体、新兴技术、矿物、健康安全、气候变化、供应链弹性等领域，韩国都可能成为印太事务的积极参与者。

在印太事务中，韩国与美国的全面联盟大致上会以经济技术同盟为重点。作为一个高度依赖出口的经济体，韩国的经济对中国的依存度过高，一旦中国对其进行制裁，韩国经济将会受到严重打击。因此，美韩全面战略联盟或许将以"经济联盟"以及"技术联盟"作为主要合作形式。这样既发挥了韩国的优势，又有利于美国的技术与供应链安全。目前美国智库普遍研判美韩经济、技术同盟将会"超越双边"，例如在印太框架中开展。

尹锡悦政府有望在文在寅政府的基础上加强美韩对新兴技术的推广。这种同盟很有可能是"超越双边"的，即在区域性、全球性的事务中进行合作。美国韩国经济研究所（KEI）高级主任特洛伊·斯坦格隆（Troy Stangarone）提出，华盛顿和首尔应努力超越双边技术政策框架。就其本质而言，技术不受国界的约束，政策应反映这种多样性②。例如，以5G为例，基础技术的专利分散在中国、美国、欧盟、韩国和日本的领先设备生产商之间。在美国和韩国或美国和日本③之间在双边层面上开发6G技术可能会遗漏一些关键的参与者而导致研发效率低下。美国目前设立了不同的论坛来与盟国讨论技术政策，包括美欧贸易技术委员会（TTC: U. S. – E. U. Trade and Technology Council）④ 以及四方关键新兴技术工作

---

① 윤석열 " '반시장적 과도한 정부 개입' 현 정부 정책 정상화", 2021年12月28日, https://www.yna.co.kr/view/AKR20211228106300001?input=1195m。

② Troy Stangarone, "Why Tech Cooperation Will Reshape South Korea-U. S. Relations", Jan 28, 2022, https://thediplomat.com/2022/01/why-tech-cooperation-will-reshape-south-korea-u-s-relations/。

③ James L. Schoff and Joshua Levy, "Can Japan and the US Lead the Way to 6G?", Apr 13, 2021, https://thediplomat.com/2021/04/can-japan-and-the-us-lead-the-way-to-6g/。

④ U. S. – E. U. Trade and Technology Council (TTC), https://ustr.gov/useuttc。

组（Quad Critical and Emerging Technology Working Group）①。在新的印太经济框架中，韩国会成为其中具有重要影响力的一部分。2021年5月文在寅和拜登之间的峰会建立了一个技术协调框架，尹锡悦政府还有充足的空间来应对"文在寅—拜登协议"中未涵盖的新技术挑战。例如，随着拜登政府推广新的印太数字贸易经济框架，韩国将成为美国不可或缺的合作伙伴。这也使得韩国有能力协助美国在印太地区应对意外威胁，并减轻供应链风险。例如，在生物技术领域，韩国基因测序公司可能会作为华大基因等中国产品的替代品②。

美韩技术同盟的一个关键在于韩国在半导体产业的优势对美国极其重要。当前全球半导体短缺，这进一步凸显了韩国对美国的重要性。韩国的半导体产业占全球半导体市场的20%③。在内存领域，三星和SK海力士占据了DRAM市场约70%的份额④和闪存市场近50%的份额⑤。

美韩合作保护韩国供应链也是对美国供应链进行保护。美国汽车行业向电动汽车过渡在很大程度上取决于韩国公司生产电池的能力。在数字贸易领域，规则和基础设施方面的合作至关重要。韩国已申请加入数字经济伙伴协议⑥（涉及智利、新西兰和新加坡），美国正在考虑如何处理数字贸易，以便在更大的群体中共同建立与跨境数据、隐私、电子签名和验证相关的数字贸易规则和规范，以及与人工智能算法的披露和责

---

① White House, "Fact Sheet: Quad Summit", Mar 12, 2021, https://www.whitehouse.gov/briefing-room/statements-releases/2021/03/12/fact-sheet-quad-summit/.

② Ryan Fedasiuk, "What South Korea's Election Means for Its Technology Alliance With the United States", https://thediplomat.com/2022/03/what-south-koreas-election-means-for-its-technology-alliance-with-the-united-states/.

③ "STATE OF THE U. S. SEMICONDUCTOR INDUSTRY", https://www.semiconductors.org/wp-content/uploads/2021/09/2021-SIA-State-of-the-Industry-Report.pdf.

④ "DRAM manufacturers revenue share worldwide from 2011 to 2021, by quarter", https://www.statista.com/statistics/271726/global-market-share-held-by-dram-chip-vendors-since-2010/.

⑤ "Samsung Elec and SK hynix command nearly 50% in NAND flash market in Q3", Nov 25, 2021, https://pulsenews.co.kr/view.php?year=2021&no=1096335#:~:text=SK%20hynix%20saw%20its%20NAND,Samsung%20Electronics%20and%20Japan's%20Kioxia.

⑥ YONHAP, "S. Korea starts process to join DEPA", Oct 06, 2021, https://en.yna.co.kr/view/PYH20211006124000325.

任相关的法规。在数字基础设施方面，美国和韩国也可能在东南亚合作部署三星5G设备，以在印太地区建立"更安全"的5G网络。

美韩安全同盟也在不断深化。在美日韩三边机制的背景下，三国在安全合作方面已经开展了警务演习、追踪演习以及反潜演习，并达成了若干协议，同意实时共享导弹预警数据，之后也可能会进一步扩大与日本共享情报信息的范围。2022年10月1日尹锡悦在韩国建军节上表示："今后将进一步加强韩美联合军事训练和演习，展现双方为强烈应对朝鲜挑衅和威胁的'行动同盟'。"① 美日韩多次谈到所谓"延伸威慑"问题。2022年7月29日，日本外长和韩国防长几乎同时访问美国，再次就"延伸威慑"问题进行了讨论。2022年9月，韩美重启"外交+国防"副部长级"韩美延伸威慑战略磋商机制"（EDSCG）会议，强调美国将强化对韩国的安保承诺，双方将更广泛地使用包括外交、情报、军事和经济手段在内的一切可用手段来应对朝鲜威胁，将对朝鲜任何核攻击做出压倒性、决定性应对。美韩双方商定每年都将举办延伸威慑战略磋商会议。2022年11月13日美日韩三方会谈中，拜登重申，美国对日本和韩国的"延伸核威慑"承诺只会增强，美国对日本和韩国的防卫承诺是坚定的，以包括核力量在内的所有种类的能力作为保证。随着美日韩三边安全合作逐步推进，美日韩三国对朝政策可能进一步趋于强硬，可能采取诸如扩大联合军事演习、在韩国部署美军反导和战略威慑力量、在联合国推动对朝进一步制裁等措施，甚至不排除美韩在特殊情况下对朝发动先发制人军事打击的可能。

美韩同盟功能和地域范围的扩大对中国而言存在一定的威胁性。拜登政府对韩国与美加强"全面战略联盟"表示欢迎，美韩同盟一直以来都是韩国对外政策的核心。美韩发展全面战略同盟向中国表明，双边同盟正在扩大到许多其他问题领域，超出了其传统的维护朝鲜半岛安全的框架。同样，尽管韩国只参与四边安全对话（QUAD）中不太敏感的领

---

① 건군 제74주년 국군의 날 기념사，https://www.president.go.kr/president/speeches/s2tDydr8.

域,例如非传统安全、疫苗合作、网络安全和气候变化,但美韩在地区和国际治理方面的更深入合作仍可能吸引韩国越来越接近美国的地缘政治轨道。此外,韩国的战略心态和政治立场也在逐渐发生改变,中韩关系的发展也存在下行的风险。尹锡悦当选后,韩国传统精英层长期压抑的冷战思维迅速回弹、扩散。此外,尹锡悦及其团队中多"美国通"少"中国通"。与对美国的认知和了解相比,尹锡悦及其政府官员对中国了解不足,其保守思想可能根深蒂固,战略平衡感有所欠缺。由对华理解不足且戴着"有色眼镜"看中国的韩国高层团队来处理涉华事务,这将给中韩关系带来一定风险。

(四)区域外交:"韩国—东盟"关系向好

2022年11月11日,韩国总统尹锡悦在柬埔寨金边举行的"韩国和东盟(10+1)"首脑会议上表示,今后韩国政府将"以自由、和平、繁荣的三大愿景为基础,在包容、信任、互惠的三大合作原则下推进印太战略"。尹锡悦强调,"东盟是韩国最重要的合作伙伴之一",发表了"韩国和东盟共生连带关系构想"(Korea-ASEAN Solidarity Initiative,KASI),并以2024年是韩国与东盟建立对话关系35周年为契机,提议将与东盟的关系提升为"全面战略伙伴关系"(Comprehensive Strategic Partnership,CSP)①。通过韩国版印太战略,韩国对东盟政策的轮廓得到了明确。

韩国与东盟关系的提升不仅有利于韩国和东盟的双边利益,也符合美国的自身利益。在印太地区内的经济安全及传统安全领域,美国希望韩国能够分担更多的责任(burden-sharing),在美韩同盟深化的背景下,如何满足美国的期待也是重要的问题。

美国韩国经济研究所(KEI)研究员凯尔·费里尔(Kyle Ferrier)指出,美国可以更好地利用韩国的优势,专注于争议较小的领域,即经济

---

① "The ROK's Indo-Pacific Strategy under President Yoon: Key Elements and Strategic Implications", https://www.ifans.go.kr/knda/hmpg/mob/pblct/PblctView.do;jsessionid=hX6792qsCLHa5ilXKJd4mbB-.public22?pblctDtaSn=14105&clCode=P07&menuCl=P07&pageIndex=1.

参与①。费里尔认为韩国在印太地区的经济拓展基础上有充足的空间。凭借对现有国际秩序力量的既得利益,韩国已经通过非军事手段在该地区高度活跃。因此,对于美国来说,与韩国的关系更应该被视为美国的"经济价值乘数"(Value Multiplier),而不是"军事力量乘数"(Power Multiplier)②。费里尔的这一判断也有翔实的数据支持,韩国与印太国家的经济联系近年来确实在不断深化。韩国与东盟和印度分别于2007年和2010年签订贸易协定,这在促进贸易增长方面发挥了关键作用。从2016年至2019年,韩国与东盟国家和印度的贸易总额均增长了约30%。韩国还通过区域全面经济伙伴关系协定(RCEP)进一步促进与东盟的经济接触③。2021年,东盟和韩国之间的贸易额达到1765亿美元,东盟是韩国的第二大贸易伙伴,也是韩国的第二大投资目的地④。因此,美方很有可能考虑将韩国定位为一个有着高度参与的、负责任的地区经济参与者角色,美国很可能采取更多措施来消除韩国在大国夹缝之中的忧虑,推进韩国与印太国家的经济合作,同时推进印太地区的经济增长。此举将鼓励韩国与该地区的经济联系,并鼓励韩国在关键领域承担更多责任。

三 尹锡悦政府外交政策特征

(一)尹锡悦政府外交政策体现出阵营化特点

尹锡悦政府的"四强外交"凸显出了"韩美同盟"在韩国外交中的

---

① Kyle Ferrier, "Reimagining the U. S. – Korea Relationship in the Indo-Pacific", Feb 21, 2022, https://gjia.georgetown.edu/2022/02/21/reimagining-the-u-s-korea-relationship-in-the-indo-pacific%EF%BF%BC/.

② Kyle Ferrier, "Reimagining the U. S. – Korea Relationship in the Indo-Pacific", Feb 21, 2022, https://gjia.georgetown.edu/2022/02/21/reimagining-the-u-s-korea-relationship-in-the-indo-pacific%EF%BF%BC/.

③ "South Korea Beyond Northeast Asia: How Seoul Is Deepening Ties With India and ASEAN", Oct 2021, https://carnegieendowment.org/files/202110-Botto_KoreaBeyondKorea.pdf.

④ https://www.mofa.go.kr/eng/wpge/m_5466/contents.do.

"中轴"地位,表明尹锡悦政府在外交上进一步向美西方国家靠拢,在意识形态、国际规则和人权等因素上进一步与美西方保持一致,体现出阵营化的特点。

韩国进步势力认为,韩国应吸取乌克兰政府急于加入北约而刺激了俄罗斯的教训,在大国之间应当更为谨慎,避免选边站队。在保守势力看来,美国仍将长期是世界最大的科技、军事大国,韩国在中美战略竞争中如果保持"战略模糊",可能导致韩美同盟之间的裂痕变大,韩美之间将面临同盟弱化的风险。当前在乌克兰危机等地缘风险上升的情况下,韩国更应该与美国深度捆绑。早在2019年,现任韩国国家安保室室长金圣翰就提出"韩国的四强外交正在陷入对朝政策的黑洞"①,他认为韩国历来重视的战略平衡策略并不受中、美、日、俄的欢迎,应当进行调整。尹锡悦政府当前的东北亚均衡战略已经体现出阵营化的趋势,韩国与美西方阵营进一步绑定,强调"自由民主"价值观,陆续参与或发起了"印太经济框架"(IPEF),"蓝色太平洋伙伴倡议",加入"北约合作网络防御卓越中心"(CCDCOE),成为首个加入该机构的非欧洲国家,并发布韩国印太战略等。

(二)尹锡悦政府外交政策自主性提升

尹锡悦政府的"亲美"外交路线具有一定的自主性和灵活性。韩国主流的外交主张是自主路线和亲美路线②。自主路线的倡议者主张韩国不应盲目跟随大国,要从自身利益出发,在外交和国防上发挥自主性,进步势力多是自主派。走亲美路线者强调与美国深度捆绑,依靠美国提升韩国的外交和安全情势,保守派多是亲美路线。而尹锡悦政府的亲美路线中,战略自主性进一步提升。

韩国的印太战略与美国的做法明显不同,美国的核心是遏制,韩国

---

① 《东北亚外交周仅韩国遭"孤立"》,2019年4月24日,腾讯网,https://mp.weixin.qq.com/s/3k0KmYijnnsk7Dw0-pQH9Q。
② 王付东:《韩国尹锡悦政府外交政策探析》,《和平与发展》2022年第3期。

没有采纳美国的叙事,将印太地区看作是不同意识形态之间的"战场"[①]。相反,韩国将印太地区定位为一个"包容"的地区,"代表不同政治制度的国家"可以和平共处。韩国明确表示,它"不寻求针对或排斥任何特定国家",并将中国定义为"关键的区域伙伴"。韩国的印太战略也摒弃了与中国竞争的说法,大力强调包容性的区域合作和接触。"不断加剧的地缘政治竞争使区域合作停滞不前"的同时,韩国希望促进一个"包容性的经济和技术生态系统",并防止"经济问题的过度安全化"[②]。这也体现出了尹锡悦政府外交政策更高的自主性和更强的包容性。

尹锡悦政府主张韩国利用中美博弈的契机,以积极姿态参与"印太战略",培养和增强韩国主导地区规则的能力,以避免被大国裹挟,提升战略自主,这基本反映了尹锡悦政府提升战略自主的外交主张。

(三) 尹锡悦政府外交政策灵活性提升

尹锡悦政府对外政策的灵活性也在提升。2022年3月尹锡悦当选韩国总统时,他所呈现的形象是"对华鹰派",他声明放弃文在寅政府谨慎的对华政策,紧密追随美国盟友,承诺与美国深化安全合作,透露着韩国保守派意识形态中蕴含的强烈亲美情绪。然而从尹锡悦上任以来的外交路线中可以看出,在对抗日益激烈的中美竞争背景下,韩国正在中美之间走着一条微妙的外交路线。例如,在参选时尹锡悦曾提出,在韩国部署萨德属于韩国内政,是为了应对朝鲜带来的威胁,中国不应该干涉,但最终尹锡悦还是没有兑现他在竞选时的承诺,目前并没有进行后续的萨德部署。此外,韩国尽力规避中韩关系之间的"红线"和"雷区"。另一个有力的例证则是佩洛西窜访中国台湾地区后前往韩国,尹锡悦选择避而不见。根据韩国总统办公室的说法,尹锡悦总统的这一决定是基于"对国家利益的全面考虑"。

---

① Michael D. Swaine and Sarang Shidore, "Biden pursues China-containment in new Indo-Pacific strategy", Mar 7, 2022, https: // responsiblestatecraft. org/2022/03/07/biden-pursues-china-containment-in-new-indo-pacific-strategy/.

② MOFA of South Korea, "Indo-Pacific Strategy", Dec 28, 2022, https: // www. mofa. go. kr/eng/brd/m_5676/view. do? seq = 322133.

尹锡悦政府对美国将中国从半导体供应链中孤立出来的政策表示不满。自2022年年初以来，美国一直试图让全球主要的半导体中心，特别是韩国、日本和中国台湾，与美国一起组成"CHIP4"芯片联盟。但是，由于该集团内部的强烈抵制，特别是来自首尔的抵制，导致该倡议进展缓慢。在强调美国和中国市场对韩国半导体行业的重要性的同时，首尔的官员重申，韩国政府若参与"CHIP4"将以不损害与中国的伙伴关系的方式进行调整和制约。尹锡悦政府的半导体政策负责人与中国大使举行了多次会议，表明韩国不赞同美国对中国的出口管制。虽然首尔正在加强与华盛顿的半导体合作，但它并没有就此与中国脱钩，相反，中韩还签署了一项新的双边协议以促进供应链合作和沟通①。尹锡悦政府以灵活的外交政策在中美之间谋求新型的大国平衡。

尹锡悦政府的外交路线结合了"亲美"与"自主"两大主张，以韩美同盟为基本路线，依托韩国与中国紧密的经贸联系及其重要的战略位置，以韩国自身作为地缘杠杆，将参与"印太战略"与构建"相互尊重"的新型中韩关系的目标相结合，并在此基础上生成以韩国为核心的新的地缘战略均衡。

An Analysis of Yoon Seok-yeol Administration's Foreign Policies: Goals, Progress and Features

Liu Tiancong　Hu Yukai

Abstract: Since Yoon Seok-yeol came to power, he has generally contin-

---

① YONHAP, "S. Korea, China sign first MOU on supply chain cooperation", Aug 27, 2022, https://en.yna.co.kr/view/AEN20220827002651320.

ued the pro-American line of South Korean conservative parties in terms of foreign policy. Taking the "global pivotal country" as the starting point of foreign policy, Yoon Seok-yeol administration sets diplomatic priorities such as promoting the denuclearization of the Korean Peninsula, promoting East Asian diplomacy based on the values of democracy and freedom as well as common interests, establishing a regional cooperation network for common prosperity, promoting active economic and security diplomacy, and strengthening the role of "global pivotal country". Since Yoon Suk-yue came to power a year ago, relations between South Korea and North Korea have been tense, relations between Japan and South Korea have been reconciled, and the U. S. - South Korea alliance has been upgraded. The administration combined "value diplomacy" and "interest diplomacy" and actively participated in regional affairs. The foreign policies demonstrated feature of faction, and the autonomy and flexibility of South Korea's foreign policy continued to increase.

Keywords: South Korea; Foreign Policy; Yoon Seok-yeol; U. S. - ROK Alliance

书　评

美国最长战争的溃败根源
——评《阿富汗文件》

肖迅韬　赵联敏*

内容提要：《华盛顿邮报》资深记者克雷格·惠特洛克（Craig Whitlock）新著《阿富汗文件：战争的秘史》的问世，引发美国内外的广泛关注和讨论。作者紧紧围绕美国政府如何隐瞒战争发展真相的主线，参考了数百份国防部备忘录、国务院电报和其他政府公开文件，尤其是阿富汗重建特别监察长（SIGAR）公布的"经验教训"和前国防部长唐纳德·拉姆斯菲尔德的"雪片"文件等一手材料，以采访记录、口述记录为表现形式，从政治、经济、军事和社会文化等领域，还原了美国历史上最漫长战争背后不为公众所知的"秘史"，深刻总结了导致美国在阿富汗战争中政策失误和战略失败的多方面、深层次根源，即缺乏一以贯之的战略、深陷阿富汗国家重建的泥潭，以及美国政治制度和情报系统的结构性矛盾。评述该书并反思美国20年阿富汗反恐战争的经验教训，利于厘清美国在制定对外战略中的系统性缺陷，有助于理解美国在阿富汗战争中溃败的根源，为维护阿富汗及周边地区的和平稳定、构建人类命运共同体提供思考与借鉴。

关键词：阿富汗文件；阿富汗战争；美国对外战略；溃败根源

---

* 肖迅韬，云南大学国际关系研究院博士生；赵联敏，南京大学国际关系研究院研究员。

一 《阿富汗文件》：一部美国发动战争的溃败史

2021 年 8 月 15 日，塔利班进入喀布尔与阿富汗政府商讨和平移交权力，"喀布尔陷落"引发国际社会一片哗然，美国在阿富汗的溃败已是不言自明的事实。2021 年 8 月 31 日，一架美军 C-17 运输机搭载着最后一批美国军人从喀布尔国际机场黯然起飞，美国历史上长达 20 年的最漫长战争——阿富汗战争，以美军的仓促撤离而狼狈谢幕。拜登随后在白宫宣告：结束阿富汗战争是正确的决定，美国将继续展开反恐行动。阿富汗战争前后持续 20 年，其间经历了小布什、奥巴马、特朗普和拜登四位美国总统，超过 77 万名美军士兵部署到阿富汗，其中 2300 多人死于阿富汗战场，21000 人负伤。[1] 据统计，美国政府在阿富汗战争期间的相关开支总额超 2 万亿美元。

近年来，记录美国发动阿富汗战争的书籍和资料不断涌现，或聚焦美国在阿富汗 20 年的长时段战争历史，[2] 或选取过去 20 年间某一时间段、某场战役或某个领域作为研究对象，[3] 而《华盛顿邮报》资深记者克雷格·惠特洛克（Craig Whitlock）的新著《阿富汗文件：战争的秘史》[4]

---

[1] ［美］克雷格·惠特洛克:《阿富汗战争文件：真相如此宝贵，要用谎言来护卫》，https://m.thepaper.cn/baijiahao_17230890。

[2] Seth G. Jones, *In the Graveyard of Empires: America's War in Afghanistan*, Norton, 2010; Phil Halton, *Blood Washing Blood: Afghanistan's Hundred-Year War*, Dundurn Press, 2021; Rajiv Chandrasekaran, *Little America: The War Within the War for Afghanistan*, Knopf, 2012; C. J. Chivers, *The Fighters: Americans in Combat in Afghanistan and Iraq*, Simon & Schuster Inc, 2018.

[3] Sean Parnell and John Bruning, *Outlaw Platoon: Heroes, Renegades, Infidels, and the Brotherhood of War in Afghanistan*, William Morrow Paperbacks, 2013; Rusty Bradley and Kevin Maurer, *Lions of Kandahar*, Bantam, 2015; Grant A. McGarry, *A Night in the Pech Valley, A memoir of a member of the 75th Ranger Regiment in the Global War on Terrorism*, Live the Ranger Creed, 2016; Gayle Lemmon, *Ashely's War: the Untold Story of a Team of Women Soldiers on Special Ops Battlefield*, Harper Perennial, 2016; Ronald Fry and Tad Tuleja, *Hammerhead Six: How Green Berets Waged an Unconventional War Against Taliban to Win in Afghanistan's Deadly Pech Valley*, Random House, 2021.

[4] Craig Whitlock, *The Afghanistan Papers*, Simon & Schuster, 2021.

（以下简称《阿富汗文件》）以采访笔记的叙事手法，另辟蹊径地还原了阿富汗战争中不为人知的细节和秘密，引发美国内外的广泛关注和讨论。该书作者惠特洛克是《华盛顿邮报》专门负责报道五角大楼和美国军队相关信息的调查记者，2001年以来一直活跃在报道美国反恐战争的最前线，曾多次跟随美国高级军官前往阿富汗及其周边地区进行报道。与过往关于阿富汗战争出版物的不同之处在于，《阿富汗文件》紧紧围绕美国政府如何隐瞒战争发展真相为主线，参考数百份国防部备忘录、国务院电报和其他政府公开文件，尤其是阿富汗重建特别监察长（SIGAR）公布的"经验教训"和发动阿富汗战争的前国防部长唐纳德·拉姆斯菲尔德的"雪片"文件等一手内幕材料，通过采访、口述记录和官方公开文件的方式，以真实鲜活的笔触，引人入胜地还原了美国历史上最漫长战争背后不为公众所知的"秘史"，剖析了导致美国在阿富汗战争上的战略失败与政策失误的多方面、深层次根源，即缺乏一以贯之的战略、深陷阿富汗国家重建的泥潭，以及政治制度和情报系统的结构性矛盾。评述该书并反思美国20年阿富汗反恐战争的经验教训，利于厘清美国在制定对外战略中系统性缺陷，有助于更好地理解美国在阿富汗战争溃败的根源。

二 《阿富汗文件》：一部战争失败的内幕决策史

2021年8月15日，塔利班"卷土重来"，兵不血刃地占领喀布尔，由美国扶持的原政府军望风瓦解，阿什拉夫·艾哈迈德扎伊（Ashraf Ahmadzai）总统流亡阿联酋，美国20年反恐战争的投入血本无归。在喀布尔国际机场，美军及其盟军还有一些阿富汗公民拼命地试图逃离，历经混乱、暴力和恐怖，这一切使得美军在越战失利的幽灵以及创伤，再次萦绕在美国政府和公众心中，美国在阿富汗重现1975年4月的"西贡时刻"。正是在2021年8月31日美军完全撤离阿富汗这个具有历史性的日子，惠特洛克的新作《阿富汗文件》公开问世。当天，拜登政府宣告美国结束了其史上最漫长的战争。《阿富汗文件》的书名与越南战争时代的绝密档案"五角大楼文件"遥相呼应，揭示了美军在不同国家发起的两场战争背后的相似内幕和同样的结果。

在《阿富汗文件》中，作者提供了大量未曾公开的一手内幕文献材料，包括来自美国国会下设阿富汗重建特别监察长（SIGAR）办公室整理的长达2000多页的"吸取教训"（Lesson Learned）采访实录，搜集了包括五角大楼官员、军事将领、外交人员、商人、援助人员等在内的1000多名战争中关键决策者和战争亲历者的采访实录，以及发动阿富汗战争的前美国国防部长唐纳德·拉姆斯菲尔德的超过1万页的"雪片"文件（Snowflakes）①。被采访人的讲述都不约而同地指向一个令人震惊的事实——连续4任美国总统都谎称"阿富汗战争战略正确且进展顺利"，但事实却是在阿富汗进行严重失败的"国家建设实验"。② 许多一线官员都坦率地承认，美国政府的战略是一团糟，"国家建设项目"（Nation-Building Project）是一个巨大的失败，毒品和腐败在阿富汗政府中占据了主导地位。基于这些文件，惠特洛克以采访笔记的形式，考察了美国政府如何陷入一场漫无目的且劳师动众的战争，揭示了美国政府和军方如何对公众粉饰失败的真相，审视了美国在阿富汗政策失误、战略失败的根源，触及了美国在阿富汗战争的核心领域。因此这本书比其他记录美国发动阿富汗战争的书籍和资料更接近客观事实，更能反映美国发动阿富汗战争的决策和实施过程，也更能够对阿富汗当前动荡的秩序提供历史性的反思。正如惠特洛克表示："我认为公众有权利知道美国政府内部对战争的批评，这是永不磨灭的真相。"③

该书的二十一章将过去20年划分为阶段性特征鲜明六大阶段，按照

---

① 小布什时期国防部长唐纳德·拉姆斯菲尔德有长期口述备忘录的工作习惯。因为备忘录是写在白纸上的，所以其下属将之称为"雪片"文件。
② Craig Whitlock, *The Afghanistan Papers*, Simon & Schuster, 2021, pp. 9 – 18.
③ Craig Whitlock, *The Afghanistan Papers*, Simon & Schuster, 2021, pp. 9 – 18.

时间轴娓娓道来，涵盖美国在阿富汗军事介入和经济社会重建的各个领域的细节，条理清晰地勾勒出美国是如何一步步陷入阿富汗战争泥潭的，既能让读者详细了解美国在阿富汗介入具体领域的微观事实，又能始终沿着过去20年这一时间轴演变，而不至于迷失在数字和细节的海洋之中。例如，政治上，作者通过"国家建设工程"描述美国在推翻阿富汗塔利班政权、扶植成立民选政府之后，在是否以及如何推动阿富汗国家建设上面临的困惑、迷茫和决策失误。文化上作者则聚焦美军对阿富汗历史和社会情况的无知和误解导致的情报失误和战术失策。

正如作者坦言，该书的初衷并不是一部以作战行动为主的军事史，既无复杂的学理阐述，也无意完整地记录美国在阿富汗战争的全过程，而是介于学术作品与新闻报道之间，试图通过一个个鲜活的案例，解释美国针对"9·11"恐怖袭击事件的报复行动出了什么问题，以及小布什政府及其之后的连续三届政府是如何隐瞒战争发展的真相，以期改变公众对这场战争的理解。鉴于此，在该书中，惠特洛克不断地回到这个基本问题上来，即战争是如何退化为一场没有持久胜利现实前景的僵局的？美国在阿富汗越陷越深的核心问题在哪？

三 《阿富汗文件》：一部揭示美国深陷战争困境的教训史

《阿富汗文件》基于时间轴，主要围绕美军在阿富汗战场上的失误，从政治、经济、军事和社会文化等领域，深刻总结了导致美国在阿富汗战争中政策失误和战略失败的多方面、深层次根源，条分缕析地揭示了美国为什么在战争失败的困境里不能自拔，即缺乏一以贯之的战略、深陷阿富汗国家重建的泥潭以及美国政治制度和情报系统的结构性矛盾。

（一）缺乏一以贯之的战略

过去20年间，在这场越拖越久的战争中，美国每一届政府都缺乏整体统筹、连贯持久的阿富汗战略,缺乏明确可行的目标,且前后不能有效衔接。历届美国政府在战略上始终以短期计划应对长期挑战,关键决策摇摆不定。目标诉求反复调整且模糊不清、设定得过于简单,让一线实施者无所适从,始终没有确定谁是真正的敌人,"与谁为战""为谁而战"的认知不足。伴随着时间转移,美国在阿富汗的作战目标和打击对象日益模糊。正如拉姆斯菲尔德在给其情报主管的备忘录中抱怨道:"我不知道在阿富汗谁是坏人。"[1]

1. 小布什时期:"与谁为战""为谁而战"?

首先,"9·11"事件后,报复性反恐诉求成为小布什政府的头号战略任务。2001年9月15日,基于"9·11"事件为"基地"组织所为、塔利班为"基地"组织提供藏身地等基本判断,小布什及其国家安全团队做出打击阿富汗境内的基地组织及其庇护者塔利班政权的战略决策。然而,随着局势发展,小布什政府首先犯下的基本错误是没有区分"基地"组织和塔利班之间的界限。作者认为,塔利班的关注焦点完全是地区性的,且无证据表明他们对"9·11"恐怖袭击事先知情。然而在战场上,美军没有区别对待塔利班和"基地"组织,为此美国不得不与塔利班和该地区的乌兹别克人、巴基斯坦人、车臣人等其他武装力量作战。正如时任美国国务院发言人说:"我们一开始说要除掉'基地'组织,不再让恐怖分子威胁美国,后又说要推翻塔利班政权,接着还说要除掉与塔利班合作的所有组织。"[2] 但事实证明,塔利班在阿富汗社会中规模庞大、根深蒂固,无法根除。另外,从2006年起,为推进阿富汗日益多元化的建国目标,美国的作战目标逐步扩大化,在"国家重建计划"的指导下,美国的目标逐渐延伸至反恐、维和、平叛、禁毒、反腐、强化中央集权、立警立军、发展经济、保障女权等多个领域。其中小布什政府对在阿富汗实施禁毒的误判被作者视为美国在阿富汗战争中最大的战略

---

[1] Craig Whitlock, *The Afghanistan Papers*, Simon & Schuster, 2021, pp. 9–18.
[2] Boucher interview, October 15, 2015, Lessons Learned Project, SIGAR.

失误之一。① 阿富汗种植的罂粟长期主导全球毒品市场，2006年小布什政府发动"河舞行动"（Operation River Dance），为美国在阿富汗战争中开辟了第二条战线。然而，事实证明只要阿富汗局势不稳定，不管是小布什政府发动的"河舞行动"，还是奥巴马政府鼓励阿富汗农民改种其他作物，抑或是特朗普政府发动"钢铁暴风行动"，由于没有可行有效落地的治本方法，任何阻止阿富汗境内生产毒品的做法，无一例外都将落空。

其次，由于自认为轻而易举地击退了塔利班，小布什政府于2003年又迅速发起伊拉克战争。伊拉克战争对阿富汗战争的走向影响深远，为塔利班死灰复燃直接提供了难得的喘息机会，严重影响美国政府对战场形势的评估和后续战略策略的调整。《阿富汗文件》引述美国官员的表述，从2002年春天起，伊拉克的地位就已优于阿富汗，阿富汗不再是焦点。到2003年5月，美国五角大楼高调声称，阿富汗境内的主要战事已经结束。在阿富汗各层级服务的美国人员都重新调整了自己对工作的期许，即只要避免战败就好。美国政府、军方的资源投射和大众关注的焦点也随之从阿富汗转向伊拉克。2003年5月1日，当小布什总统意气风发地在"林肯"号航空母舰上，宣布入侵伊拉克的主要作战已经结束的同时，时任国防部长拉姆斯菲尔德亦在喀布尔宣告美军在阿富汗的主要战斗行动结束，但讽刺的是，事实却是美军在阿富汗的各项战事仍面临顽强抵抗。2006—2007年领导美国和北约部队的英国将军戴维·理查兹也表示："美国与其盟友没有连贯的长期战略。我们想要统一谋划长远战略，但只形成了很多战术策略。"②

2. 奥巴马时期：战略转移

2009年，面对小布什政府治下美国在阿富汗的困境：塔利班顽强抵抗、阿富汗政府低效及经济恢复缓慢等诸多棘手问题，人们寄希望奥巴马政府的上台执政能改变小布什政府治下阿富汗的混乱局面。奥巴马政府对美军在阿富汗战略进行了调整，从彻底打败塔利班转向防止塔利班

---

① Craig Whitlock, *The Afghanistan Papers*, Simon & Schuster, 2021, pp. 141–155.
② Craig Whitlock, *The Afghanistan Papers*, Simon & Schuster, 2021, pp. 141–155.

重夺政权，采取"反叛乱"战略，希望在阿富汗赢得民心并有效地进行国家重建。《阿富汗文件》中阐述，奥巴马政府对阿富汗采取"反叛乱"战略的基石是强化阿富汗的政府和经济能力。美国在奥巴马执政期间为阿富汗的国家发展项目投入了最多的资金。奥巴马政府急于看到在阿富汗投入的结果，于2009年12月宣布向阿富汗派遣10万美军的增援部队，并且增加数十亿美元的发展项目支出。①然而，国际形势的变化使得美国政府在18个月内就开始撤出这些增援部队。2008年国际金融危机和中美经济权势转移的加速到来，致使奥巴马政府对于国际形势进行了重新评估，并调整美国的全球战略重心与资源投射策略。以"亚太再平衡"为核心的对华战略竞争，成为奥巴马政府对外战略的重点，同时2010年年底爆发的"阿拉伯之春"、2013年叙利亚内战、2014年乌克兰危机，以及同年兴起而延续到特朗普政府的"伊斯兰国"威胁等新兴挑战，也使得奥巴马政府捉襟见肘，小布什在阿富汗留下的"烂摊子"已不再是奥巴马对外战略的优先任务。奥巴马深知在阿富汗的战略窗口期也所剩无几，于2014年12月31日宣布结束主要的作战行动，并将作战任务转向训练和协助阿富汗安全部队。

3. 特朗普时期：局面僵持

特朗普政府执政后即大力推行单边主义、"美国优先"的政策，在阿富汗问题上采取了增兵、加大空袭力度、继续提升阿富汗安全部队能力，尤其是加强阿富汗特种部队建设等措施，坚持"以打促谈"的方针，力图打击塔利班的士气，迫使塔利班回到谈判桌前，通过对话寻求政治解决。但事实上，特朗普政府和奥巴马政府的阿富汗战略类似，阿富汗战场上的僵局无法被打破。一方面，除听取军事将领的建议加大力度轰炸塔利班，协助阿富汗政府取得与塔利班谈判的优势，以力求尽快从阿富汗脱身外，特朗普政府在阿富汗战场上也缺乏有效的手段来打破僵局；另一方面，特朗普执政后期逐渐转变为重点打击"伊斯兰国呼罗珊分

---

① ［美］克雷格·惠特洛克：《阿富汗战争文件：真相如此宝贵，要用谎言来护卫》，https://m.thepaper.cn/baijiahao_17230890。

支",致使战争偏离了轨道。事实上,特朗普时期,政府的外交核心已完全转向与中国的大国竞争。由此可知,阿富汗战争之所以延宕未决的原因之一,即在于美国历届政府高层并非将其视为是必须优先处理的首要任务。

(二)深陷阿富汗国家重建的泥潭

2001—2020年,美国国会下设的阿富汗重建特别监察长(SIGAR)办公室整理的长达2000多页的"吸取教训"(Lesson Learned)实录显示,美国在阿富汗投入1430亿美元用于阿富汗国家重建,反而使美国陷入了阿富汗国家重建的泥潭。

一是美国为阿富汗努力打造了一支极度缺乏敬业精神和纪律意识的国家安全警察(ANP)队伍。美国政府花费了大量的人力和财力打造了35万阿富汗国家安全警察(ANP)队伍,然而,ANP自成立起,就极度缺乏敬业精神和纪律意识。他们或为美国人,或为阿富汗政府,或为地方军阀或部落头领服务。原因在于美国军方没有组织或准备好执行外国警察援助任务,缺乏一个制度化的机制来部署法治、执法和社区警务方面的技术专家,相反,美国军方部署的是一些没有警务经验的士兵担任警察教官和顾问,对阿富汗国家安全警察的援助采取过度军事化的做法,优先培训警察参与打击塔利班的作战行动,而不是提供执法和社区警务。

二是美国人在建设阿富汗过程中喧宾夺主,复刻美式民主的简单粗暴做法导致水土不服。一方面,美国企图以庞大的经济资源与军事力量在阿富汗建立一个强大的中央政府、一个符合西方"普世价值"的自由民主政体。殊不知阿富汗在长期的内战下,不仅从未存在一个强大的中央政府,而且民众缺乏教育、识字率低下、地方部落政治盛行、公共基础建设残破落后,根本不具备实行西方民主政治及选举的条件。贸然实施的结果是阿富汗政府的治理能力低下、系统性腐败等顽疾无法消除,其国内各派系的政治权力斗争加剧,一个具备统治正当性及有行政效能的阿富汗政府的建立遥遥无期。另一方面,美国缺乏对阿富汗历史文化、社会结构和国情的理解。尽管美军进驻阿富汗后，企图借助"心理战"等非常规作战方式，通过研究阿富汗文化，利用宗教、语言和社会等方面来塑造有利态势营造支持美国的大众舆论，并削弱对手的战斗意志，影响阿富汗平民及其领导人的情感、思想和行动。① 然而，空降到阿富汗的美国心理战专家和士兵却发现自己之前的研究是纸上谈兵，阿富汗复杂的历史、部落状况，以及种族和宗教间的撕裂局面使得美军在整个战争期间都感到苦恼与费解。具体表现在，第一，美军轻视战前的语言、文化、习俗等培训。比如，田纳西国民警卫队军官丹尼尔·罗维特少校表示，部署训练课的教官将阿富汗和伊拉克的情况不加区分地混为一谈。② 又如战争发展多年，美军中仍鲜有流利掌握阿富汗本地达里语或普什图语的人员，正如北卡罗来纳州布拉格堡第 8 心理战营的军官路易斯·弗里亚斯所言："与阿富汗人交流，感觉自己像个傻子。"拥有传奇经历的外交官迈克尔·梅特林科表示："自己基本上像是嬉皮士一样被扔石头。"③ 第二，美军不合理部署的方式导致了文化隔阂的恶性循环。美国负责阿富汗战争和重建的一线官兵经常调换、轮换，大多数美军在同一战区的部署时间为 6—12 个月，当他们逐渐了解周遭社会环境时，便已启程回国，未经培训的接替者则周而复始地犯下此前美军曾犯的错误，这妨碍了美军在当地进一步开展行动、收集情报以及做决策的效率和准确性。第三，大多数美国外交官也进入了陌生领域。因为美国大使馆从 1989 年到 2002 年一直关闭，所以在美国入侵阿富汗之前几乎没有美国人去过阿富汗。

三是 2001 年以来美国不计后果、大水漫灌式的援助、数据造假行为以及借力阿富汗军阀的做法，带来严重内耗，滋养了喀布尔政权体系的

---

① Craig Whitlock, *The Afghanistan Papers*, Simon & Schuster, 2021.
② Maj. Daniel Lovett Interview, March 19, 2010, Operational Leadership Experiences projects, Combat Studies Institute, Fort Leavenworth, Kansas.
③ Maj. Louis Frias interview, September 16, 2008, Operational Leadership Experiences project, Combat Studies Institute, Fort Leavenworth, Kansas, Michael Metrinko interview, October 6, 2003, Foreign Affairs Oral History Project, Association for Diplomatic Studies and Training.

腐败，为塔利班的反政府活动提供了源源不断的正当性。阿富汗重建特别监察长（SIGAR）显示，美国政府为"重建阿富汗"投入的1430亿美元中，其中880亿美元用于培训、装备和资助阿富汗军警，360亿美元用于基础设施和教育设施重建，41亿美元用于难民和自然灾害的人道主义援助，90亿美元用于扫毒禁毒。① 然而，现实是打造了一支极度缺乏敬业精神和纪律意识国家安全警察；在阿富汗国内，一座座属于毒枭和旧时军阀的"罂粟宫殿"从喀布尔的废墟中拔地而起，阿富汗最大的私人银行变成了充满欺诈的污水坑，五角大楼一个特别项目斥资1.5亿美元，在阿富汗为美工作人员建"豪华别墅"②；奥巴马政府时期关于阿富汗婴儿死亡率、预期寿命和入学率的数据许多都是虚假的，拉姆斯菲尔德的继任者罗伯特·盖茨表示，"我们在阿富汗的目标过于宏大"，"美国对于阿富汗的民主愿望和国家建设计划是一个'白日梦'，需要几代人才能实现"。

（三）美国国家情报体系的顽瘴痼疾

美国国家情报体系在阿富汗战争期间的痼疾，是美国深陷阿富汗战争困境的根源之一。其在阿富汗战争期间暴露出的问题具体体现在：一是人力情报聚焦点的偏差。《阿富汗文件》中阐述，美国针对阿富汗构建的庞大情报系统，过于关注收集武装分子组织的情报，而忽视了美国及其盟军行动和社会环境这一最基本问题。尽管美国情报部门在阿富汗派驻了足够的情报分析人员，但许多人被分配至错误的地方，安排在错误的岗位上。正如美驻阿富汗军事情报副局长迈克尔·菲尔林（Michael Flynn）所言："美国情报界对阿富汗当地的经济情况和土地所有者的情况所知甚少，不清楚谁是有影响力的人士，不知道该去如何影响哪些关键人士，不

---

① Quarterly Report to the United States Congress, October 30, 2020, SIGAR.
② Karin Brulliard, "Garish 'Poppy palaces' lure affluent Afghans", The Washington Post, June 6, 2010.

愿意与处于关键位置的人士打交道以搞清楚这些问题的答案。"①

二是美国政府官员为了一己私利,不惜动用政治操弄,在阿富汗战场上蓄意塑造战事胜利在望的舆论假象。《阿富汗文件》中阐述,美国不论是内阁官员、国会议员抑或军方将领的公开说法,皆与其私下看法自相矛盾。他们深知美国深陷战争泥潭,却刻意蒙蔽民众,使其相信这是一场速战速决的战斗。美国政府从战争伊始的选择性披露,到后来的故意扭曲事实,最终变成彻头彻尾的捏造,如掩盖叛乱分子对美国前副总统迪克·切尼的袭击;政府报告亦刻意扭曲或操纵统计数据来美化战争成果,并掩盖阿富汗政府的贪腐及窃取行为,以持续欺骗美国民众。针对此跨越各届政府的长期欺瞒行为,为何能在强调民主法治的美国政府内经久不衰而无法根绝的问题,正如美国塔夫兹大学教授米歇尔·格兰农(Michael Glennon)在《国家安全与双重政府》(*National Security and Double Government*)中指出:"由于美国的国家安全政策是由一群掌管不同部门与机构的情报官员所构成的网络所界定,此情报网络仅对他们在美国政治体系内的结构性诱因有所回应,而且大都在美国宪法限制与公众视线外运作。在此情况下原本应制衡行政部门的司法规范变得无关紧要、国会监督变得失去功能,甚至总统的控制皆变为名存实亡。"②

三是美国情报界自身的封闭性,使其成为美国政治体制下一个无须被追责的"深层政府"(Deep State),不受三权分立的政府结构所制衡与监督,③ 从而导致美国在对外政策方面上由于国家情报体系的问题而出现

---

① Jon Boone, "US intelligence chief criticizes spy failings in Afghanistan", https://www.theguardian.com/world/2010/jan/05/us-intelligence-afghanistan-michael-flynn, 访问时间:2023年2月20日。
② Michael Glennon, *National Security and Double Government*, Oxford University Press, 2016, p. 60.
③ 该形式的政府结构被称为"杜鲁门式网络",即将美国国家安全决策以及情报体系的建设高度集权化、制度化,以服务于美国政府高强度、高频率的战略决策。因此,情报界成为一个深层政府,其运行与冲突界定了美国自二战后在战略与外交政策上的成败,也导致了经常重蹈覆辙。

错误的应对，并无法做出彻底的改变，这也是美国政治制度和情报系统的结构性矛盾。尽管表面上美国是三权分立的有限政府，但实际上在国家安全和外交政策上，行政部门的权力、组织、资源与专业度远胜过司法权与立法权，致使司法的审判必须仰赖行政部门的专业判断，立法权的监督与预算审核必须依靠行政部门的资讯来源，这使得"麦迪逊式"（Madisonian）的三权分立、权力相互制衡的政府结构成为一个欺骗大众的假象。事实上，非民选的美国高层情报官员所构成的网络才是真正主导美国外交政策的决策者。[①] 因此，《阿富汗文件》暴露的不仅是历届美国政府对美国民众的欺瞒与误导，更凸显其无法从越战失败中获取教训的惨痛事实。这无法吸取的教训的根结，在于美国外交决策是由封闭的情报官员网络所构成的政府结构来主导。归结而言，《阿富汗文件》揭开的内幕不仅暴露出美国外交政策的深层结构性失衡，更彰显了惠特洛克以调查追求真相、捍卫言论自由、协助大众了解政府政策所扮演的关键角色。

结　语

阿富汗战争贯穿美国在21世纪前半叶面临的三次危机，即反恐战争导致的安全危机、金融危机引发的经济危机以及特朗普当选引发的制度危机。2021年8月31日，拜登总统向全世界宣布美军正式完成从阿富汗的撤离任务，标志着美国20年来在阿富汗地区进行的反恐战争与民主建设彻底的失败。在拜登政府不得不从阿富汗仓促撤军的重大外交政策危机的爆炸性背景下，再加上美国国内对美在中东被迫战略收缩的一些苦涩反思和争议，这些争论围绕着美国的新干涉主义和在外国输出一个可

[①] David Rohde, *In Deep: The FBI, the CIA, and the Truth about America's "Deep State"*, W. W. Norton & Company, 2021, p.32;《〈阿富汗文件〉推荐序：美国打了20年阿富汗战争，为何最后会议耻辱地仓皇撤军来告终》, https://www.thenewslens.com/article/164971/fullpage。

行的民主模式的可能性。正如中方所指出的，阿富汗是独立主权国家，阿富汗人民是有着强烈自尊心的民族。事实再次证明，任何对阿富汗的强权干涉都注定会以失败告终。美国和北约从阿富汗撤出，阿富汗人民痛定思痛，有了一个将国家和民族的命运掌握在自己手中的新的机遇。

美国在对外的"无尽战争"中释放出虚假与谎言、仇外心理和煽动行为等，与其标榜自由民主的"山巅之城"背道而驰。而《阿富汗文件》通过对第一手材料的大量援引，用一个个鲜活的案例记录下了这些令人震惊场景。历时20年的阿富汗战争，最终以美军仓皇撤离、塔利班重新掌权画上句号，留下的却是一个满目疮痍、民生凋敝、混乱不堪的国家和饱受苦难的人民。美国为阿富汗战争付出了巨大的经济和人员伤亡代价后并没有换来一个符合西方"普世价值"的自由民主阿富汗新政体，其最终不得不从阿富汗黯然撤离，这势必将深远影响国际政治格局的发展。美国的"力不从心"使其霸权的根基动摇，世界各国在不同程度上感受到美国的战略意图与其战略力量及执行力之间开始呈现出差距，进而导致各国在大国战略竞争中调整自身的站位和政策取向，也为中国在"一带一路"框架下推动与阿富汗合作、维护阿富汗和平稳定发展提供了有利的发展机会。

《阿富汗文件》以专业、客观的精神记录当下历史对阿富汗战争全景式、完整时间轴的真实描述。在这块饱经战祸的土地上，阿富汗的历史注定将由阿富汗人民自己书写。中国不仅是阿富汗的邻国，还是阿富汗最重要的经济伙伴之一。中国始终坚持在不干涉阿内政的前提下，遵循阿富汗社会自身的发展规律，尊重阿富汗人民自主发展道路，坚持"阿人主导，阿人所有"的主张。评述《阿富汗文件》并反思美国20年阿富汗反恐战争的经验教训，有助于更好地理解美国20年阿富汗战争的溃败根源，厘清美国在制定对外战略中的系统性缺陷，为维护阿富汗人民自主走符合本国国情的发展道路，维护本地区乃至世界的和平、稳定与发展，使地处"亚洲之心"的阿富汗，成为地区互联互通的纽带桥梁，为构建人类命运共同体提供思考与借鉴。

稿约启事

《国际关系评论》稿约启事[*]

《国际关系评论》由南京大学国际关系研究院创办于2000年，宗旨是提供一个与同行和读者交流的学术园地，为促进中国国际关系研究学术事业尽一份绵薄之力。创刊以来，本刊始终秉承真实、客观、理性的办刊理念，立足学科前沿，保持专业特色，恪守学术规范，坚持以打造国内国际关系研究领域名刊为目标。在同行和读者的大力支持下，在学界取得较大影响。目前，本刊设有特稿、国际史研究、情报史研究、国际战略与区域研究、书评等专栏。具体栏目的设置，将会根据稿件内容适当调整。

为提高办刊质量和稿件处理效率，特对来稿作如下要求：

1. 来稿要求内容详实有据，观点新颖鲜明，资料充实可靠，语言简洁流畅，字数一般在1.2万–1.8万字，质量高的稿件则不受此限。编辑部有权对投稿进行必要修改。

2. 来稿请用简体字，标点符号、计量单位、数字用法、图表等应符合国家有关标准和规定。

3. 来稿请按题目、作者、内容提要（200字以上）、关键词（3–5个），用分号隔开，最后一个关键词后边不加标点符号、基金项目（可选）、作者简介、正文之次序撰写。内容编号请按一、（一）、1、（1）……之顺序排列。文后请附英文题目和英文摘要。

---

[*] 本辑完稿日期为2023年7月16日。

4. 来稿注释格式要求如下：

（1）采用页下注释（脚注），每页依序重新编号。注释上角标放在标点符号右上角，用①②③表示。

（2）一般情况下，引用外文文献的注释仍从原文，无须另行译为中文注释。

（3）所引资料均需详列来源，注释务求真实、准确、规范。

（4）正文或注释中出现的中文书籍、期刊、报纸的名称，请以书名号《》表示；文章篇名请以书名号表示。英文著作、期刊、报纸之名称，请以斜体表示；文章篇名请以半角双引号" "表示。古籍书名与篇名连用时，可用·将书名与篇名分开，如《论语·学而》。

（5）正文或注释中出现的页码及出版年月日，请尽量以公元纪年并以阿拉伯数字表示。

5. 来稿请提供 word 版，发送至投稿邮箱：gjgxplnju@163.com。稿件处理意见将在三个月内通知作者，否则可视为退稿。一经采用，赠送当期刊物两本。

6. 本刊实行匿名审稿制，请在来稿中另纸注明作者姓名、出生年月、供职单位、职务职称、研究方向、详细地址、邮政编码和其它通讯方式（电话、电子信箱）。

7. 本刊为半年刊，每逢 6 月、12 月出版。欢迎读者直接向本刊编辑部订购。地址：江苏省南京市仙林大道 163 号南京大学历史学院 301 室，邮编：210046，编辑部电话：025-89681659；邮箱：gjgxplnju@163.com。

本刊热忱欢迎国内外专家学者踊跃赐稿，热切期待您的关注和支持！

《国际关系评论》编辑部
2023 年 11 月